# MariaDB 구축과 활용

# MariaDB 구축과 활용

### 최고의 웹서비스를 제공하는 오픈소스 데이터베이스

다니엘 바솔로뮤 지음 | 테크 트랜스 그룹 T4 옮김

# 지은이 소개

**다니엘 바솔로뮤**Daniel Bartholomew

1997년부터 리눅스를, 1998년부터 데이터베이스를 사용하기 시작했다. 「리눅스 저널」, 「리눅스 프로」, 「우분투」, 「유저」, 「턱스」를 비롯한 다양한 매거진에 많은 글을 기고하고 있다.

MariaDB 프로젝트가 2009년 초에 처음 등장하고 얼마 지나지 않아 이 프로젝트에 동참했다. 현재 SkySQL에서 근무 중이며, 시간을 할애하여 MariaDB 문서와 빌드, 이메일, 웹, 그 밖의 서비스를 유지하는 데에 힘쓰고 있는 덕분에 MariaDB 프로젝트가 원활하게 운영되고 있다. 뿐만 아니라 MariaDB 릴리스 코디네이터를 담당하고 있으며, MariaDB의 거의 모든 릴리스에 깊이 관여하고 있다.

현재 미국 노스캐롤라이너 주 롤리에서 사랑하는 가족들과 함께 살고 있다. 에이콘출판사에서 펴낸 『마리아DB 따라잡기』(2013)의 저자이기도 하다.

---

이 책을 쓰는 동안 나를 인내해준 에이미, 일라, 안톤, 레이첼에게 무한한 감사의 마음을 전한다. 또한 프로젝트를 진행하는 동안 많은 부분에서 도움을 준 SkySQL의 멋진 MariaDB 전문가 팀에게 감사하다. 마지막으로, 이 훌륭한 데이터베이스를 만들어준 몬티와 그 외 MariaDB 개발자들에게 감사하다고 전하고 싶다.

---

# 기술 감수자 소개

**프라디시 파라메스와란**<sup></sup>Pradeesh Parameswaran

10살 때부터 컴퓨터와 프로그래밍을 공부하기 시작했다. PalmOS의 첫 프로그램을 개발했고, 한단고<sup></sup>Handango에 공개했다. 괴짜이며, 컴퓨터 문제에 대해 사람들에게 설명하고 도와주는 것을 좋아한다. 현재, 기술에 관련하여 블로그 parasys.info를 운영 중이며 블로그에서 하우투<sup></sup>How-TO 정보를 제공하고 있다. 또한, 말레이시아의 통신 회사에서 근무 중이다. 그리고 오픈소스의 엄청난 팬이다!

> 내가 성장할 수 있도록 오래도록 아낌없이 지원과 격려를 보내준 부모님께 감사의 마음을 전하고 싶다.

**세르게이 페트루니아**<sup></sup>Sergei Petrunia

2009년부터 MariaDB를 작업해왔다. 세미조인<sup></sup>semijoin 서브쿼리<sup></sup>subquery 최적화, SHOW EXPLAI, 카산드라<sup></sup>Cassandra 저장 엔진, 테이블 제거, 그리고 수많은 작은 개선 작업들과 같은 기능들을 구현하였다. MariaDB 프로젝트에 합류하기 전에는, MySQL AB와 썬 마이크로시스템즈의 MySQL 개발 팀 팀원이었다.

> 이 책에 시간을 쏟는 동안 내 곁에서 인내해준 나의 여자친구 율리아에게 감사의 마음을 전한다.

# 옮긴이 소개

**테크 트랜스 그룹 T4** (greg73kim@outlook.com/petitejen@naver.com)

최신 IT 테크놀로지에 대한 리서치를 목적으로 하는 스터디 그룹이다. 엔터프라이즈 환경에서 오픈소스를 활용한 프레임워크 구축에 관심이 많으며, 최근에는 모바일을 접목한 하이브리드 환경에서의 HTML5, Spring, NoSQL, Node.js, MongoDB, MariaDB 등 웹 전반에 걸친 기술과 빅데이터 흐름에 주목하고 있다. 또한, 오픈소스 기반의 다양한 데이터베이스를 플랫폼 개발에 활용하는 것에 많은 관심을 가지고, 오픈소스 기반 모바일 데이터베이스와 관련된 컨설팅을 수행하였으며, 내장형 시스템에서 사용되는 데이터베이스 시스템 최적화에 대한 연구를 하고 있다. 에이콘출판사에서 펴낸 『구글 애널리틱스로 하는 데이터 분석』(2015), 『Node.js, MongoDB와 AngularJS를 이용한 웹 개발』(2014), 『MySQL Fifth Edition 한국어판』(2014)을 번역했다.

# 옮긴이의 말

기존의 파일시스템에서는 중복된 정보를 효율적으로 처리하는 방법이 매우 중요하다. 중복을 피해 정보의 관리를 효율적으로 진행하기 위해서 수많은 정보가 서로 관련성을 가지는지 확인하고, 중복이 존재하면 이를 효과적으로 처리한 데이터의 집합을 유지하는 것을 데이터베이스라고 한다. 그리고 데이터베이스를 관리하는 시스템을 데이터베이스 관리시스템[DBMS, Database Management System]이라 한다. 관계형 데이터베이스 관리 시스템[RDBMS, Realational Database Management System]은 비즈니스, 연구, 교육뿐만 아니라 인터넷상의 콘텐츠 전달까지 다양한 영역에서 중요한 역할을 하는 도구다.

다만, 아쉽게도 최근 빅데이터가 큰 흐름으로 대두되면서 관계형 데이터베이스의 대표 주자인 MySQL에 대한 관심이 예전만 못한 것 같다. 구글 트렌드(http://www.google.co.kr/trends)에서만 보더라도 2005년 이후로 MySQL에 대한 관심사가 뚝 떨어지고 있는 것을 확인할 수 있다. 도큐먼트 기반 NoSQL은 RDBMS보다 뛰어난 확장성과 가용성으로 데이터가 많이 쌓이는 시스템에서 사용하기 적합하며, MySQL은 이러한 특수한 상황을 고려해야 하는 시스템이 아닌 모든 일반적인 시스템에 적합하다.

하지만, MariaDB는 2009년 이후에 많은 관심을 가지면서 관심사가 계속 증가하고 있다. MariaDB는 완성된 형태의 안정적인 오픈소스 관계형 데이터베이스다. 처음 MySQL 데이터베이스로부터 뻗어 나와, 많은 리눅스 배포판의 기본 데이터베이스이자 크고 작은 많은 회사들이 선택하는 대표 데이터베이스가 되었다. MariaDB는 부모 격인 MySQL 데이터베이스의 많은 특성과 기능을 동일하게 제공하지만, 다양한 면에서 MySQL 데이터베이스를 능가한다.

MariaDB는 누구나 쉽게 사용할 수 있는 세상에서 가장 유명한 데이터베이스다. 데이터베이스에 대한 전문적인 지식이 없더라도 가볍고 쉽게 누구나 사용해볼 수 있지만, 절대 간단히 구현된 데이터베이스가 아니다. 이 책을 통해서 MariaDB 사용자가 되면,

안정적이고 최적화된 성능을 가진 데이터베이스를 운용할 수 있는 자신감을 가지게 될 것이다.

그렇기 때문에 이 책은 MariaDB을 처음 시작하는 독자이거나 빠른 시간 안에 MariaDB를 살펴보고자 하는 개발자에게 모두 추천하고 싶은 책이다.

번역을 완성하기까지 옆에서 서로 의지가 되어 준 공동 역자들과 사랑하는 가족, 친구에게 고마운 마음을 전한다.

# 목차

지은이 소개 .................................................................. 5

기술 감수자 소개 ......................................................... 6

옮긴이 소개 ................................................................. 7

옮긴이의 말 ................................................................. 8

들어가며 ..................................................................... 17


## 1장    MariaDB 시작                                                   23

소개 .......................................................................... 23

윈도우에 MariaDB 설치 ............................................... 24

리눅스에 MariaDB 설치 ............................................... 27

맥 OS X에 MariaDB 설치 ............................................. 30

Feedback 플러그인 활성화 .......................................... 32

InnoDB와 XtraDB간의 전환 ........................................ 34

백업 계정 생성 ........................................................... 35

XtraBackup을 이용해서 백업 만들기 ............................ 36

mysqldump을 이용해서 백업 만들기 ............................ 38

mysqlcheck와 크론을 이용한 테이블 자동 점검과 최적화 ... 40

mysql 클라이언트에서 진행상황 보고내역 이용 ............... 42


## 2장    MariaDB 깊이 파헤치기                                          45

소개 .......................................................................... 45

mysqldump에서 내보낸 데이터 가져오기 ....................... 46

SHOW EXPLAIN을 실행 중인 쿼리와 함께 사용 ............. 47

LIMIT ROWS EXAMINED 사용 ..................................... 53

INSTALL SONAME 사용 .............................................. 55

HTML 결과 생성 ......................................................... 57

XML 결과 생성 ........................................................... 59

테이블을 MyISAM에서 Aria로 옮기기 .......................... 61

테이블을 MyISAM/Aria에서 InnoDB/XtraDB로 옮기기 ... 62

| 3장 | **MariaDB 최적화와 튜닝** | **65** |
| --- | --- | --- |
| | 소개 | 66 |
| | SHOW STATUS를 이용한 기능 사용 여부의 확인 | 66 |
| | MariaDB 옵티마이저 전략 제어 | 68 |
| | InnoDB와 XtraDB로 확장 키 사용 | 71 |
| | Aria의 두 단계 데드락 검출 설정 | 72 |
| | MyISAM의 세그먼트된 키 캐시 설정 | 75 |
| | 스레드풀 설정 | 77 |
| | Aria의 페이지캐시 설정 | 80 |
| | 서브쿼리 캐시를 사용한 쿼리 최적화 | 83 |
| | 세미조인 서브쿼리 최적화 | 85 |
| | 인덱스 생성 | 88 |
| | 풀텍스트 인덱스 생성 | 90 |
| | 인덱스 삭제 | 93 |
| | JOIN 사용 | 95 |
| | DATETIME 칼럼에 마이크로초 단위 사용 | 97 |
| | DATETIME과 TIMESTAMP 칼럼 자동 업데이트 | 99 |

| 4장 | **TokuDB 저장 엔진** | **103** |
| --- | --- | --- |
| | 소개 | 103 |
| | TokuDB 설치 | 104 |
| | TokuDB 설정 | 107 |
| | TokuDB 테이블 생성 | 109 |
| | TokuDB로 옮기기 | 112 |
| | TokuDB 테이블에 인덱스 추가 | 114 |
| | TokuDB 테이블 압축 수정 | 116 |

| 5장 | **CONNECT 저장 엔진** | **119** |
| --- | --- | --- |
| | 소개 | 119 |
| | CONNECT 저장 엔진 설치 | 120 |
| | CONNECT 테이블 생성과 삭제 | 121 |
| | CONNECT를 사용한 CSV 데이터 읽고 쓰기 | 127 |
| | CONNECT를 사용한 XML 데이터 읽고 쓰기 | 131 |
| | CONNECT를 사용한 MariaDB 테이블 접근 | 136 |
| | XCOL 테이블 타입 사용 | 139 |
| | PIVOT 테이블 타입 사용 | 141 |

OCCUR 테이블 타입 사용.........................................................144

WMI 테이블 타입 사용............................................................148

MAC 주소 테이블 타입 사용.....................................................150

**6장    MariaDB 복제                                                        153**

소개.................................................................................153

복제 설정..........................................................................154

전역 트랜잭션 ID 사용..........................................................160

멀티소스 복제 사용..............................................................162

행 이벤트 주석으로 binlog 향상시키기......................................167

binglog 이벤트 검사 합 설정...................................................169

선택적으로 binlog 이벤트 복제 생략.........................................171

**7장    MariaDB 갈레라 클러스터로 복제                                       175**

소개.................................................................................175

MariaDB 갈레라 클러스터 설치...............................................176

MariaDB 갈레라 클러스터의 노드 제거.....................................182

MariaDB 갈레라 클러스터 종료...............................................184

**8장    성능과 사용량 통계                                                   187**

소개.................................................................................187

Audit 플러그인 설치.............................................................188

Audit 플러그인 사용.............................................................190

엔진-독립적인 테이블 통계 이용..............................................195

확장된 통계 이용.................................................................197

성능 스키마 활성화..............................................................198

성능 스키마 사용.................................................................200

**9장    Sphinx로 하는 데이터 검색                                            205**

소개.................................................................................205

MariaDB에 SphinxSE 설치....................................................206

리눅스에서 Sphinx 데몬 설치.................................................208

윈도우에서 Sphinx 데몬 설치.................................................210

Sphinx 데몬 설정................................................................213

Sphinx 데몬과 SphinxSE를 사용한 검색...................................217

## 10장  MariaDB의 동적, 가상 칼럼 탐색  225

소개 ........................................................... 225
동적 칼럼이 있는 테이블 생성 ................................. 226
동적 칼럼 데이터의 삽입, 업데이트, 삭제 ...................... 228
동적 칼럼으로부터 데이터 읽기 ................................ 232
가상 칼럼 사용 ............................................... 239

## 11장  HandlerSocket을 사용한 NoSQL 지원  243

소개 ........................................................... 244
HandlerSocket 설치와 설정 .................................... 244
libhsclient 라이브러리 설치 .................................. 247
HandlerSocket 펄 클라이언트 라이브러리 설치 ................. 249
HandlerSocket과 펄을 사용한 데이터 읽기 ..................... 251
HandlerSocket과 펄을 사용한 데이터 추가 ..................... 254
HandlerSocket과 펄을 사용한 데이터 업데이트와 삭제 .......... 257
HandlerSocket 파이썬 클라이언트 라이브러리 설치 ............. 260
HandlerSocket과 파이썬을 사용한 데이터 읽기 ................. 262
HandlerSocket과 파이썬을 사용한 데이터 추가 ................. 265
HandlerSocket과 파이썬을 사용한 데이터 업데이트와 삭제 ...... 267
HandlerSocket 루비 클라이언트 라이브러리 설치 ............... 271
HandlerSocket과 루비를 사용한 데이터 읽기 ................... 273
HandlerSocket과 루비를 사용한 데이터 추가 ................... 275
HandlerSocket과 루비를 사용한 데이터 업데이트와 삭제 ........ 278
텔넷으로 HandlerSocket 직접 사용 ............................ 282

## 12장  카산드라 저장 엔진을 사용한 NoSQL 지원  289

소개 ........................................................... 289
카산드라 저장 엔진 설치 ...................................... 290
MariaDB와 카산드라간의 데이터 매핑 .......................... 292
카산드라 저장 엔진을 이용한 INSERT, UPDATE, DELETE 사용 ..... 297
카산드라 저장 엔진을 이용한 SELECT 사용 ..................... 300

## 13장  MariaDB 보안

소개 ................................................................................................................ 303

mysql_secure_installation을 사용한 MariaDB 보안 ....................................... 304

리눅스에서 MariaDB 파일의 보안 ................................................................... 305

윈도우에서 MariaDB 파일의 보안 ................................................................... 308

보호되지 않은 암호를 사용하는 사용자 확인 ................................................. 311

SSL을 사용한 연결 암호화 ............................................................................... 313

사용자 퍼미션 제어 역할 ................................................................................. 320

PAM 인증 플러그인을 사용한 인증 ................................................................. 324


찾아보기 ............................................................................................................ 327

# 들어가며

MariaDB는 완성도 높은 안정적인 오픈소스 관계형 데이터베이스다. 2009년 MySQL 데이터베이스로부터 뻗어 나와, 거의 대부분 리눅스 배포판의 기본 데이터베이스이자 크고 작은 다양한 회사에서 선택하는 데이터베이스인 오늘날의 모습이 되기까지, MariaDB는 함께 작업하는 사용자와 개발자 커뮤니티가 일개 회사보다도 더 많은 일을 해낼 수 있음을 증명했다.

MariaDB는 부모 격인 MySQL 데이터베이스의 많은 특성과 기능을 동일하게 제공하면서도, 대부분 자식이 그러하듯 다양한 면에서 MySQL을 능가한다. 이 책의 예제에서는 몇 가지 공통적인 기본 내용도 다루지만, MariaDB의 특별한 기능이나 MariaDB에서 처음으로 볼 수 있는 기능을 주요 내용으로 다룬다.

특정 기능이 왜 그렇게 동작하는지에 대해서도 설명하지만, 각 예제에서 그 기능이 무엇인가와 어떻게 사용하는가를 가장 강조해서 설명한다. 언제나 이론보다 실제로 무언가를 하기 위해 알아야 하는 정보가 더 중요하다.

점점 더 늘어나고 있는 MariaDB 도서 중 하나로서, 이 책의 목표는 강력하고 기능이 풍부한 데이터베이스를 직접 사용해보게 하는 데 있다.

## 이 책의 구성

**1장. MariaDB 시작** 리눅스, 윈도우, 맥 OS 환경에서의 MariaDB 설치 방법과 백업, 자주 사용하는 플러그인의 활성화 방법, 그 밖에 흔히 하는 작업들을 살펴본다.

**2장. MariaDB 깊이 파헤치기** 데이터 가져오기, 쿼리의 출력 결과를 원하는 식으로 변경하기, 데이터 옮기기 등을 다룬다.

**3장. MariaDB 최적화와 튜닝** 다양한 설정과 최적화 작업뿐만 아니라 인덱스 생성과 제거, JOIN 등을 다룬다.

**4장. TokuDB 저장 엔진** 대안적인 저장 엔진 TokuDB를 활성화시키는 방법, 사용 방법, 설정하는 방법을 살펴본다.

**5장. CONNECT 저장 엔진**  CONNECT 저장 엔진을 활성화시키는 방법, 설정하는 방법, 여러 종류의 파일 타입에 연결하는 방법을 살펴본다.

**6장. MariaDB 복제**  전역 트랜잭션 ID, 멀티코어 복제, 바이너리 로그 예제들을 살펴본다.

**7장. MariaDB 갈레라 클러스터로 복제**  새로운 클러스터링 해법을 설치하고 사용하는 방법을 다룬다.

**8장. 성능과 사용량 통계**  MariaDB의 확장된 통계, 회계 플러그인을 사용하는 방법과 성능 스키마를 다룬다.

**9장. Sphinx로 하는 데이터 검색**  유용한 풀텍스트 데이터베이스 인덱서와 검색 엔진을 설치하고 사용하는 방법을 다룬다.

**10장. MariaDB의 동적, 가상 칼럼 탐색**  동적, 가상 칼럼 기능을 비롯한 MariaDB에 내장된 NoSQL 기능에 대해 살펴본다.

**11장. HandlerSocket을 사용한 NoSQL 지원**  NoSQL의 HandlerSocket 기능과 이 기능을 다양한 언어로 사용하는 방법을 살펴본다.

**12장. 카산드라 저장 엔진을 사용한 NoSQL 지원**  카산드라 저장 엔진 설치와 사용 방법을 다룬다.

**13장. MariaDB 보안**  MariaDB 보안에 관련된 여러 가지 예제가 들어 있다.

## 준비 사항

이 책을 최대한 활용하려면 MariaDB가 구동되는 컴퓨터가 필요하다. 다행히도 MariaDB는 윈도우, 맥 OS, 리눅스의 다양한 버전에서 잘 동작하기 때문에 상당히 쉽게 해결될 것이다. 몇 가지 저장 엔진과 MariaDB 구성 요소가 제한적이기 때문에, 리눅스나 윈도우에서만 사용 가능한 레시피도 몇 가지 있다. 이런 내용은 책 중간 중간에 텍스트로 표시해두었다.

이 책은 독자가 윈도우나 맥 OS, 또는 리눅스 커맨드라인 환경에 익숙하고, 텍스트 편집기를 사용하는 것에 어려움을 느끼지 않으며, 소프트웨어를 다운로드하고 설치하는 방법을 알고 있다는 전제하에 쓰여졌다. 또한 데이터베이스와 데이터베이스 개념을 알고 있다면 이 책을 읽는 데 유용할 것이다.

## 이 책의 대상 독자

이 책은 MariaDB가 다른 데이터베이스와 차별화되는 기능들을 살펴보고, 직접 기능을 사용해보면서 배우고자 하는 사람이라면 누구든 읽을 수 있다.

## 이 책의 편집 규약

정보의 종류를 구분하기 위해 여러 가지 편집 규약을 사용했다. 각 사용 예와 의미는 다음과 같다.

본문에서 코드 단어는 다음과 같이 표시한다.

"프로바이더의 읽기/쓰기 권한에 관한 정보를 추출하는 __get_provider() 함수를 호출하는 스크립트이다."

코드 블록은 다음과 같이 표시한다.

```
#
# * HandlerSocket
#
handlersocket_address="127.0.0.1"
handlersocket_port="9998"
handlersocket_port_wr="9999"
```

코드 블록에서 특정 부분을 강조하고 싶을 때는 관련된 행이나 항목을 굵게 표시한다.

```
ANALYZE TABLE table_name PERSISTENT FOR
COLUMNS (column_1,column_2,...)
INDEXES (index_1,index_2,...);
```

모든 명령행 입출력은 다음과 같이 표시한다.

```
GRANT REPLICATION SLAVE, REPLICATION CLIENT ON *.*
TO replicant@'192.168.4.%'
IDENTIFIED BY 'sup3rs3kr37p455w0rd';
```

메뉴 혹은 대화 상자에 표시되는 단어는 다음과 같이 표시한다.

"Feedback 플러그인은 기본적으로 비활성화되어 있다."

경고나 중요한 노트는 박스 안에 이와 같이 표시한다.

 팁과 요령은 박스 안에 이와 같이 표시한다.

## 독자 의견

독자로부터의 피드백은 항상 환영이다. 이 책에 대해 무엇이 좋았는지 또는 좋지 않았는지 소감을 알려주기 바란다. 독자 피드백은 독자에게 필요한 주제를 개발하는 데 매우 중요하다.

일반적인 피드백을 우리에게 보낼 때는 간단하게 feedback@packtpub.com으로 이메일을 보내면 되고, 메시지의 제목에 책 이름을 적으면 된다. 여러분이 전문 지식을 가진 주제가 있고, 책을 내거나 책을 만드는 데 기여하고 싶으면 www.packtpub.com/authors에서 저자 가이드를 참조하기 바란다.

## 고객 지원

팩트출판사의 구매자가 된 독자에게 도움이 되는 몇 가지를 제공하고자 한다.

## 예제 코드 다운로드

이 책에 사용된 예제 코드는 http://www.packtpub.com의 계정을 통해 다운로드할 수 있다. 다른 곳에서 구매한 경우에는 http://www.packtpub.com/support를 방문해 등록하면 파일을 이메일로 직접 받을 수 있다. 또한 에이콘출판사의 도서정보 페이지인 http://www.acornpub.co.kr/book/mariadb-cookbook에서도 예제 코드를 다운로드할 수 있다.

## 오탈자

내용을 정확하게 전달하기 위해 최선을 다했지만, 실수가 있을 수 있다. 팩트출판사의 책에서 코드나 텍스트상의 문제를 발견해서 알려준다면 매우 감사하게 생각할 것이다. 그런 참여를 통해 다른 독자에게 도움을 주고, 다음 버전에서 책을 더 완성도 있게 만들 수 있다. 오자를 발견한다면 http://www.packtpub.com/support를 방문해 이 책을 선택하고, 정오표 제출 양식을 통해 오류 정보를 알려주기 바란다. 보내준 내용이 확인되면 웹사이트에 그 내용이 올라가거나, 해당 서적의 정오표 섹션에 그 내용이 추가될 것이다. http://www.packtpub.com/support에서 해당 타이틀을 선택하면 지금까지의 정오표를 확인할 수 있다. 한국어판은 에이콘출판사 도서정보 페이지 http://www.acornpub.co.kr/book/mariadb-cookbook에서 찾아볼 수 있다.

## 저작권 침해

저작권 침해는 모든 인터넷 매체에서 벌어지고 있는 심각한 문제다. 팩트출판사에서는 저작권과 라이선스 문제를 아주 심각하게 인식하고 있다. 어떤 형태로든 팩트출판사 서적의 불법 복제물을 인터넷에서 발견했다면 적절한 조치를 취할 수 있게 해당 주소나 사이트 명을 즉시 알려주길 부탁한다. 의심되는 불법 복제물의 링크를 copyright@packtpub.com으로 보내주기 바란다. 저자와 더 좋은 책을 위한 팩트출판사의 노력을 배려하는 마음에 깊은 감사의 뜻을 전한다.

## 질문

이 책에 관련된 질문이 있다면 questions@packtpub.com을 통해 문의하기 바란다. 최선을 다해 질문에 답해 드리겠다. 한국어판에 관한 질문은 이 책의 옮긴이나 에이콘출판사 편집팀(editor@acornpub.co.kr)으로 문의해주길 바란다.

# 1

# MariaDB 시작

1장에서는 다루는 레시피는 다음과 같다.

▶ 윈도우에 MariaDB 설치

▶ 리눅스에 MariaDB 설치

▶ 맥 OS X에 MariaDB 설치

▶ Feedback 플러그인 활성화

▶ InnoDB/XtraDB 전환

▶ 백업 계정 생성

▶ XtraBackup을 이용해서 백업 만들기

▶ mysqldump을 이용해서 백업 만들기

▶ mysqlcheck와 크론cron을 이용한 테이블 자동 점검과 최적화

▶ mysql 클라이언트에서 진행상황 보고내역 이용

## 소개

1장은 준비하고 기본적인 레시피를 이용해서 MariaDB를 실행시키는 단계로, 이 책의 다른 레시피를 위한 기본 바탕이 된다.

처음 세 개의 레시피는 모든 레시피 중 가장 기본으로 윈도우와 리눅스, 맥 OS X 운

영체제에 MariaDB를 설치하는 방법을 다룬다. 그다음에 두 가지 공통 설정 옵션과
몇 가지 공통적인 유지 보수 업무에 대해 다룬다.

마지막으로 mysql 클라이언트 애플리케이션의 진행 상항 보고 기능에 대한 레시피
를 설명하면서 1장을 마친다.

## 윈도우에 MariaDB 설치

예전에는 윈도우에 MariaDB를 설치하려면 ZIP 파일을 내려받아 압축을 풀어야 했다.
그때부터, 경로 설정과 같이 시스템 서비스 구축은 전부 사용자가 직접 해야 하는 일
이었다. 지금은 MariaDB MSI 패키지로 그 과정이 완전히 자동으로 실행된다. ZIP 파
일이 여전히 제공되지만, 반드시 필요하지 않다면(필요할 수도 있다!), 굳이 사용할 필
요가 없다.

## 예제 구현

다음 단계부터 시작해보자.

1. http://mariadb.org/downloads에서 원하는 버전의 MariaDB를 선택한다. 개발
   버전development version과 안정 버전stable version이 있다. 대부분의 사용자에게 안정 버
   전을 추천한다.

2. 원하는 버전의 MariaDB를 선택한 후, 윈도우 32비트나 64비트 버전의
   MariaDB MSI 패키지 중 하나를 선택한다. 대부분의 컴퓨터의 경우, 64비트를
   선택하면 된다. 하지만 만약 컴퓨터가 오래됐다면 32비트 버전을 사용해야 할
   수도 있다.

3. 다운로드가 완료되면 자동으로 인스톨러가 실행된다. 또는 설정에 따라 직접
   인스톨러를 실행시켜야 할 수도 있다. 실행되면 다음과 같은 화면이 나타난다.

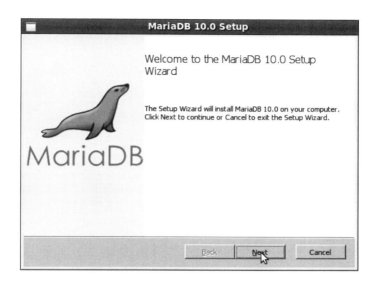

**4.** 인스톨러가 실행되면, 기본적으로 설정된 대로 놔두고 Next를 클릭한다. 원한다면 설정을 바꿔도 되지만, 그럴 필요가 없다.

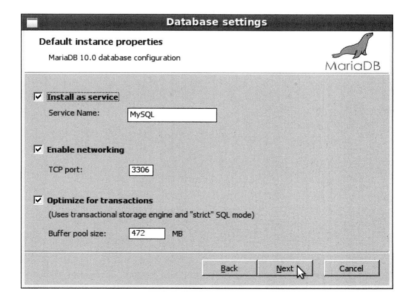

**5.** 설치가 끝나면 MariaDB가 실행된다.

MSI는 마이크로소프트 인스톨러<sup>Microsoft installer</sup>를 의미한다. 이는 윈도우 운영체제의 소프트웨어 인스톨러의 표준 패키지 형태다. MariDB MSI 패키지는 MariaDB를 설치하기 위해 흔히 설정하는 모든 수동 단계들을 압축하고 있다. 컴퓨터를 부팅할 때 MariaDB가 자동으로 시작되도록 하거나, 데이터 디렉토리를 생성하는 등의 윈도우 서비스를 설정하는 것과 같은 단계들을 포함한다.

## 부연 설명

인스톨러를 실행시키면서 의문을 가질 만한 몇 가지 선택 사항이 있다. 그 중 두 개가 HeidiSQL과 Feedback 플러그인이다.

### HeidiSQL

MSI 패키지는 MariaDB뿐만 아니라 자동으로 HeidiSQL 그래픽 클라이언트까지 설치한다. 이 오픈소스 그래픽 클라이언트는 MariaDB와 상호 작용하기 좋은 방법이며, MariaDB와 HeidiSQL 개발자들은 HeidiSQL이 MariaDB의 모든 기능과 옵션을 지원할 수 있도록 함께 일해 왔다.

### Feedback 플러그인

인스톨러 화면 중 하나는 사용자가 원할 경우 Feedback 플러그인을 활성화시킬 수 있도록 옵션을 제공한다. 이 플러그인에 대한 자세한 내용과 활성화시키는 것이 왜 좋은지 알고 싶다면 1장의 'Feedback 플러그인 활성화' 레시피를 참고한다.

## 참고 사항

윈도우를 위한 MariaDB MSI 인스톨러에 대한 전체 문서는 https://mariadb.com/kb/en/installing-mariadb-msi-packages-onwindows/에서 확인 가능하다.

## 리눅스에 MariaDB 설치

대부분의 MariaDB는 다양한 종류의 리눅스에 설치된다. 이 레시피는 많은 리눅스 사용자가 MariaDB를 쉽고 빠르게 실행시킬 수 있게 한다.

## 준비

먼저, 실행하고 있는 리눅스의 버전을 확인한다. 대부분의 경우, 리눅스를 직접 설치하므로 버전 정보를 알 것이다. 하지만 버전을 모를 경우, 다음 커맨드로부터 필요한 정보를 얻을 수 있다.

```
cat /etc/lsb-release
```

위 커맨드의 출력 결과는 다음과 같다(이 결과는 리눅스 버전에 따라 다르다).

```
daniel@gandalf:~$ cat /etc/lsb-release
DISTRIB_ID=Ubuntu
DISTRIB_RELEASE=10.04
DISTRIB_CODENAME=lucid
DISTRIB_DESCRIPTION="Ubuntu 10.04.4 LTS"
```

이 결과를 통해 우분투 10.04 버전인 'lucid'를 사용하고 있음을 확인 가능하다. 이것이 사용자가 필요로 하는 정보다.

## 예제 구현

다음 단계들을 순서대로 실행해보자.

1. 다음 그림과 같이 http://mariadb.org/downloads/mariadb/repositories에서 리눅스 배포판, 릴리스, 버전, 그리고 (몇몇의 배포판의 경우) 사용하고자 하는 미러 사이트를 선택한다.

2. 모두 선택하면 해당 페이지 아래에 명령문이 나타날 것이다.

3. 페도라, CentOS, 레드햇의 경우 제공된 텍스트를 /etc/yum.repos.d/에 있는
   MariaDB.repo 파일에 복사한 후 MariaDB를 설치하기 위해 다음 커맨드를 실행
   한다.

```
sudo yum install MariaDB-server MariaDB-client
```

4. yum으로 처음 설치할 경우 MariaDB 패키지임을 나타내는 키를 허용해야 한다.
   이 키는 다음과 같은 키 지문<sup>fingerprint</sup>을 갖고 있다.

```
1993 69e5 404b d5fc 7d2f e43b cbcb 082a 1bb9 43db
```

5. yum이 보여준 키 지문이 4단계에서 보여준 키 지문과 일치한다는 가정하에, 질
   문에 대한 답으로 YES를 선택한다.

6. 데비안과 우분투의 경우, 리눅스 배포판과 릴리스, MariaDB 버전뿐만 아니라 사
   용하고자 하는 미러 사이트도 선택해야 한다. 네 개의 박스 안 항목들을 선택하
   면, 각 시스템마다 적합한 MariaDB를 설치할 수 있는 명령문이 페이지 아래에

나타난다. 예를 들어, 우분투 12.04 LTS "Precise"에 MariaDB를 설치하는 커맨드는 다음과 같다.

```
sudo apt-get install python-software-properties
sudo apt-key adv --recv-keys --keyserver \
   keyserver.ubuntu.com 0xcbcb082a1bb943db
sudo add-apt-repository \
   'deb http://ftp.osuosl.org/pub/mariadb/repo/10.0/ubuntu
   precise main'
sudo apt-get update
sudo apt-get install mariadb-server
```

7. yum 또는 apt를 이용한 설치가 완료되면, 다음 커맨드를 이용해서 MariaDB를 시작하거나 종료할 수 있다.

```
sudo /etc/init.d/mysql start
sudo /etc/init.d/mysql stop
```

## 예제 분석

저장소 설정 프로그램<sup>repository configurator</sup>은 다음 리눅스 배포판들을 지원한다.

▶ 레드햇<sup>Red Hat</sup>

▶ 우분투<sup>Ubuntu</sup>

▶ 데비안<sup>Debian</sup>

▶ 민트<sup>Mint</sup>

▶ 마제야<sup>Mageia</sup>

▶ 페도라<sup>Fedora</sup>

▶ CentOS

▶ 오픈수세<sup>openSUSE</sup>

새로운 리눅스 배포판이 가끔씩 추가되기 때문에, 웹사이트에 들어가면 또 다른 리눅스 배포판이 리스트에 추가됐을 수도 있다.

이 모든 배포판들의 공통적인 특징은 패키지 매니저를 사용한다는 것이다. 페도라, 레드햇, CentOS는 YUM<sup>Yellowdog Updater Modified</sup> 패키지 매니저를 사용한다. 데비안, 우분투, 민트는 APT^Advanced Package Tool 패키지 매니저를 사용한다. MariaDB 개발자들은 이 배포판들을 위한 저장소를 제공한다.

마제야나 오픈수세 같은 나머지 배포판들은 개별적인 패키지 매니저를 사용한다. 이런 이유로 인해 여기에 해당되는 리눅스 배포판의 개발자들은 MariaDB 패키지를 제공한다. 저장소 설정 툴은 MariaDB를 설치하기 위해 실행해야 하는 커맨드 명령문을 제공한다.

## 참고 사항

리눅스에 MariaDB 설치하는 것에 대한 전체 문서는 https://mariadb.com/kb/en/mariadb-binary-packages/에서 확인 가능하다.

## 맥 OS X에 MariaDB 설치

맥 OS X에 MariaDB를 설치하는 것은 리눅스에 설치하는 것과 유사하지만 한가지 중요한 점이 다르다. MariaDB 개발자가 인스톨러를 제공하지 않고, 브루^brew 프로젝트가 제공한다.

## 준비

맥 OS X에 MariaDB를 설치하려면, 반드시 먼저 맥의 앱 스토어에서 엑스코드^Xcode를 설치해야 한다. 엑스코드 설치가 완료되면 브루를 설치하고 설정해야 한다. 이를 위한 전체 명령문은 브루 웹사이트 http://brew.sh/에서 확인할 수 있는데, 기본적인 커맨드는 다음과 같다.

```
ruby -e \
  "$(curl -fsSL https://raw.github.com/Homebrew/homebrew/go/install)"
```

브루를 설치한 후 제대로 설정됐는지 확인하기 위해 다음의 doctor 커맨드를 실행시킨다.

```
brew doctor
```

doctor 커맨드가 하나 이상의 이슈를 발견하면, 각 이슈마다 해결할 수 있는 방법을 출력하여 보여준다. 브루가 만족하는 환경인지 확실히 하려면, doctor 커맨드가 다음 메시지를 출력할 때까지 명령문대로 해야 한다.

**Your system is ready to brew.**

## 예제 구현

다음 단계들을 순서대로 실행해보자.

1. 터미널 창에 다음 커맨드를 실행한다.

```
brew update
brew install mariadb
```

2. 의존성<sup>dependency</sup> 파일이 존재한다면, 먼저 설치될 것이다. 그다음에 브루는 최신 안정 버전의 MariaDB 소스코드 타르볼<sup>tarball</sup>을 내려받고 컴파일한 뒤에 설치한다.

3. 설치가 완료되면 MariaDB가 자동으로 실행될 수 있도록 MariDB 스타트업 `plist`를 LaunchAgents 디렉토리에 링크시킨다.

```
ln -sfv /usr/local/opt/mariadb/*.plist \
    ~/Library/LaunchAgents
```

4. MariaDB를 실행하려면 `launchctl` 커맨드로 plist 파일을 로드<sup>load</sup>한다.

```
launchctl load \
    ~/Library/LaunchAgents/homebrew.mxcl.mariadb.plist
```

5. MariaDB를 종료하려면 plist 파일을 언로드<sup>unload</sup>한다.

```
launchctl unload \
    ~/Library/LaunchAgents/homebrew.mxcl.mariadb.plist
```

브루 인스톨러는 리눅스 패키지 매니저처럼 동작한다. MariaDB를 비롯한 대다수 오픈소스 소프트웨어 패키지는 브루 인스톨러로 설치할 수 있다.

브루 인스톨러는 루트 계정을 위한 패스워드를 설정하지 않기 때문에, 맥 OS X에 MariaDB를 실행시킨 후 가장 먼저 해야 할 일은 `mysql_secure_installation` 스크립트를 실행시키는 것이다. 자세한 내용은 13장, "MariaDB 보안"의 'mysql_secure_installation을 사용한 MariaDB 보안' 레시피를 참고한다.

## Feedback 플러그인 활성화

Feedback 플러그인은 익명의 사용 정보를 모아서 MariaDB 개발자에게 보낸다. 이 플러그인을 활성화시키면 프로젝트에 많은 도움이 된다.

### 준비

설치된 MariaDB가 실행 중이어야 한다. 이를 하려면 위의 레시피에 나온 명령문들을 참고한다.

### 예제 구현

다음 단계들을 순서대로 실행해보자.

1. MariaDB를 설치할 때 따라 했던 레시피에 나온 설명에 따라 MariaDB를 종료시킨다.

2. 빔$^{Vim}$, 이맥스$^{Emacs}$, 테스트랭글러$^{TestWrangler}$, 노트패드$^{Notepad}$ 같은 텍스트 편집기에서 my.cnf 파일이나 my.ini 파일을 연다. 윈도우의 경우 노트패드에서 자동으로 my.ini 파일이 열리도록 링크되어 있다. 리눅스의 경우 my.cnf 파일은 사용하고 있는 리눅스 배포판에 따라 /etc/mysql/my.cnf 또는 /etc/my.cnf에 위치한다.

**3.** 시스템의 my.cnf 파일 또는 my.ini 파일 내 [mysqld] 절에 다음 라인을 추가한다([mysqld] 절이 없다면 생성한다).

**feedback=on**

**4.** 파일을 저장한 후 MariaDB를 설치할 때 따라 했던 레시피에 나온 대로 MariaDB를 실행시킨다. 그러면 플러그인이 활성화되어 있을 것이다.

## 예제 분석

Feedback 플러그인은 기본적으로 비활성화되어 있다. 설정 파일에 feedback=on을 추가하면 MariaDB는 Feedback 플러그인이 필요하다는 사실을 알게 된다.

이 플러그인은 자동으로 익명의 사용 정보를 MariaDB 개발자들에게 보내는데, 이 정보는 개발 리소스에 우선순위를 매길 수 있도록 도와준다. 수집된 데이터 종류의 예로 사용하는 운영체제 종류, 메모리의 크기, 활성화된 플러그인 종류 등이 있다.

수집된 정보는 http://mariadb.org/feedback_plugin에서 볼 수 있다.

## 부연 설명

다양하게 원하는 대로 Feedback 플러그인을 변경 가능하다. 예를 들면, 보내고 싶은 정보를 선택할 수 있다. 또는 정보를 MariaDB 개발자에게 보내지 않고 자체 서버로 보내도록 플러그인을 설정할 수도 있다.

## 참고 사항

Feedback 플러그인에 대한 전체 문서는 https://mariadb.com/kb/en/feedback-plugin/에서 확인할 수 있다.

# InnoDB와 XtraDB간의 전환

기본적으로 MariaDB는 InnoDB 대신 XtraDB 저장 엔진을 사용한다. XtraDB가 InnoDB보다 개선된 모든 사용자에게 유용한 부분을 갖고 있기 때문이다. 특정 이유 때문에 InnoDB 저장 엔진을 사용하고 싶다면, 쉽게 하는 방법이 있다.

## 예제 구현

다음 단계들을 순서대로 실행해보자.

1. MariaDB를 설치할 때 따라 했던 레시피에 나온 설명에 따라 MariaDB를 종료시킨다.

2. 빔, 이맥스, 테스트랭글러, 노트패드와 같은 텍스트 편집기에서 my.cnf 파일이나 my.ini 파일을 연다. 윈도우의 경우 노트패드에서 자동으로 my.ini 파일을 열리도록 링크되어 있다. 리눅스의 경우 my.cnf 파일은 사용 중인 리눅스 배포판에 따라 /etc/mysql/my.cnf 또는 /etc/my.cnf에 위치한다.

3. 시스템의 my.cnf 파일 또는 my.ini 파일 내 [mysqld] 절에 다음 라인을 추가한다. [mysqld] 절이 없으면 추가한다.

   ```
   ignore_builtin_innodb
   plugin_load=innodb=ha_innodb.so
   ```

4. 파일을 저장한 후 MariaDB를 설치할 때 따라 했던 레시피에 나온 대로 MariaDB를 실행시킨다.

## 예제 분석

InnoDB와 XtraDB 중 어느 저장 엔진을 사용 중인지 확인하려면 SHOW ENGINE 커맨드를 사용한다. XtraDB를 사용하고 있다면, 출력 결과의 InnoDB 줄은 다음 커맨드 라인과 같이 시작할 것이다.

```
| InnoDB | DEFAULT | Percona-XtraDB,Supports...
```

그리고 InnoDB 플러그인을 사용하고 있다면 InnoDB 줄은 다음 커맨드라인과 같이 시작한다.

```
| InnoDB | DEFAULT | Supports...
```

한번에 오직 한 종류의 저장 엔진만 로드 가능하다. 동시에 InnoDB 플러그인과 XtraDB 플러그인을 로드시키는 것은 불가능하다.

## 참고 사항

▶ 3장, "MariaDB 최적화와 튜닝"의 'InnoDB와 XtraDB에서 확장 키 사용' 레시피를 참고한다.

▶ MariaDB 지식 베이스의 InnoDB와 XtraDB 부분은 https://mariadb.com/kb/en/xtradb-and-innodb/에서 확인 가능하며, 이 저장 엔진들에 대해 자세히 설명한다.

## 백업 계정 생성

루트와 같은 super 계정이 백업을 하는 것은 좋은 방법이 아니다. 가장 큰 이유는 자동으로 백업되는 일이 자주 있기 때문에, 패스워드가 어딘가(가령 my.cnf 파일)에 저장되어 있어야 하기 때문이다. 백업을 하는 데에 사용되는 계정이 데이터베이스에 대한 모든 접근 권한을 갖고 있을 경우, 남용되거나 백업 스크립트에 있는 에러가 문제를 일으킬 수 있다.

이 레시피에서는 mysqldump와 XtraBackup 프로그램 둘 다 실행시키는 데 필요한 최소한의 권한을 갖고 있는 백업 계정을 생성한다.

## 예제 구현

다음 단계들을 순서대로 실행해보자.

1. mysql 커맨드라인 클라이언트를 실행시킨다.

2. 백업 계정을 생성한다. 이 레시피에서는 백업 계정 이름으로 `backupuser`를 사용할 것이고, 패스워드로 p455word를 사용할 예정이다. 계정 이름은 원하는 대로 정할 수 있고, 패스워드는 당연히 남들이 알기 힘든 것으로 바꿔야 한다.

```
CREATE USER 'backupuser'@'localhost'
    IDENTIFIED BY 'p455w0rd';
```

3. 그다음에는 새롭게 생성한 계정에 다음과 같이 백업을 할 수 있는 최소한의 권한을 부여한다.

```
GRANT SELECT, SHOW VIEW, LOCK TABLES, RELOAD,
    REPLICATION CLIENT
    ON *.* TO 'backupuser'@'localhost';
```

4. 마지막으로, MariaDB가 권한 테이블을 다시 읽도록 `FLUSH PRIVILEGES` 커맨드를 실행시킨다. 이 방법은 계정에 새로운 권한을 부여한 후 항상 실행시키는 것이 좋다.

```
FLUSH PRIVILEGES;
```

## 예제 분석

백업을 하는 계정은 데이터베이스에 대한 모든 권한을 갖고 있을 필요가 없다. 특정 권한들만 갖고 있으면 된다. 예를 들어 백업 계정은 데이터베이스의 테이블을 읽기만 하면 되기 때문에 `INSERT`나 `ALTER TABLE` 권한은 필요하지 않다. 이 레시피에서는 XtraBackup과 mysqldump 프로그램을 사용할 수 있을 정도의 권한만 지정했으며, 이는 다른 백업 프로그램에도 충분하다.

## XtraBackup을 이용해서 백업 만들기

XtraBackup은 Percona의 백업 툴이다.

프리컴파일된 XtraBackup 패키지는 리눅스에서만 사용 가능하다. Percona는 YUM 과 APT 저장소 둘 다 제공한다.

Percona 웹사이트 http://www.percona.com/doc/percona-xtrabackup/에 있는 XtraBackup 설치 안내를 따라 설치할 수 있다. 또한, '백업 계정 생성' 레시피에 나온 설명을 참고하여 백업 계정을 생성한다.

## 예제 구현

다음 단계들을 순서대로 실행해보자.

1. 다음 커맨드에서 --user, --password, /path/to/backups 부분을 적합한 값 으로 변경한 후에 실행시킨다.

```
sudo innobackupex --user=backupuser \
    --password=p455w0rd /path/to/backups
```

2. innobackupex 스크립트는 XtraBackup을 호출하고, 모든 파일을 지정된 백업 디렉토리의 타임스탬프가 표시된 하위 디렉토리로 복사한다. 그런 후에 모든 것 이 제대로 실행되었다면, 다음과 유사한 결과를 출력한다.

```
130729 12:05:12 innobackupex: completed OK!
```

## 예제 분석

innobackupex 스크립트는 XtraBackup의 래퍼wrapper다. XtraBackup 프로그램 자체 는 InnoDB와 XtraDB 데이터베이스를 백업할 뿐이다. innobackupex 스크립트가 사 용되어야 MyISAM, Aria, InnoDB가 아닌 다른 테이블까지 백업한다.

XtraBackup과 innobackupex 스크립트가 생성한 백업은 아직 데이터베이스를 있는 그대로 복원시킬 수 없다. 복원되기 전에 백업 데이터로 해야 할 일이 있다. 또한, NFS가 마운트된 디스크로 백업할 때 주의할 점이 몇 가지 있다.

### 백업으로 복원시키기

XtraBackup 백업으로 복원하려면, 반드시 먼저 다음과 같이 해야 한다.

```
sudo innobackupex --apply-log /path/to/backups
```

그러고 나면, 다음 커맨드로 복원할 수 있다.

```
sudo innobackupex --copy-back /path/to/backup
```

처음 백업을 위한 스크립트를 실행할 때 확인했던 것처럼, 이 과정 마지막에 'Completed OK!' 메시지가 나타나는지 확인한다.

innobackupex 스크립트는 data 디렉토리에 파일을 덮어 쓰는 것을 허용하지 않는다. 그러므로 반드시 복원시키기 전에 해당 디렉토리를 비워야 한다.

또한 마지막으로 다음과 유사한 커맨드로 복원된 파일의 권한을 수정해야 한다.

```
sudo chown -R mysql:mysql /var/lib/mysql
```

### XtraBackup과 NFS

NFS 볼륨으로 백업할 때 sync 옵션으로 마운트됐는지 확인한다. async 옵션으로 마운트됐다면 데이터가 깨질 수 있다. 자세한 내용은 XtraBakcup 문서를 참고한다.

## mysqldump을 이용해서 백업 만들기

mysqldump 프로그램은 MariaDB와 함께 포함되어 있고, 간단한 백업 툴로 잘 동작한다.

'백업 계정 생성' 레시피에 나온 설명대로 백업 계정을 생성한다.

## 예제 구현

다음 단계들을 순서대로 실행해보자.

1. 모든 데이터를 my-backup.sql이라는 이름의 파일로 백업하려면 다음 커맨드를 실행한다.

```
mysqldump --user=backupuser -p \
    --all-databases > my-backup.sql
```

2. 성공적으로 끝나면 mysqldump는 결과 파일 끝에 다음과 같은 형태의 커맨드를 한 줄 남긴다.

```
-- Dump completed on <date> <time>
```

3. 실패한다면 에러 메시지가 화면에 출력되고 백업 파일 안의 데이터는 에러가 발생하기 직전까지만 백업된다. 에러 메시지와 백업 파일의 끝 부분은 성공하지 못한 이유를 알아낼 수 있는 중요한 단서가 될 것이다.

## 예제 분석

mysqldump 프로그램은 SQL 포맷의 텍스트로 백업을 생성한다. 이러한 백업들은 MariaDB를 다른 MariaDB 서버에 복원시킬 수 있다. 그리고 SQL 포맷으로 생성되었기 때문에, 다른 데이터베이스로도 복원 가능하다.

데이터베이스 서버 안의 데이터베이스 크기에 따라, 그리고 모든 데이터베이스들을 백업할지 또는 하나나 두 개의 데이터베이스를 백업할지에 따라, mysqldump에 의해 생성된 백업 파일은 굉장히 클 수도 있다. 그러므로 이 프로그램을 사용할 때, 항상 이 부분을 기억하고 있어야 한다.

mysqldump 프로그램은 많은 옵션이 있다. 그 중 가장 유용한 옵션을 살펴보자.

### --add-drop-database

--add-drop-database 옵션은 mysqldump이 주어진 데이터베이스를 삭제한 후 데이터를 복원시키기 전에 다시 생성되도록 백업 결과에 SQL 커맨드를 추가하게 한다.

### --add-drop-table

위의 옵션과 유사하게, --add-drop-table 옵션은 mysqldump가 테이블을 재생성하고 데이터를 입력하기 전에 삭제되도록 백업 결과에 SQL 커맨드를 추가하게 한다.

### --add-locks

--add-locks 옵션은 백업 결과의 테이블 앞과 뒤에 LOCK TABLES 문과 UNLOCK TABLES 문을 추가한다. 복원시킬 때, 테이블을 락[ock]시키면 복원 속도가 빨라진다.

## mysqlcheck와 크론을 이용한 테이블 자동 점검과 최적화

mysqlcheck 커맨드는 테이블을 확인, 보수하며 최적화한다. 크론과 함께 사용되면, 이런 정기적인 유지 보수 작업을 자동화시킬 수 있다. 이 레시피는 리눅스 운영체제에만 해당된다.

## 예제 구현

다음 단계들을 순서대로 실행해보자.

1. 서버에 새로운 계정을 생성하거나 기존의 사용자 계정을 선택한다. 여기서는 이 레시피를 위해 생성한 sysuser라는 계정을 사용한다.

2. MariaDB에서 모든 데이터베이스에 대해 SELECT와 INSERT 권한을 갖고 있는

계정을 생성한다. 이 권한들은 `mysqlcheck`를 사용하는 데에 필요하다. 이 레시피에서는 maint라는 이름으로 계정을 생성한다.

3. /home/sysuser/.my.cnf에 다음 내용이 담긴 .my.cnf 파일을 생성한다(sysuser의 home 디렉토리가 위치한 곳이라면 어디든 상관없다).

```
[client]
user = maint
password=maintuserpassword
```

4. 그다음 .my.cnf 파일의 모드를 오직 `sysuser`만 읽을 수 있도록 변경한다.

**`sudo chmod 600 /home/sysuser/.my.cnf`**

5. 다음 코드 내용을 /etc/cron.d/mariadb에 추가한다(파일이 없다면 생성한다).

```
# m h dom mon dow user command
15 23 * * 1 sysuser /usr/bin/mysqlcheck -A --auto-repair
15 23 * * 2-7 sysuser /usr/bin/mysqlcheck -A --optimize
```

## 예제 분석

크론 스니핏snippet 파일은 /etc/cron.d/ 폴더에 위치한다. 크론 데몬은 이 폴더를 확인하고 커맨드를 실행한다. 계정 이름으로 저장된 crontab 파일에 하듯이 말이다. 가장 큰 차이점은 계정 폴더가 아니라 시스템 폴더이기 때문에, `datetime` 커맨드와 실제 커맨드 사이에 어느 계정이 커맨드를 실행할 지를 크론에게 알려야 한다.

다른 MariaDB 유틸리티처럼 `mysqlcheck`가 실행되면, 자동으로 이를 실행하고 있는 사용자 계정의 home 디렉토리에 위치한 .my.cnf 파일을 확인하고, 해당 파일 내 [client] 절의 옵션을 읽어 들인다. 이 파일은 해당 계정만 읽기 가능하도록 설정할 수 있기 때문에 로그인 정보를 저장하기에 적합하다. 이 방법으로 사용하면, 커맨드라인에 데이터베이스를 유지 보수하는 계정의 이름과 패스워드를 명시할 필요가 없다.

이 레시피에 의해 두 개의 커맨드가 실행된다. 첫 번째 커맨드는 매주 한 번만 실행되며, 모든 데이터베이스를 확인하고 문제를 발견하면 자동으로 보수한다. 두 번째 커맨드는 매주 다른 날짜에 실행되며 모든 데이터베이스의 테이블들을 최적화한다.

mysqlcheck 프로그램은 많은 옵션을 갖고 있다. 이 옵션들이 궁금하다면 https://mariadb.com/kb/en/mysqlcheck/에서 확인하거나 커맨드 뒤에 --help를 붙여서 실행해본다.

한 가지 알아야 하는 점은 --analyze(-a), --check(-c), --optimize(-o), --repair(-r) 옵션은 서로 배타적이다. 따라서 커맨드라인에 여러 옵션이 지정되었을 경우 마지막 옵션만 사용된다.

### 보안

루트가 아닌 사용자가 mysqlcheck를 자동으로 사용하는 것은 좋은 보안 예방책이다. sysuser가 훨씬 더 안전하게 하려면, 계정을 잠궈서 로그인할 수 없게 한다. 이를 하는 방법은 배포판 문서를 참고한다.

## mysql 클라이언트에서 진행상황 보고내역 이용

MariaDB의 잘 알려지지 않은 기능 중 하나는 오래 걸리는 커맨드의 경우 진행상황 보고를 보여줄 수 있는 클라이언트의 기능이다.

다음 단계들을 순서대로 실행해보자.

1. 기본적으로 진행상황 보고 기능은 활성화되어 있으며 ALTER TABLE, ADD INDEX, DROP INDEX, LOAD DATA INFILE 커맨드로 동작되기 때문에 따로 설정할 필요가 없다. 또한 Aria 저장 엔진을 사용할 때는 CHECK TABLE, REPAIR TABLE, ANALYZE TABLE, OPTIMIZE TABLE 커맨드도 사용할 수 있다. 예를 들어,

큰 크기의 테이블을 MyISAM 저장 엔진 대신 Aria 저장 엔진으로 변경해야 한다면, 다음과 같은 커맨드를 사용한다.

```
MariaDB [test]> ALTER TABLE my_big_table engine=aria;
Stage: 1 of 2 'copy to tmp table' 29.26% of stage done
```

2. 진행상황 보고는 작업이 완료될 때까지 5초에 한 번씩 업데이트된다.

## 예제 분석

이 기능을 지원하는 클라이언트인 mysqld(MariaDB 서버)는 5초에 한 번씩 진행상황 보고 메시지를 보낸다. MariaDB에 포함된 mytop 셸 스크립트처럼 mysql 커맨드라인 클라이언트도 이 기능을 지원한다.

https://mariadb.com/kb/en/progress-reporting/에 나온 지시 사항을 이용하면 진행상황 메시지 기능을 다른 클라이언트에도 쉽게 추가할 수 있다. 가장 잘 사용하는 클라이언트 애플리케이션이 이 기능을 지원하지 않을 경우, 개발자가 이 기능을 추가하도록 제안해보자!

## 부연 설명

기본적으로 5초에 한 번씩 업데이트하도록 되어 있는 것을 progress_report_time 변수를 5보다 더 큰 수로 설정하여 변경할 수 있다. 1에서 5사이의 값은 무시된다.

### 진행상황 보고 기능 비활성화

진행상황 보고를 비활성화하려면 progress_report_time 변수를 0으로 설정하거나 mysql 클라이언트를 시작할 때 --disable-progress-reports 옵션을 사용한다. 진행상황 보고 기능은 배치batch 모드에서 자동으로 꺼진다.

### mytop의 진행상황 보고

MariaDB에 포함된 mytop 스크립트는 '%' 칼럼에 실행이 길어지는 커맨드의 진행상황을 보여준다.

# 2

# MariaDB 깊이 파헤치기

2장에서 다루는 레시피는 다음과 같다.

- ▶ mysqldump에서 내보낸 데이터 가져오기
- ▶ SHOW EXPLAIN을 실행 중인 쿼리와 함께 사용
- ▶ LIMIT ROWS EXAMINED 사용
- ▶ INSTALL SONAME 사용
- ▶ HTML 결과 생성
- ▶ XML 결과 생성
- ▶ 테이블을 MyISAM에서 Aria로 옮기기
- ▶ 테이블을 MyISAM/Aria에서 InnoDB/XtraDB로 옮기기

## 소개

MariaDB에 살짝 발을 담가봤으니, 이제는 좀 더 깊이 파고들어 MariaDB의 유용한 기능 몇 가지를 시험 삼아 사용해보자.

## mysqldump에서 내보낸 데이터 가져오기

mysqldump 백업으로부터 데이터 가져오는 것은 쉽고 빠르다. 이 레시피에서는 ISFDB<sup>Internet Speculative Fiction Database</sup>의 백업을 가져온다. 이 데이터베이스는 이 레시피 뿐만 아니라 이 책에 있는 다른 많은 레시피를 사용할 수 있도록 하는 CC BY<sup>Creative Commons Attribution</sup> 라이선스를 따른다.

## 예제 구현

1. http://www.isfdb.org/wiki/index.php/ISFDB_Downloads에서 최신 버전의 MySQL 5.5와 호환되는 파일을 내려받는다. 이 파일의 크기는 거의 80MB이며 이름은 백업이 만들어진 날짜다. 이 레시피에서는 backup-MySQL-55-2014-02-22.zip 파일을 사용한다. 최신 버전의 파일을 사용해도 무관하다. 최신 파일을 사용할 경우, 다음 설명 단계에서 파일 이름을 최신 파일 이름으로 변경해야 한다.

2. 다운로드가 완료되면 다음 커맨드를 사용해서 파일의 압축을 해제한다.

   ```
   unzip backup-MySQL-55-2014-02-22.zip
   ```

3. 압축을 풀면 파일 크기가 300MB를 넘을 것이다.

4. 그다음 단계에는 mysql 커맨드라인 클라이언트를 실행시키고 파일을 가져올 데이터베이스를 생성한다.

   ```
   CREATE DATABASE isfdb;
   ```

5. 데이터베이스를 생성한 후 mysql 커맨드라인 클라이언트를 종료시킨다.

6. 마지막으로 다음 커맨드를 사용해서 MariaDB에 파일을 가져온다.

   ```
   mysql isfdb < backup-MySQL-55-2014-02-22
   ```

7. 프로세서의 속도, 메모리 크기, 하드 드라이브의 속도에 따라 파일을 가져오는 데 몇 초에서 2분까지도 걸릴 수 있다. isfdb 데이터베이스는 데이터 테이블들로 채워진다. 궁금하다면 이 데이터베이스를 자세히 살펴봐도 된다.

## 예제 분석

특수 문자 <는 backup-2014-02-22 파일의 내용을 mysql 커맨드로 보낸다. 결과적으로 mysql 커맨드는 금방 생성한 isfdb 데이터베이스로 연결되도록 설정되므로, 데이터는 isfdb 데이터베이스로 보내진다. 백업 파일은 데이터뿐만 아니라 필수적인 모든 테이블을 생성하는 데에 필요한 커맨드들도 담고 있다.

## 부연 설명

레시피를 간단하게 하려고 mysql 커맨드라인 클라이언트에 흔히 사용되는 옵션은 설명하지 않았다. 어떻게 설정하고 싶은가에 따라 사용자 계정(-u), 패스워드(-p), 호스트(-h), 또는 다른 옵션을 명시해야 할 수도 있다. 이런 옵션은 데이터베이스 이름(이 레시피의 경우 isfdb) 앞에 명시하면 된다.

## 참고 사항

▶ mysqldump 커맨드에 대한 전체 문서는 https://kb.askmonty.org/en/mysqldump/에서 확인할 수 있다.

## SHOW EXPLAIN을 실행 중인 쿼리와 함께 사용

SHOW EXPLAIN 기능은 MariaDB 10.0에서 처음 소개되었다. 주어진 스레드에서 실행 중인 쿼리의 EXPLAIN(즉, 쿼리 계획에 대한 설명)을 얻을 수 있도록 한다.

2장의 'mysqldump에서 내보낸 데이터 가져오기' 레시피에서 설명한 대로 ISFDB 데이터베이스를 가져오기 한다.

1. 터미널 창을 열어 mysql 커맨드라인 클라이언트를 실행시키고 `isfdb` 데이터베이스에 연결한다.

   ```
   mysql isfdb
   ```

2. 그런 다음에 또 다른 터미널 창을 열고 mysql 커맨드라인 클라이언트 인스턴스를 하나 더 실행시킨다.

3. 첫 번째 창에서 다음 커맨드를 실행시킨다.

   ```
   ALTER TABLE title_relationships DROP KEY titles;
   ```

4. 그런 후에 첫 번째 창에서 다음 예제 쿼리를 실행시킨다.

   ```
   SELECT titles.title_id AS ID,
          titles.title_title AS Title,
          authors.author_legalname AS Name,
          (SELECT COUNT(DISTINCT title_relationships.review_id)
            FROM title_relationships
            WHERE title_relationships.title_id = titles.title_id)
      AS reviews
   FROM titles,authors,canonical_author
   WHERE
          (SELECT COUNT(DISTINCT title_relationships.review_id)
            FROM title_relationships
            WHERE title_relationships.title_id = titles.title_id)>=10
      AND canonical_author.author_id = authors.author_id
      AND canonical_author.title_id=titles.title_id
      AND titles.title_parent=0 ;
   ```

5. 적어도 1분 이상 대기한 후 4단계에서 실행시킨 쿼리의 상세 내용과 해당 쿼리의 QUERY_ID를 확인하기 위해 다음 쿼리를 실행시킨다.

```
SELECT INFO, TIME, ID, QUERY_ID
FROM INFORMATION_SCHEMA.PROCESSLIST
WHERE TIME > 60\G
```

6. SHOW EXPLAIN을 두 번째 창에서 실행시킨다(다음 커맨드라인에서 id에 5단계에서 확인한 ID를 쓴다).

```
SHOW EXPLAIN FOR id
```

7. 첫 번째 창에서 실행 중인 쿼리를 강제 종료하기 위해 두 번째 창에 다음 커맨드를 실행시킨다(다음 커맨드라인 중 query_id를 5단계에서 확인한 QUERY_ID 숫자로 변경한다).

```
KILL QUERY ID query_id;
```

8. 첫 번째 창에 다음 커맨드를 사용해서 3단계 때 발생했던 변경 사항을 원래대로 복구시킨다.

```
ALTER TABLE title_relationships ADD KEY titles (title_id);
```

## 예제 분석

SHOW EXPLAIN 문은 MariaDB가 오래 걸리는 질의문을 어떻게 실행시키는지에 대한 정보를 보여준다. 이것은 데이터베이스에서의 병목 현상을 확인하는 데에 굉장히 유용하다.

이 레시피에서는 쿼리가 데이터의 인덱스와 관련될 경우에만 효율적으로 실행된다. 그러므로 이 레시피를 설명하기 위해 먼저 title_relationships 테이블에서 titles 인덱스를 제거한다. 이로 인해 쿼리는 불필요하게 방대한 수의 행들을 반복할 것이고, 대개 완료되기까지 엄청 오래 걸릴 것이다. 3단계와 4단계는 다음 그림과 유사한 결과를 보여준다.

이 쿼리가 실행되는 동안, 그리고 적어도 1분 이상을 기다린 후에 다른 창으로 가서 실행되는 데에 60초 이상 걸린 쿼리를 모두 검색한다. 검색 결과 아마 60초 이상 걸린 쿼리는 오직 하나뿐일 것이다. 이 결과로부터 ID와 QUERY_ID를 얻는다. 커맨드의 결과는 마지막 두 개의 항목이 ID와 QUERY_ID인 다음과 같다.

그다음에 이 쿼리의 SHOW EXPLAIN을 실행하기 위해 ID 숫자를 사용한다. 그런데 이 쿼리는 10개 이상의 리뷰를 갖고 있는 데이터베이스의 모든 서적들을 찾아보고, 그 서적의 제목, 작가, 리뷰의 숫자를 출력한다. 해당 쿼리의 EXPLAIN은 다음과 유사하다.

 EXPLAIN의 읽기 쉬운 버전은 https://mariadb.org/ea/8v65g에서 볼 수 있다.

EXPLAIN의 4행과 5행을 보면 쿼리가 실행되는 데 오래 걸린 이유를 쉽게 알 수 있다. 이 두 행들은 처음 쿼리(첫 번째 행)에 대해 의존성이 있는 서브쿼리들이다. 첫 번째 쿼리에서 117044개의 행들이 탐색되고, 그런 후에 의존성 있는 두 서브쿼리에서 MariaDB는 83389개의 행을 두 차례나 탐색한다. 이럴 수가!

실제로 현재 오래 걸리는 쿼리를 분석하는 상황이라면, 이런 비효율적인 서브쿼리가 없게 쿼리를 수정하거나 서브쿼리가 좀 더 효율적으로 동작 가능하게 테이블에 KEY를 추가했을 것이다. 큰 규모의 개발팀의 일원이었다면, 담당자에게 문제점이 무엇인지 쉽고 정확하게 보여줄 수 있도록 SHOW EXPLAIN의 출력 결과와 해당 쿼리를 보냈을 것이다. 지금 현재 우리는 무엇을 해야 하는지 정확히 알고 있다. 좀 전에 제거했던 KEY를 다시 추가하면 된다.

재미 삼아 KEY를 다시 추가한 후, 쿼리를 다시 실행시키고 KEY가 다시 생겼을 때 어떤 변화가 있는지 확인하기 위해 SHOW EXPLAIN 커맨드를 실행시켜 본다. 그런데 아주 빠르게 SHOW EXPLAIN을 실행시켜야 한다. KEY가 있어서 몇 초도 안 걸려 쿼리가 끝날 것이기 때문이다(물론 컴퓨터의 속도에 따라 다르다).

SHOW EXPLAIN의 출력 결과에는 항상 경고가 함께 한다. 이 경고의 목적은 실행되고 있는 커맨드를 보여주기 위해서다. 프로세스 ID에 대해 SHOW EXPLAIN을 실행시키고 난 후에 SHOW WARNINGS\G를 실행시키면 프로세스 ID가 실행시키고 있는 SQL 문을 확인할 수 있다.

```
                         daniel@pippin ~
MariaDB [(none)]> SHOW WARNINGS\G
*************************** 1. row ***************************
  Level: Note
   Code: 1003
Message: SELECT titles.title_id AS ID,
        titles.title_title AS Title,
        authors.author_legalname AS Name,
        (SELECT COUNT(DISTINCT title_relationships.review_id)
          FROM title_relationships
          WHERE title_relationships.title_id = titles.title_id)
    AS reviews
FROM  titles,authors,canonical_author
WHERE
        (SELECT COUNT(DISTINCT title_relationships.review_id)
          FROM title_relationships
          WHERE title_relationships.title_id = titles.title_id) >= 10
    AND canonical_author.author_id = authors.author_id
    AND canonical_author.title_id=titles.title_id
    AND titles.title_parent=0
1 row in set (0.00 sec)

MariaDB [(none)]>
```

이것은 너무 오래 걸려서 언제 실행시켰는지도 모르는 커맨드에 유용하다.

이 레시피의 예제에서, 구분자로 흔히 쓰이는 ';' 대신 '\G'를 사용한다. 둘 중 아무거나 쓸 수 있다.

▶ 오래 걸리는 몇몇 쿼리는 쓸데없이 많은 자원을 낭비하기도 한다. 그런 경우에는 'LIMIT ROWS EXAMINED 사용' 레시피의 내용이 도움될 것이다.

- ▶ KILL QUERY ID 커맨드에 대한 전체 문서는 https://mariadb.com/kb/en/data-manipulation-kill-connectionquery/에서 확인 가능하다.
- ▶ SHOW EXPLAIN 커맨드에 대한 전체 문서는 https://mariadb.com/kb/en/show-explain/에서 확인할 수 있다.

## LIMIT ROWS EXAMINED 사용

큰 테이블이나 여러 개의 테이블에서 모든 행을 탐색하고 싶지 않거나 그럴 필요가 없을 경우 LIMIT ROWS EXAMINED 절은 굉장히 크거나 자원을 낭비하는 쿼리의 오버헤드를 최소화할 수 있는 좋은 방법이다.

### 준비

2장 앞부분의 'mysqldump에서 내보낸 데이터 가져오기' 레시피에서 설명한 방법을 이용해서 ISFDB 데이터베이스를 가져오기 한다.

### 예제 구현

1. 터미널 창을 열고 mysql 커맨드라인 클라이언트를 실행시켜서 isfdb 데이터베이스에 연결한다.

2. 'SHOW EXPLAIN을 실행 중인 쿼리와 함께 사용' 레시피에서 나온 쿼리 맨 끝에 다음과 같이 하나 추가한 후 실행시킨다.

```
SELECT titles.title_id AS ID,
       titles.title_title AS Title,
       authors.author_legalname AS Name,
       (SELECT COUNT(DISTINCT title_relationships.review_id)
         FROM title_relationships
         WHERE title_relationships.title_id = titles.title_id) AS reviews
FROM titles,authors,canonical_author
WHERE
```

```
      (SELECT COUNT(DISTINCT title_relationships.review_id)
       FROM title_relationships
       WHERE title_relationships.title_id = titles.title_id) >= 10
    AND canonical_author.author_id = authors.author_id
    AND canonical_author.title_id=titles.title_id
    AND titles.title_parent=0
  LIMIT ROWS EXAMINED 10000;
```

## 예제 분석

LIMIT 절은 SELECT 쿼리의 결과를 감소시키지만, 여전히 쿼리 전체는 실행된다. 굉장히 큰 테이블의 경우, 쿼리 전체가 여전히 실행되기 때문에 원하는 것보다 더 많은 자원을 사용할 수도 있다. MariaDB에서는 쿼리가 실행될 때 서버가 확인했으면 하는 행의 개수를 지정하는 LIMIT ROWS EXAMINED를 사용할 수 있다. 이 절은 쿼리가 실행되는 동안 사용해야 하는 자원을 최소화한다.

이 기능은 완료된 답보다는 빠른 속도가 생명인 재고 확인 프로그램과 같은 애플리케이션에서 실행되는 쿼리에 도움이 된다.

또한 LIMIT ROWS EXAMINED는 실행되는 데 오래 걸리고 많은 자원을 낭비할 것 같은 새로운 쿼리를 테스트할 때 유용하다. 이것은 데이터의 일부만 테스트하는 것 같겠지만 실제로는 전체 데이터에 제한을 둬서 테스트를 좀 더 빠르게 하는 것이다.

## 부연 설명

확인할 행의 개수에 제한을 둔다고 해서 출력 결과에 제한을 둘 수 없다는 것은 아니다. 또한 이 커맨드가 발생시키는 경고에 주의해야 한다.

### LIMIT ROWS EXAMINED와 함께 LIMIT 사용

LIMIT ROWS EXAMINED를 사용할 때, 여전히 출력 결과를 특정 개수의 행들로 제한(LIMIT)할 수 있다. 예를 들면, 다음의 커맨드라인을 사용해서 10000개의 행을 검사하고 처음 100개의 결과만 출력하도록 제한할 수 있다.

```
LIMIT 100 ROWS EXAMINED 10000
```

## 결과가 불완전할 때 발생하는 경고

10000개의 행으로 제한됐기 때문에 이 레시피의 쿼리는 빠르게 끝나지만 다음과 같은 경고가 발생한다.

**Query execution was interrupted. The query examined at least 10002 rows, which exceeds LIMIT ROWS EXAMINED (10000). The query result may be incomplete.**

이 경고 내용은 이해하기 쉽다. 서버에 10000개의 행만 검사하겠다고 알렸기 때문에 중간에 종료한다. 하지만 쿼리 전체는 더 많은 행을 검사해야 하기 때문에 수신된 결과는 불완전하므로 서버가 그 사실을 알려주는 것이다.

## INSTALL SONAME 사용

`INSTALL SONAME` 커맨드는 MariaDB에 플러그인을 설치하는 데 사용된다. 이 레시피에서는 카산드라 저장 엔진을 설치할 것이다.

## 예제 구현

1. mysql.plugins 테이블에 대해 `INSERT` 권한을 가진 계정으로 mysql 커맨드라인 클라이언트를 실행해서 MariaDB에 연결한다. 루트 계정뿐만 아니라 다른 계정들 또한 이 권한을 가지고 있을 것이다.

2. 다음 커맨드라인을 사용해서 카산드라 저장 엔진 플러그인을 설치한다.

   ```
   INSTALL SONAME 'ha_cassandra';
   ```

3. `SHOW plugins;` 커맨드를 실행하고 다음 텍스트가 있는지 확인한다.

   ```
   | CASSANDRA | ACTIVE | STORAGE ENGINE | ha_cassandra.so | GPL |
   ```

4. 그런 다음 `SHOW STORAGE ENGINE;` 커맨드를 실행하고 다음 텍스트가 있는지 확인한다.

   ```
   | CASSANDRA | YES | Cassandra storage engine| NO | NO | NO |
   ```

**5.** 앞의 출력 결과는 카산드라 저장 엔진이 설치가 되었고 사용 가능함을 의미한다. 세 개의 NO 칼럼은 순서대로 트랜잭션, 분산 XA 트랜잭션, 세이브포인트<sup>savepoint</sup>를 가리킨다. 이 세 개는 카산드라 저장엔진이 지원하지 않는 기능들이다.

## 예제 분석

이 커맨드가 실행되면, 서버는 설정된 플러그인 디렉토리를 살펴보고 해당 이름의 플러그인을 로드한다. 파일 확장명은 명시할 필요가 없다. ha_cassandra 파일의 실제 파일명은 윈도우의 경우 ha_cassandra.dll, 리눅스의 경우 ha_cassandra.so 이다.

## 부연 설명

MariaDB에서 플러그인을 설치하는 것은 그다지 어렵지 않지만 조심하지 않을 경우 실수할 수 있는 몇 가지 부분이 있다.

### 플러그인 명칭과 파일명

주어진 플러그인의 이름은 플러그인 내 데이터 구조에 정의되어 있다. 파일명은 플러그인을 포함하고 있는 파일의 이름이다. 이 두 개는 유사하지만 같진 않다. 예를 들어, 카산드라 저장 엔진 플러그인의 이름은 CASSANDRA이고, 파일명은 ha_cassandra.so이다. 이름은 대소문자를 구별하지 않으므로 CASSANDRA, Cassandra, cassandra, 심지어는 CaSsAnDrA를 사용해도 무방하다. 반면, 파일명의 기반인 파일 시스템이 대소문자를 구별할 경우 파일명도 대소문자를 구별한다.

### INSTALL SONAME과 INSTALL PLUGIN의 차이

INSTALL SONAME 커맨드는 INSTALL PLUGIN 커맨드의 한 변형일 뿐이다. INSTALL PLUGIN은 이름과 파일명, 이 두 종류의 정보를 필요로 하고 SONAME은 파일명만 필요로 한다는 점이 가장 큰 차이점이다. 파일명은 반드시 따옴표 안에 명시해야 한다. 다음은 INSTALL PLUGIN을 사용한 예시다.

```
INSTALL PLUGIN Cassandra SONAME 'ha_cassandra';
```

INSTALL SONAME은 좀 더 짧다는 부분을 제외하고는 INSTALL PLUGIN과 기능적인 면에서 크게 다르지 않다.

## 참고 사항

▸ INSTALL SONAME 커맨드에 대한 전체 문서는 https://mariadb.com/kb/en/install-soname/에서 확인 가능하다.

▸ 카산드라 저장 엔진에 대한 전체 문서는 https://kb.askmonty.org/en/cassandra/에서 확인 가능하다.

## HTML 결과 생성

mysql 커맨드라인 클라이언트는 여러 종류의 출력 결과 옵션이 있다. 그 중 하나가 HTML이다.

## 준비

2장 앞부분의 'mysqldump에서 내보낸 데이터 가져오기' 레시피에서 설명한 방법을 이용해서 ISFDB 데이터베이스를 가져오기 한다. 다음 커맨드라인이 들어간 isfdb-001.sql이라는 파일을 생성한다.

```
SELECT * FROM authors LIMIT 100;
```

이 파일에 어떤 커맨드를 넣어도 상관없고 파일명을 다른 것으로 해도 상관없다. 다만, 이 파일은 이 레시피를 위해 사용될 것이다.

1. 터미널 창을 열고 isfdb-001.sql 파일을 저장한 위치로 이동한다.

2. 커맨드라인에 다음 커맨드를 실행한다(mysql 커맨드라인 클라이언트 내부에서가 아니라 몇 가지 특별한 옵션과 함께 클라이언트를 호출한다).

```
mysql --html isfdb < isfdb-001.sql > isfdb-001.html
```

3. dir이나 ls 커맨드를 실행하면 이 디렉토리에 isfdb-001.html이라는 파일이 생성되었음을 확인할 수 있을 것이다.

4. 이제 새롭게 생성한 isfdb-001.html 파일을 즐겨 쓰는 텍스트 편집기에서 열어볼 수도 있고, 파이어폭스나 크롬, 오페라 같은 웹 브라우저에서 볼 수도 있다.

커맨드라인에 --html 플래그를 사용하면 mysql 커맨드라인 클라이언트는 일반적인 출력 결과 대신 HTML 테이블을 뱉어낼 것이다. HTML 테이블은 헤더[header], 푸터[footer], 또는 DOCTYPE 없이 하나의 긴 문자열로 된 결과가 담긴 테이블이다.

isfdb-001.sql 파일을 읽고 그 결과를 1sfdb-001.html 파일에 다시 보내기 위해 커맨드라인에 〈와 〉리디렉터를 차례대로 쓴다.

mysql 커맨드라인 클라이언트가 생성하는 HTML 출력 결과는 보기 좋게 되어 있지는 않다. 뿐만 아니라 DOCTYPE, <head> 영역, <body> 영역, <title> 등이 없기 때문에 완전히 유효한 HTML 파일은 아니다. 여기서 생성된 파일은 <TABLE> 태그로 시작하고 </TABLE> 태그로 끝난다. 그리고 물론 모든 태그들은 오랜 HTML 코드 작성 스타일대로 대문자를 사용한다.

리눅스에서는 이 문제를 Tidy 프로그램으로 쉽게 해결할 수 있다. 이 프로그램이 아직 설치가 되지 않았다면, 패키지 매니저를 사용해서 쉽게 할 수 있다. HTML을 정리하려면 띄어쓰기와 들여쓰기를 추가하고, 태그들을 소문자로 바꾸며, DOCTYPE과 그 외 모든 중요한 영역들을 추가한다. 우리는 이 레시피를 간단하게 다음 커맨드라인으로 수정한다.

```
mysql --html isfdb < isfdb-001.sql | tidy -q -i -o isfdb-001.html
```

Tidy는 적합한 DOCTYPE을 알아내고, 태그를 소문자로 변경하며, 코드를 들여쓰기하고, 없는 영역을 추가한다.

물론, 깔끔하게 정리되었다 하더라도 HTML 출력 결과는 사용하는 데 제한적이다. 하지만 mysql 커맨드라인 클라이언트가 할 수 있을 만한 일이 있다.

## 참고 사항

▶ mysql 커맨드라인 클라이언트에 대한 전체 문서는 https://kb.askmonty.org/en/mysql-command-line-client/에서 확인 가능하다.

## XML 결과 생성

mysql 커맨드라인 클라이언트는 여러 종류의 출력 결과 옵션이 있다. 그 중 하나가 XML이다.

## 준비

2장 앞부분의 'mysqldump에서 내보낸 데이터 가져오기' 레시피에서 설명한 방법을 이용해서 ISFDB 데이터베이스를 가져오기 한다. 다음 커맨드라인이 들어간 isfdb-001.sql이라는 파일을 생성한다.

```
SELECT * FROM authors LIMIT 100;
```

이 파일에 어떤 커맨드를 넣어도 상관없고 파일명을 다른 것으로 해도 상관없다. 다만, 이 파일은 이 레시피를 위해 사용한다. 이 파일은 앞서 레시피에서 사용했던 파일과 이름이 동일하며 같은 내용을 담고 있다. 이미 앞의 레시피를 마쳤다면, 같은 파일을 재사용해도 괜찮다.

## 예제 구현

1. 터미널 창을 열고 isfdb-001.sql 파일을 저장한 위치로 이동한다.

2. 커맨드라인에 다음 커맨드를 실행한다(mysql 커맨드라인 클라이언트 내부에서가 아니라 몇 가지 특별한 옵션과 함께 클라이언트를 호출한다).

   ```
   mysql --xml isfdb < isfdb-001.sql > isfdb-001.xml
   ```

3. dir이나 ls 커맨드를 실행하면 이 디렉토리에 isfdb-001.xml이라는 파일이 생성되었음을 확인할 수 있을 것이다.

4. 파일의 내용을 보려면, 즐겨 사용하는 텍스트 에디터로 파일을 열거나 XML 뷰어를 사용한다.

## 예제 분석

커맨드라인에 --xml 플래그를 사용하면 mysql 커맨드라인 클라이언트는 일반적인 출력 결과 대신 제대로 된 형태의 XML 파일을 출력한다.

isfdb-001.sql 파일을 읽고 그 내용을 1sfdb-001.xml 파일에 다시 보내기 위해 커맨드라인에 <와 > 리디렉터를 차례대로 쓴다.

## 참고 사항

▶ mysql 커맨드라인 클라이언트에 대한 전체 문서는 https://kb.askmonty.org/en/mysql-command-line-client/에서 확인 가능하다.

## 테이블을 MyISAM에서 Aria로 옮기기

MariaDB는 많은 저장 엔진 중에서 MyISAM과 Aria 저장 엔진과 함께 제공된다. 이 두 저장 엔진의 가장 큰 차이점은 Aria는 충돌로부터 안전한[crash safe] 한편 MyISAM은 그렇지 않다는 점이다. 충돌로부터 안전하다는 것은 갑작스런 정전이 서버가 다운되는 상황이 발생하였을 경우 MyISAM 테이블보다 잘 복구된다는 것이다. MyISAM 테이블을 사용하는 경우 쉬운 업그레이드 방법은 Aria 테이블로 변환하는 것이다.

### 준비

2장 앞부분의 'mysqldump에서 내보낸 데이터 가져오기' 레시피에서 설명한 방법을 이용해서 ISFDB 데이터베이스를 가져오기 한다.

### 예제 구현

1. mysql 커맨드라인 클라이언트를 열고 isfdb 데이터베이스에 연결한다.

2. 다음 커맨드라인을 실행한다.

   ```
   ALTER TABLE authors ENGINE=Aria;
   ```

3. ALTER 커맨드는 테이블이 Aria 저장 엔진을 사용하도록 변경한다.

4. 완료되면, 다음과 유사한 메시지가 출력될 것이다.

   ```
   Query OK, 110829 rows affected (3.14 sec)
   Records: 110829  Duplicates: 0  Warnings: 0
   ```

5. 시스템이 오래됐거나 시스템에 과부하가 걸렸고 ALTER TABLE이 완료되기까지 5초 이상 걸릴 경우, 진행상황 메시지를 통해 태스크가 어느 정도 완료됐는지 5초에 한 번씩 확인할 수 있다.

`ALTER TABLE` 커맨드는 두 단계에 걸쳐 테이블을 변경한다. 먼저 테이블을 새로 생성한다. 이 테이블은 커맨드에서 명시된 변경 사항을 제외하고는 예전 테이블과 완전히 동일하다. 이 레시피의 경우, 유일하게 변경된 점은 MyISAM 저장 엔진 대신에 Aria 저장 엔진을 사용한다는 점이다. 그런 후에, 커맨드는 모든 데이터를 새로운 테이블로 복사한다.

다음 단계에서, `ALTER TABLE`은 예전 테이블을 제거하고 새로운 테이블의 이름을 예전 테이블의 이름으로 지어준다.

약 십만 개의 행밖에 없는 authors와 같은 테이블의 경우, 변환 과정은 빠르고 쉽다. 하지만 수십억 개의 행이 있는 테이블의 변환 과정은 상당히 오래 걸릴 것이다.

## 참고 사항

▶ `ALTER TABLE` 커맨드에 대한 전체 문서는 https://kb.askmonty.org/en/alter-table/에서 확인 가능하다.

## 테이블을 MyISAM/Aria에서 InnoDB/XtraDB로 옮기기

MariaDB의 디폴트 저장 엔진은 XtraDB인데, 이 저장 엔진은 InnoDB의 향상된 버전이다.

## 준비

2장 앞부분의 'mysqldump에서 내보낸 데이터 가져오기' 레시피에서 설명한 방법을 이용해서 ISFDB 데이터베이스를 가져오기 한다.

1. mysql 커맨드라인 클라이언트를 열고 isfdb 데이터베이스에 연결한다.

2. 다음 커맨드라인을 실행한다.

   ```
   ALTER TABLE awards ENGINE=InnoDB;
   ```

3. 커맨드라인을 실행시킨 후에는 다음과 유사한 메시지가 출력될 것이다.

   ```
   Query OK, 33102 rows affected (5.37 sec)
   Records: 33102 Duplicates: 0 Warnings: 0
   ```

4. 시스템이 오래됐거나 시스템에 과부하가 걸렸고 ALTER TABLE이 완료되기까지 5초 이상 걸릴 경우, 태스크가 어느 정도 완료됐는지 5초에 한 번씩 진행상황 메시지를 통해 보여준다.

ALTER TABLE 커맨드는 두 단계에 걸쳐 테이블을 변경한다. 먼저 테이블을 새로 생성한다. 이 테이블은 InnoDB 또는 XtraDB 저장 엔진(이 레시피의 경우 InnoDB 저장 엔진)을 사용한다는 점을 제외하고는 예전 테이블과 완전히 동일하다. 그런 후에, 커맨드는 모든 데이터를 새로운 테이블로 복사한다.

다음 단계에서 ALTER TABLE은 예전 테이블을 제거하고 새로운 테이블의 이름을 예전 테이블의 이름으로 지어준다.

3만 개 이상의 행뿐인 awards와 같은 테이블의 변환 과정은 빠르고 쉽다. 하지만 수십억 개의 행이 있는 테이블의 변환 과정은 상당히 오래 걸릴 것이다.

데이터베이스의 모든 테이블을 MyISAM나 Aria에서 InnoDB/XtraDB로 변환하기 전에, 동일한 양의 작업을 할 경우 InnoDB/XtraDB가 더 많은 메모리를 사용한다는 점을 기억하기 바란다. 서버가 충분한 메모리 용량을 갖고 있는지 확실히 하도록 한다.

▶ InnoDB와 XtraDB에 대한 전체 문서는 https://kb.askmonty.org/en/xtradb-and-innodb/에서 확인 가능하다.

▶ ALTER TABLE 커맨드에 대한 전체 문서는 https://kb.askmonty.org/en/alter-table/에서 확인 가능하다.

# 3

# MariaDB 최적화와 튜닝

3장에서 다루는 레시피는 다음과 같다.

- ▶ SHOW STATUS를 이용한 기능 사용 여부의 확인
- ▶ MariaDB 옵티마이저 전략 제어
- ▶ InnoDB와 XtraDB로 확장 키 사용
- ▶ Aria의 두 단계 데드락 검출 설정
- ▶ MyISAM의 세그먼트된 키 캐시 설정
- ▶ 스레드풀 설정
- ▶ Aria의 페이지캐시 설정
- ▶ 서브쿼리 캐시를 사용한 쿼리 최적화
- ▶ 세미조인 서브쿼리 최적화
- ▶ 인덱스 생성
- ▶ 풀텍스트 인덱스 생성
- ▶ 인덱스 삭제
- ▶ JOIN 사용
- ▶ DATETIME 칼럼에 마이크로초 단위 사용
- ▶ DATETIME과 TIMESTAMP 칼럼 자동 업데이트

## 소개

3장에는 MariaDB의 다양한 최적화와 튜닝과 관련된 기능들을 설정하고 사용하는 레시피가 포함돼 있다. 3장은 MariaDB 최적화와 튜닝의 완벽한 가이드도 아니고 심지어는 불완전한 가이드조차 아니다. 이 주제와 관련된 레시피가 포함돼 있을 뿐이다.

## SHOW STATUS를 이용한 기능 사용 여부의 확인

SHOW STATUS 커맨드는 서버에 대한 정보를 보여준다. 이 정보에는 서버가 보내고 받은 데이터의 바이트 수, 성공한 연결 횟수, 읽어 들인 행의 개수와 같은 정보가 포함된다. 커맨드는 또한 기능이 활성화됐는지 사용되고 있는지를 확인하는 데에 사용된다.

## 예제 구현

1. mysql 커맨드라인 클라이언트를 실행시키고 MariaDB 데이터베이스 서버에 연결한다.

2. 다음 커맨드로 카산드라 저장 엔진을 삭제uninstall한다.

   ```
   UNINSTALL SONAME 'ha_cassandra.so';
   ```

3. MariaDB는 Query OK 메시지를 출력하거나(카산드라 저장 엔진이 설치됐고 지금 막 삭제됐을 경우), SONAME ha_cassandra.so does not exist 에러 메시지를 출력한다(카산드라 저장 엔진이 삭제되지 않았을 경우). 두 메시지 다 상관없다.

4. 카산드라 저장 엔진이 설치됐는지 확인하기 위해 다음 SHOW STATUS 커맨드를 실행한다. 결과는 Empty set일 것이며, 이는 설치되지 않았음을 의미한다.

   ```
   SHOW STATUS LIKE 'Cassandra%';
   ```

5. 다음 커맨드로 카산드라 저장 엔진을 설치하면, 결과는 Query OK일 것이다.

   ```
   INSTALL SONAME 'ha_cassandra.so';
   ```

**6.** 3단계의 SHOW STATUS 커맨드를 다시 실행한다. 이번에는 다음 화면과 유사한 결과가 나타난다.

## 예제 분석

이 레시피에서 SHOW STATUS 출력 결과는 두 가지 다른 정보를 보여준다. 먼저, 실제 Cassandra% 변수의 존재는 카산드라 저장 엔진이 설치됐음을 알려준다. 두 번째로, 카산드라 저장 엔진이 설치됐으므로(또는 서버가 마지막에 다시 시작되었거나) 이 저장 엔진 사용이나 예외 사항이 없었는지에 대한 몇 가지 유용한 정보를 보여준다. 플러그인을 방금 설치했기 때문에 INSTALL 커맨드를 실행시키고 SHOW STATUS 커맨드를 실행시키는 사이에 플러그인을 사용하는 애플리케이션을 동작시키지 않았다면 모든 값들은 0일 것이다.

이 레시피에서 커맨드 맨 끝에 LIKE 'Cassandra%'를 추가함으로써 SHOW STATUS 출력 결과 전체 대신 카산드라 저장 엔진에 대한 정보만 출력하도록 제한했다. 또한 완전한 형태의 출력 결과를 얻으려면 다음 줄의 커맨드를 추가하면 된다.

**SHOW STATUS;**

출력 결과가 많으므로, 보통 알고자 하는 정보만 출력하기 위해 LIKE와 와일드카드 문자(%)가 있는 텍스트를 사용하는 것이 더 좋다.

MariaDB의 많은 플러그인과 저장 엔진은 엔진이나 플러그인이 어떻게 동작하는지 알고 싶을 때 유용한 STATUS 변수를 제공한다. 하지만 모두가 그런 것은 아니다. 주어진 플러그인이나 저장 엔진이 설치됐는지 확인하려면 SHOW PLUGINS; 커맨드를 사용하는 것이 더 좋다.

## 참고 사항

▶ SHOW STATUS 커맨드에 대한 전체 문서는 https://mariadb.com/kb/en/show-status/에서 확인 가능하다.

▶ SHOW PLUGINS 커맨드에 대한 전체 문서는 https://mariadb.com/kb/en/show-plugins/에서 확인 가능하다.

## MariaDB 옵티마이저 전략 제어

MariaDB 5.3부터 시작해서 모든 주요 배포판마다 MariaDB의 주요 성능을 향상시키는 다양한 최적화 기능들이 소개되었다. 가능한 한 호환가능하고 문제가 발생하지 않도록 업그레이드를 유지하기 위해서, 또는 단순히 몇몇의 제한된 상황에만 유용하기 때문에 대부분의 최적화 기능은 디폴트로 비활성화되어 있다. 이 레시피는 디폴트로 비활성화된 최적화 기능을 활성화시키는 것에 대한 내용이다.

이 레시피에서는 Multi-Range Read 최적화 기능을 활성화시킬 것이지만, 기본적인 개념은 `optimizer_switch` 플래그를 제어하는 것이다.

1. mysql 커맨드라인 애플리케이션을 실행시키고 루트 계정이나 SUPER 권한을 가진 계정으로 MariaDB 서버에 연결한다.

2. 다음 커맨드를 이용해서 모든 `optimizer_switch` 플래그의 현재 상태를 출력한다.

   **SELECT @@optimizer_switch\G**

3. 이전 커맨드의 출력 결과는 다음 화면과 유사하다. 로컬 서버 설정에 따라 약간 다른 부분도 있을 수 있다.

4. 출력 결과에서 `mrr`, `mrr_cost_based`, `mrr_sort_keys` 플래그는 모두 `off`로 설정되어 있다. 다음 커맨드로 활성화시킨다.

   **SET optimizer_switch="mrr=on";**
   **SET optimizer_switch="mrr_cost_based=on";**
   **SET optimizer_switch="mrr_sort_keys=on";**

5. 2단계의 `SELECT` 커맨드를 실행시키고 세 개의 `mrr` 플래그가 `on`으로 설정됐는지 확인한다.

`optimizer_switch` 변수는 기본적으로 플래그의 목록인데, 다양한 사용 가능한 최적화 전략들의 상태를 보여준다. `SET` 커맨드를 사용할 때, 다양한 각각의 플래그들을 `off` 또는 `on`으로 설정할 수 있다. `SET` 커맨드에서 명시하지 않는 모든 플래그들은 현재 상태를 유지한다.

## 부연 설명

기본적으로, `SET` 커맨드는 현재 세션의 변수들만 설정할 수 있다. 클라이언트를 종료하거나 어떠한 이유로 연결을 끊었다가 다시 연결한다면, 플래그는 변경되기 전 상태로 설정된다.

MariaDB가 종료되거나 다시 시작할 때까지 변경한 내용을 유지하려면, 커맨드에 다음과 같이 GLOBAL을 추가한다.

**SET GLOBAL optimizer_switch="mrr=on";**

최적화가 영구적으로 `on` 또는 `off`가 되도록 변경하고 싶다면, 이런 사항을 my.cnf나 my.ini 파일에 추가해야 한다. 예를 들어, 모든 `mrr` 최적화를 활성화시키고 싶다면 파일의 맨 끝(또는 기존 [mysql] 절)에 다음 코드를 추가한다.

```
[mysqld]
optimizer_switch = "mrr=on, mrr_cost_based=on,mrr_sort_keys=on"
```

변경된 항목들을 활성화시키기 위해 MariaDB를 재시작한다.

## 참고 사항

▶ `optimizer_switch`에 대한 전체 문서는 https://mariadb.com/kb/en/optimizer-switch/와 https://mariadb.com/kb/en/server-system-variables/#optimizer_switch에서 확인 가능하다.

▶ Multi-Range Read 최적화에 대한 문서는 https://mariadb.com/kb/en/multi-range-read-optimization/에서 확인 가능하다.

# InnoDB와 XtraDB로 확장 키 사용

쿼리를 실행시킬 계획을 세울 때, MariaDB 옵티마이저는 테이블을 하나의 행씩 읽는 대신 하나 이상의 인덱스를 사용할지 안 할지를 비용에 기반하여 결정을 내린다. 인덱스는 항상은 아니지만 보통은 좀 더 빠른 선택이긴 하다. 확장 키의 최적화는 InnoDB와 XtraDB 테이블의 인덱스 탐색을 향상시킨다.

## 예제 구현

1. mysql 커맨드라인 애플리케이션을 실행시키고 루트 계정이나 SUPER 권한을 가진 계정으로 MariaDB 서버에 연결한다.

2. 다음 커맨드로 확장 키 최적화를 활성화시킨다.

   ```
   SET GLOBAL optimizer_switch='extended_keys=on';
   ```

3. 다음 코드를 my.cnf나 my.ini 파일에 추가한다(또는 기존의 [mysqld] 절에 추가한다).

   ```
   [mysqld]
   optimizer_switch = 'extended_keys=on'
   ```

4. 다음 커맨드로 extended_keys가 on으로 설정됐는지 확인한다.

   ```
   SHOW VARIABLES LIKE 'optimizer_switch'\G
   ```

## 예제 분석

이 레시피에서 extended_keys 최적화를 실행되고 있는 서버상에서 전역적으로 활성화시킨 후 my.cnf 설정 파일에 변경 사항을 추가함으로써 영구적으로 변경하였다. 이런 방식으로 기능을 활성화시킨 후 MariaDB를 다시 시작하지 않고도 이 상태를 유지하도록 만든다.

많은 InnoDB 또는 XtraDB 테이블들은 하나 이상의 키(예를 들면, id 칼럼에 대한 주요 키와 username 칼럼에 대한 보조 키)를 갖고 있다. MariaDB는 extended_keys 최적화를 사용해서 쿼리 실행 계획을 생성할 수 있는데, 이는 오직 해당 키들의 인덱스로만 작업한다. 키들을 확인함으로써 이 작업을 하며, 탐색하는 정보가 모두 존재할 경우 MariaDB는 테이블의 행을 하나씩 읽는 대신에 해당 정보를 사용한다.

## 참고 사항

▶ 확장 키 최적화에 대한 전체 문서는 https://mariadb.com/kb/en/extended-keys/에서 확인 가능하다.

▶ 이 기능의 개발에 대한 블로그 포스팅은 http://igors-notes.blogspot.com/2011/12/3-way-join-thattouches-only-indexes.html에서 확인 가능하다.

## Aria의 두 단계 데드락 검출 설정

데드락은 두 개의 작업이 있는데 두 작업 모두 서로가 끝나길 기다리느라 영영 끝나지 못하는 상태를 의미한다. Aria 저장 엔진은 자동으로 데드락을 검출하고 처리할 수 있다. 이 기능을 효율적으로 이용하려면 요구에 맞게 잘 동작하도록 설정해야 한다.

## 예제 구현

1. Aria의 두 단계 데드락 검출을 위한 현재 설정을 보기 위해 다음 커맨드를 실행시킨다.

```
SHOW VARIABLES LIKE 'deadlock_%'\G
```

2. 디폴트 값으로 설정되어 있다면, 이전 커맨드의 출력 결과는 다음 화면과 같다.

3. 변수들을 다음과 같이 원하는 값으로 변경한다.

```
SET GLOBAL deadlock_search_depth_short = 3;
SET GLOBAL deadlock_search_depth_long = 10;
SET GLOBAL deadlock_timeout_long = 10000000;
SET GLOBAL deadlock_timeout_short = 5000;
```

4. my.cnf나 my.ini 파일의 아래(또는 기존 [mysqld] 절)에 다음 코드를 추가해 값들을 영구적으로 변경한다.

```
[mysqld]
deadlock_search_depth_short = 3
deadlock_search_depth_long = 10
deadlock_timeout_long = 10000000
deadlock_timeout_short = 5000
```

## 예제 분석

Aria 저장 엔진이 락을 생성하려고 하는데 실패할 경우, 데드락이 존재할 가능성이 있다. 저절로 해결되려면 어느 정도 기다려야 하는 상황이 아니라 데드락 자체를 없애야 한다.

데드락을 검출하려면, Aria가 테이블에 대한 락을 생성할 수 없을 때마다 먼저 `deadlock_search_depth_short`의 값과 동일한 탐색 깊이$^{search\ depth}$를 가지는 존재 가능한 데드락의 대기 그래프를 생성한다. 탐색 후 테이블에 대한 락이 여전히 존재하고 Aria가 데드락인지 알아낼 수 없을 경우 `deadlock_timeout_short`의 값으로 명시된 몇 마이크로초 동안 기다린 후에 다시 시도한다. 여전히 찾을 수 없다면 Aria 는 `deadlock_search_depth_long`의 값과 같은 탐색 깊이의 대기 그래프를 생성한 다. 데드락이 여전히 식별되지 않는다면, Aria는 `deadlock_timeout_long`의 값으로 명시된 몇 마이크로초를 기다린 후 에러와 함께 시간 초과로 중단된다.

앞의 단계 중간에 데드락이 검출되었다면 Aria는 이의 원인이 되는 스레드를 알아 내고 이 스레드를 죽인다. 그렇게 함으로써 데드락을 해제하고 평상시처럼 락이 생성되고 해제될 수 있다.

## 부연 설명

`deadlock_timeout_short`와 `deadlock_timeout_long` 변수들이 밀리 초나 초 단 위가 아닌 마이크로초 단위로 정의됐다는 사실은 중요하다. 그러므로 10000000이라 는 값은 10초와 같고, 값 5000는 5000분의 1초와 같다.

대다수 사용자의 경우, 디폴트 타임아웃으로 롱 타임아웃의 경우 50000000(50초), 그리고 숏 타임아웃의 경우 10000(100분의 1초)가 가장 적합하다. 탐색 깊이 변수의 디폴트 값도 동일하다. 그렇다 하더라도 타임아웃이 많이 일어난다면 다양한 값들을 시도해보는 것이 도움이 된다.

## 참고 사항

▶ Aria의 두 단계 데드락 검출에 대한 전체 문서는 https://mariadb.com/kb/en/aria-two-step-deadlock-detection/에서 확인 가능하다.

▶ 다양한 데드락 옵션의 문법에 대한 문서는 https://mariadb.com/kb/en/aria-server-system-variables/에서 확인 가능하다.

▶ 대기 그래프와 데드락과 관련된 자세한 내용은 http://en.wikipedia.org/wiki/Wait-for_graph와 http://en.wikipedia.org/wiki/Deadlock을 참고하기 바란다.

## MyISAM의 세그먼트된 키 캐시 설정

키 캐시를 여러 세그먼트로 쪼개면 MyISAM 테이블의 성능이 급격하게 향상된다. 데이터베이스 사용량에 동시 실행이 많다면 이는 유용하다(동시 실행이 많다는 것은 많은 스레드들이 키 캐시에 접근하려 한다는 것이다).

## 예제 구현

1. mysql 커맨드라인 애플리케이션을 실행시키고 루트 계정이나 SUPER 권한을 가진 계정으로 MariaDB 서버에 연결한다.

2. 다음 커맨드로 현재 세그먼트의 수를 보여준다.

   ```
   SHOW VARIABLES LIKE 'key_cache_segments'\G
   ```

3. 다음 커맨드로 세그먼트의 수를 64로 설정한다.

   ```
   SET GLOBAL key_cache_segments = 64;
   ```

4. my.cnf나 my.ini 파일의 아래(또는 기존 [mysqld] 절)에 다음 줄의 코드를 추가하여 설정을 영구적으로 변경한다.

   ```
   [mysqld]
   key_cache_segments = 64
   ```

## 예제 분석

MyISAM 스레드가 키 캐시에 접근할 때마다, 먼저 락을 얻는다. 하나로 된 키 캐시에 대한 락을 얻으려고 하는 많은 스레드들은 크고 작업량이 많은 MyISAM 테이블에게는 아주 큰 애로 사항이다. 키 캐시를 여러 세그먼트로 나누면 주어진 스레드는 전체 키 캐시가 아닌 필요한 키 캐시의 특정 세그먼트만 락을 하면 되기 때문에 락 경합이 줄어든다.

key_cache_segments 변수는 세그먼트의 개수를 조절하고 해당 기능이 활성화됐는지 여부를 확인한다. 0(zero)이라는 값은 해당 기능을 비활성화시키고 1 이상의 값은 기능을 활성화시키고 사용할 세그먼트의 수를 설정한다. 이 기능이 없는 MariaDB의 이전 버전의 업그레이드 문제를 방지하기 위해 디폴트로 비활성화되어 있다.

부연 설명

세그먼트된 키 캐시를 설정할 때 몇 가지 주의할 점이 있다.

### 세그먼트의 수를 1로 설정

키 캐시 세그먼트의 수를 1로 설정할 수 있는데, 사용자들은 보통 이를 기능을 비활성화한 것과 동일하다고 생각한다. 하지만 그렇지 않다. 세그먼트의 수를 1로 설정하는 것은 MariaDB에게 세그먼트된 키 캐시 코드를 활성화하고 사용할 것을 알려준다. 단지 하나만의 세그먼트로만 말이다. 하지만 사실 이는 세그먼트의 수가 0으로 설정된, 즉 세그먼트되지 않은 예전 코드보다 더 비효율적이다. 그러므로 key_cache_segments 변수를 1로 설정할 수는 있지만, 실제로 사용하지 않는 것이 좋다.

### 최적의 세그먼트 수 정하기

최적의 세그먼트 수를 정할 수 있는 유일한 방법은 key_cache_segments 변수를 다양한 수로 설정해서 테스트하고 성능 평가(벤치마크)하는 것이다. MariaDB 개발자들이 운영하는 벤치마크는 사용하기 좋은 세그먼트의 수로 64를 추천하지만, 특정 워크로드에는 그렇지 않을 수도 있다.

### 그 밖의 키 캐시 변수

MyISAM 키 캐시와 관련된 또 다른 변수에는 key_buffer_size, key_cache_age_threshold, key_cache_block_size, key_cache_division_limit가 있다. 이 변수들 모두 세그먼트된 키 캐시이든 아니든 상관없이 둘 다 동일하게 제대로 작업할 수 있도록 업데이트된다. 세그먼트된 키 캐시를 활성화하거나 조정할 때 이 변수들을 변경할 필요가 없다.

- ▶ MyISAM 세그먼트된 키 캐시에 대한 전체 문서는 https://mariadb.com/kb/en/ segmented-key-cache/에서 확인 가능하다.
- ▶ 몇몇의 세그먼트된 키 캐시 벤치마크의 결과는 https://mariadb.com/kb/en/ segmented-key-cache-performance/에서 확인 가능하다.

## 스레드풀 설정

스레드풀은 오래된 '하나의 클라이언트 커넥션당 단일 스레드<sup>one thread per client</sup> <sup>connection</sup>' 기법 대신 활성화된 스레드들을 모두 모아서(풀링<sup>pooling</sup>) 성능을 향상시키는 MariaDB 기능이다(클라이언트가 연결할 때마다 하나의 스레드를 할당하는 기법은 짧은 쿼리들이 많이 실행되는 전형적인 웹 기반의 워크로드에는 적합하지 않다).

## 예제 구현

1. 리눅스 환경에서 스레드풀을 활성화시키려면, 다음 코드를 my.cnf 파일(또는 해당 파일 내 [mysqld] 절)에 추가한 후 MariaDB를 다시 실행한다.

```
[mysqld]
thread_handling = pool-of-threads
```

2. 윈도우 환경에서는 디폴트로 스레드풀이 활성화되어 있어 내재된 윈도우 스레드 풀링을 사용하므로 따로 설정할 필요가 없다.

3. 윈도우 환경에서 스레드풀을 비활성화하려면, 다음 코드를 my.ini 파일에 추가하고 MariaDB를 다시 실행한다.

```
[mysqld]
thread_handling = one-thread-per-connection
```

4. 리눅스 환경에서 스레드풀을 비활성화하려면 윈도우처럼 thread_handling 라인을 one-thread-per-connection으로 변경하거나, 시스템의 my.cnf 파일에서 thread_handling 라인을 삭제한다. 그런 다음 MariaDB를 다시 시작한다.

스레드풀이 활성화되면, MariaDB는 스레드들을 모두 모은 다음 자동으로 필요한 만큼 풀의 크기를 키우거나 줄인다. 또한 시스템에 깔린 운영체제의 로우레벨 스레드풀링 기능을 가장 잘 이용한다. 온라인 트랜잭션 처리$^{OLTP}$와 다른 일반적인 웹사이트 형태의 작업처럼 워크로드가 상대적으로 짧은 쿼리들을 많이 포함하고 로드가 CPU 처리 속도에 의해 제약이 발생하는 상황이라면 스레드풀이 이상적이다. 트래픽이 적은 긴 기간 중간 중간에 트래픽이 많은 짧은 기간이 있는 워크로드라면 스레드풀은 적합하지 않다. 이는 윈도우의 경우 thread_pool_min_threads 변수를, 리눅스의 경우 thread_pool_idle_timeout 변수를 사용함으로써 어느 정도 완화시킬 수 있다.

또한 반드시 쿼리들을 항상 빨리 끝내야 한다면 스레드풀을 사용할 경우 아무리 짧은 쿼리여도 나중에 실행되기 위해 큐$^{queue}$에 삽입될 수 있기 때문에 스레드풀로 인한 이슈를 맞닥뜨리게 될 수도 있다. 또한 데이터 웨어하우스와 같이 길고 유연성이 없고, 동시에 발생하는 쿼리들이 많을 경우, 그리고 thread_pool_stall_limit과 thread_pool_max_threads 변수에 의해 정의된 제약 사항에 부딪힐 경우 문제가 발생할 수 있다.

MariaDB 스레드풀 구현의 목적은 대부분의 경우처럼 설정을 변경하지 않고도 뛰어나게 좋은 성능을 갖추기 위해서다. 하지만, 일부의 경우와 특정 워크로드의 경우에는 이보다도 더 좋은 성능을 얻기 위해 수정해야 할 설정이 몇 가지 있다. 또한 운영체제의 스레드풀이 작동하는 기능 때문에 윈도우의 스레드풀과 리눅스의 스레드풀 사이에는 몇 가지 다른 점이 있다.

### thread_pool_stall_limit, thread_pool_max_threads와 extra_port 변수

워크로드에 오랫동안 실행되는 쿼리들이 많을 경우 문제가 발생할 가능성이 있다. thread_pool_stall_limit 변수는 실행되는 스레드가 어느 정도까지를 정지 상태

<sup>stall</sup>로 볼 것인가를 밀리 초 단위로 정의한다. 디폴트 값은 500이다. 정지된 쿼리가 있다면, MariaDB는 `thread_pool_max_threads` 변수의 값이 허용하는 수까지만 스레드를 새로 생성한다. 이 변수의 디폴트 값 또한 500이다.

스레드의 최대 수가 `thread_pool_max_threads` 한도에 도달한다면, 스레드가 정지된 상태라 하더라도 더 이상 새로운 스레드를 생성하지 않는다. 이는 정지한 많은 스레드로 인한 문제를 해결하기 위해 관리자가 서버에 접속하는 것을 막을 수 있다.

이를 해결하는 한 가지 방법은 `extra_port` 변수를 설정하는 것이다. 이 변수를 정의할 때, 추가적인 포트가 열리고, 관리자가 디폴트 포트를 사용해서 서버에 접속할 수 없는 상황일 때 이를 사용해 서버에 접속한다. `extra_port` 변수는 반드시 `port` 변수와 다른 값으로 설정되어야 한다.

### thread_pool_idle_timeout 변수

`thread_pool_idle_timeout` 변수는 스레드가 해제되기까지 얼마나 기다려야 하는 가를 초 단위로 정의한다. 디폴트 값은 60이다. 정기적으로 다른 스레드가 해제되자마자 바로 새로운 스레드를 생성하고 있다면, 이 값을 증가시키는 것도 좋은 생각이다.

### 윈도우와 리눅스의 스레드풀의 차이점

스레드풀은 가능한 한 효율적으로 동작하려 한다. 이를 할 수 있는 한가지 방법은 머신에 깔려 있는 운영체제 네이티브의 스레드 풀링을 사용하는 것이다. 이로 인해 리눅스와 윈도우 버전 사이에 두 가지 다른 점이 발생한다.

윈도우의 MariaDB는 변수 `threadpool_min_threads`를 갖고 있는데, 이는 스레드풀 스레드의 항상 실행되고 있어야 하는 최소 숫자를 지정할 수 있도록 한다. 디폴트 값은 1이다. 윈도우는 사용하지 않는 스레드들을 해제시켜서 최소 숫자로 만들 것이며, 데이터베이스에 갑작스럽게 트래픽이 많아져서 몇몇의 새로운 풀이 생성되어야 하는 상황이 될 경우 MariaDB가 이들을 생성하기까지 몇 초가 걸릴 수도 있다. 이러한 버스티 트래픽이 예측된다면, 항상 실행되어야 하는 스레드를 큰 수로 지정할 수 있다. 이 변수는 리눅스에서는 제공되지 않는다.

리눅스 버전의 MariaDB는 자기 자신만의 변수 `thread_pool_size`를 갖고 있는데, 이는 윈도우에서는 제공되지 않는다. 이 변수는 스레드 그룹의 수를 통제한다. 디폴트로, 이것은 서버의 프로세서 개수다. 리눅스 기반의 시스템에 연결되는 클라이언트들은 스레드 그룹을 형성하게 된다. 예를 들어 MariaDB를 전용 프로세서에서 실행시키기 위해 taskset 유틸리티를 사용하고 있다면 디폴트 값을 낮춰야 한다. 또한 예를 들어 CPU 처리 속도에 의해 좌우되는 워크로드가 CPU를 완전하게 이용하지 못하고 있다면, 이 값을 증가시켜야 한다.

## 참고 사항

▶ 스레드풀에 대한 전체 문서는 https://mariadb.com/kb/en/thread-pool/에서 확인 가능하다.

▶ 스레드풀과 커넥션당 하나의 스레드 기법의 성능 비교는 http://blog.mariadb.org/mariadb-5-5-thread-poolperformance/에서 확인 가능하다.

▶ 추가적인 스레드풀 벤치마크는 https://mariadb.com/kb/en/threadpool-benchmarks/에서 확인 가능하다.

## Aria의 페이지캐시 설정

Aria와 MyISAM 저장 엔진 사이의 차이점 하나는 Aria의 PAGE 행 포맷이다. 이는 Aria 테이블의 디폴트 행 포맷이며 저장 엔진의 고장으로부터 안전한 기능을 이용하기 위해 사용되어야 한다.

이 행 포맷의 주된 이점은 행들이 효율적으로 캐시에 저장된다는 것으로, 더 좋은 성능을 보여준다. 또한 다른 DYNAMIC 행 포맷처럼 쉽게 조각화되지 않고 더 빨리 업데이트한다. Aria 페이지캐시는 세 개의 변수로 제어된다.

## 예제 구현

1. mysql 커맨드라인 클라이언트 애플리케이션을 실행시키고 MariaDB 서버에 루트 계정이나 SUPER 권한이 있는 계정으로 접속한다.

**2.** 다음 커맨드로 현재 Aria 페이지캐시 설정을 출력한다.

```
SHOW VARIABLES LIKE 'aria_pagecache%';
```

**3.** 출력 결과는 다음 화면과 같다.

**4.** 다음 코드를 시스템의 my.cnf나 my.ini 파일의 끝(또는 파일 안의 기존 [mysqld] 절)
에 추가하고 MariaDB를 재실행한다.

```
[mysqld]
aria_pagecache_buffer_size = 536870912
aria_pagecache_age_threshold = 400
aria_pagecache_division_limit = 90
```

**5.** 다음 커맨드로 Aria 페이지캐시의 상태를 확인한다.

```
SHOW STATUS LIKE '%aria_pagecache%';
```

## 예제 분석

aria_pagecache_buffer_size 변수는 가능한 한 크게 설정해야 한다. 이 변수는
바이트로 명시된다. 레시피에서는 디폴트 값인 128MB에서 512MB까지 증가시켰
다. 이 변수는 동적으로 변경되지 않을 수도 있다. 반드시 서버 설정 파일에서 설정되
어야 한다. 얼마나 제공할 수 있는가를 정하는 것은 어렵고 서버에 따라 광범위하게
다를 것이다. 일반적으로, 데이터베이스에서 Aria 테이블을 광범위하게 사용하고 있
고 유휴 상태인 RAM이 있다면, RAM의 일부를 사용할 수 있도록 aria_pagecache_
buffer_size를 증가시키는 것이 좋다.

aria_pagecache_age_threshold 변수는 페이지캐시의 블록이 접근이 없을 경우 언제까지 유지될 것인가를 제어한다. 이 값은 페이지캐시에 접근한 횟수와 페이지캐시의 블록의 수의 비율이다. 이 레시피에서는 이 값을 디폴트 값인 300에서 400까지 증가시켰는데, 이는 패이지캐시 블록이 좀 더 길게 유지되는 효과를 가져온다. 또한 이 변수는 mysql 커맨드라인 클라이언트를 이용해서 동적으로 변경될 수 있다. 예를 들면 다음과 커맨드와 같다.

**SET GLOBAL aria_pagecache_age_threshold = 400;**

aria_pagecache_division_limit 변수는 값을 갖고 있어야만 하는 페이지캐시의 최소 비율을 지정한다. 이 레시피에서는, 이 변수를 100퍼센트에서 90퍼센트로 변경하였다. 또한 이 변수는 mysql 커맨드라인 클라이언트에서 다음 커맨드를 사용함으로써 동적으로 변경한다.

**SET GLOBAL aria_pagecache_division_limit = 90;**

## 부연 설명

이러한 변수들이 서버의 워크로드 성능에 미치는 영향을 확인하기 위해 테스트해 보는 것은 나쁘지 않다. aria_pagecache_buffer_size 변수의 경우, 사용 가능한 RAM의 크기보다 훨씬 더 높은 값으로 지정하지 않는 이상 대부분의 경우 값이 클수록 좋다.

## 참고 사항

▶ Aria 저장 엔진에 대한 전체 문서는 https://mariadb.com/kb/en/aria/에서 확인 가능하다.

▶ 일부 Aria 벤치마크 결과는 https://mariadb.com/kb/en/benchmarking-aria/에서 확인 가능하다.

▶ Aria의 세 가지 저장 포맷(FIXED, DYNAMIC, PAGE)에 대한 더 자세한 내용은 https://mariadb.com/kb/en/aria-storage-formats/에서 확인 가능하다.

## 서브쿼리 캐시를 사용한 쿼리 최적화

서브쿼리 캐시는 서브쿼리의 성능을 향상시키기 위해 MariaDB가 이용하는 몇 가지 방법들 중 하나이다. 이 기능은 MariaDB의 고유한 기능이며, MariaDB의 서브쿼리가 다른 데이터베이스보다 훨씬 더 빠르게 처리될 수 있게 한다.

### 준비

2장, "MariaDB 깊이 파헤치기"의 'mysqldump에서 내보낸 데이터 가져오기' 레시피에서 설명한 대로 ISFDB 데이터베이스를 가져오기 한다.

### 예제 구현

1. 서브쿼리 캐시를 비우기 위해 MariaDB를 다시 실행한다.

2. mysql 커맨드라인 클라이언트 애플리케이션을 시작하고 MariaDB 서버의 isfdb 서버에 접속한다.

3. 서브쿼리 캐시 사용량을 보여주기 위해 다음 커맨드를 실행한다.

   ```
   SHOW STATUS LIKE 'subquery%';
   ```

4. MariaDB를 방금 막 다시 시작하였고 서브쿼리 캐시를 비웠기 때문에 출력 결과는 다음 화면과 같다.

**5.** 다음 쿼리를 실행시킨다.

```sql
SELECT titles.title_id AS ID,
  titles.title_title AS Title,
  authors.author_legalname AS Name,
  (SELECT COUNT(DISTINCT title_relationships.review_id)
    FROM title_relationships
    WHERE title_relationships.title_id = titles.title_id)
    AS reviews
FROM titles INNER JOIN authors INNER JOIN canonical_author
ON
  (SELECT COUNT(DISTINCT title_relationships.review_id)
    FROM title_relationships
    WHERE title_relationships.title_id = titles.title_id)
    >= 12
    AND canonical_author.author_id = authors.author_id
    AND canonical_author.title_id=titles.title_id
    AND titles.title_parent=0;
```

**6.** 2단계의 `SHOW STATUS` 커맨드를 다시 실행시킨다. 이번 출력 결과는 다음 화면과 유사하다.

MariaDB에서 서브쿼리 캐시는 디폴트로 활성화되어 있다. 그러므로 이 레시피에서 하고 있는 서브쿼리가 있는 몇몇 쿼리들을 실행시키는 것 말고는 이를 사용하기 위해 해야 할 일은 없다. 두 개의 서브쿼리와 관련된 STATUS 변수를 서브쿼리가 캐시를 몇 차례 이용할 수 있었는지(subquery_cache_hit), 그리고 서브쿼리가 캐시를 몇 차례 이용할 수 없었는지(subquery_cache_miss)를 나타낸다.

## 부연 설명

실제로 서브쿼리를 실행시키기 전에 쿼리가 서브쿼리 캐시를 이용할 수 있는지 확인하려면, EXPLAIN EXTENDED로 쿼리를 시작할 수 있다. 설명은 적어도 하나 이상의 경고 메시지를 수반한다. 그런 다음 SHOW WARNINGS를 실행시켜서 쿼리를 포함하는 경고 노트에 <expr_chace> 텍스트가 있는지 확인한다. 서브쿼리 캐시를 사용했다면 해당 텍스트는 존재한다.

## 참고 사항

▶ 서브쿼리 캐시에 대한 전체 문서는 https://mariadb.com/kb/en/subquery-cache/에서 확인 가능하다.

▶ 서브쿼리 캐시의 이점을 보여주는 몇몇 벤치마크들은 http://mysqlmaniac.com/2012/what-about-the-subqueries/에서 확인 가능하다.

## 세미조인 서브쿼리 최적화

MariaDB는 세미조인 서브쿼리를 특별히 대상으로 한 몇 가지 최적화를 포함하고 있다. 세미조인 서브쿼리는 주로 서브쿼리가 SQL 문의 WHERE 절 안에 위치한 IN 서브쿼리인 것을 말한다. 예제는 일반적인 DBT3 벤치마크 데이터 세트로부터 가져온 다음과 같다.

```
SELECT * FROM part
WHERE p_partkey IN
  (SELECT l_partkey FROM lineitem
   WHERE l_shipdate between '1997-01-01' and '1997-02-01')
ORDER BY p_retailprice DESC LIMIT 10;
```

## 예제 구현

1. mysql 커맨드라인 클라이언트 애플리케이션을 실행시키고, 루트 계정이나 SUPER 권한이 있는 계정으로 MariaDB 서버에 접속한다.

2. exists_to_in 최적화를 활성화시키기 위해 다음 커맨드를 실행한다.

   **SET GLOBAL optimizer_switch='exists_to_in=on';**

3. my.cnf나 my.ini 파일의 아래(또는 기존 [mysqld] 절)에 다음 코드를 추가해 영구적으로 변경한다.

   ```
   [mysqld]
   optimizer_switch = 'exists_to_in=on';
   ```

## 예제 분석

MariaDB는 몇 가지 서브쿼리 최적화 전략을 갖고 있다. 대부분은 기본적으로 활성화되어 있다. MariaDB는 활성화된 전략을 평가하고 실행시키는 서브쿼리에게 가장 좋은 것을 선택한다. 디폴트로 활성화되지 않은 것이 하나 있는데, 그것은 exists_to_in 전략이다. 이 레시피에서 이 전략을 활성화시킨다.

MariaDB의 이전 버전에서, IN 서브쿼리를 위한 주요 최적화는 EXISTS 서브쿼리를 바꾸는 것이었다. 이 최적화 in_to_exists는 여전히 MariaDB에 있으며 가장 좋은 선택 사항일 때 사용된다. 하지만 이제 대부분의 IN 서브쿼리를 위한 더 좋은 다른 최적화 전략들이 있다.

사실, MariaDB는 IN 서브쿼리 최적화를 굉장히 잘하기 때문에 `in_to_exists`의 역방향인 최적화를 생성한다는 것은 말이 된다. 당연히 이는 `exists_to_in`이라고 불린다. 이 최적화는 이름이 시사하는 바대로 동작한다. `EXISTS` 서브쿼리를 IN 서브쿼리로 바꾼다. 그런 다음에 MariaDB는 새로운 쿼리를 가져가서 최적의 방식으로 실행하기 위해 강력한 최적화의 집합을 사용한다.

## 부연 설명

다음 커맨드를 실행시켜서 MariaDB의 서브쿼리 최적화를 일시적으로 비활성화시킬수 있다(벤치마크나 다른 테스트 목적에만 사용할 것을 권장한다).

```
SET optimizer_switch='semijoin=off';
```

변경된 내용을 영구적으로 유지하려면(다시 한번 말하자면, 이는 권장하지 않는다), 다음코드를 my.cnf나 my.ini 파일의 끝(또는 기존 [mysqld] 절)에 추가하면 된다.

```
[mysqld]
optimizer_switch = 'semijoin=off'
```

## 참고 사항

▶ MariaDB 지식 베이스의 서브쿼리 최적화 부분은 서브쿼리의 성능을 향상시키기위해 MariaDB에서 사용 가능한 다양한 최적화에 대한 몇 가지 글을 있다. 이러한 글은 https://mariadb.com/kb/en/subquery-optimizations/에서 확인 가능하다.

▶ MariaDB의 세미조인 서브쿼리 최적화에 대한 전체 문서는 https://mariadb.com/kb/en/semi-join-subquery-optimizations/에서 확인 가능하다.

▶ `exists_to_in` 서브쿼리 최적화 전략에 대한 전체 문서는 https://mariadb.com/kb/en/exists-to-in-optimization/에서 확인 가능하다.

## 인덱스 생성

인덱스는 MariaDB(실제로는 모든 데이터베이스)가 자주 찾아보는 데이터의 위치를 빠르게 찾을 수 있도록 도와준다. 인덱스가 없을 경우 테이블을 한 행 한 행 일일이 읽으면서 찾아야 한다. 큰 테이블에서 종종 쿼리되는 칼럼의 인덱스를 생성하는 것은 기본적이지만 굉장히 유용한 최적화 방법이다.

## 준비

2장, "MariaDB 깊이 파헤치기"의 'mysqldump에서 내보낸 데이터 가져오기' 레시피에서 설명한 대로 ISFDB 데이터베이스를 가져오기 한다.

## 예제 구현

1. mysql 커맨드라인 클라이언트 애플리케이션을 실행시키고 MariaDB 서버의 isfdb 데이터베이스에 연결한다.

2. emails 테이블의 email_address 칼럼에 대한 인덱스를 생성한다.

   ```
   CREATE INDEX email ON emails(email_address(50));
   ```

3. 다음 커맨드로 emails 테이블의 인덱스를 출력한다.

   ```
   SHOW INDEX FROM emails\G
   ```

4. 출력 결과는 다음 화면과 같다.

```
daniel@gandalf ~                                           _ □ X
MariaDB [isfdb]> SHOW INDEX FROM emails\G
*************************** 1. row ***************************
        Table: emails
   Non_unique: 0
     Key_name: PRIMARY
 Seq_in_index: 1
  Column_name: email_id
    Collation: A
  Cardinality: 782
     Sub_part: NULL
       Packed: NULL
         Null:
   Index_type: BTREE
      Comment:
Index_comment:
*************************** 2. row ***************************
        Table: emails
   Non_unique: 1
     Key_name: email
 Seq_in_index: 1
  Column_name: email_address
    Collation: A
  Cardinality: 782
     Sub_part: 50
       Packed: NULL
         Null: YES
   Index_type: BTREE
      Comment:
Index_comment:
2 rows in set (0.00 sec)

MariaDB [isfdb]>
```

## 예제 분석

`emails` 테이블은 이미 인덱스인 기본 키를 갖고 있다. 이는 가장 흔한 종류의 인덱스이지만, 큰 테이블에서 기본 키와 일치하는 레코드를 찾는 경우가 드물다면, 크게 좋지는 않다. 실제로 검색하는 칼럼의 인덱스들을 생성하는 것이 훨씬 좋다.

`email_address` 테이블의 인덱스에는 미리 정렬된 e-mail 주소 리스트가 포함돼 있는데, 이는 훨씬 더 빠르게 찾아볼 수 있도록 한다.

## 부연 설명

기본 키와 같이 유일하다는 사실이 확실한 칼럼을 다루고 있다면, 다음 커맨드로 유일한 인덱스를 생성한다.

**CREATE UNIQUE INDEX index_name ON table_name(column_name (length));**

하지만, 실제 기본 키 칼럼에 이를 실행할 수 없다. 유일한 칼럼에만 가능하다. 기본 키 인덱스를 생성하려면, 반드시 ALTER TABLE 커맨드를 사용해야만 한다. 예제로, 다음 커맨드를 이용해서 authors 테이블에서 복사한 저자 이름만 포함하고 있는 새로운 테이블을 생성하고 난 다음 여기에 기본 키를 추가한다.

```
CREATE TABLE authors2 (author mediumtext);
INSERT authors2 SELECT author_canonical FROM authors;
ALTER TABLE authors2 ADD author_id int NOT NULL PRIMARY KEY auto_increment
FIRST;
```

ALTER TABLE 문은 없어진 기본 키 ID 생성을 처리한다. 다음 커맨드로 세부 항목을 살펴볼 수 있다.

```
SELECT * FROM authors2 WHERE author LIKE "%Bartholomew";
```

## 참고 사항

▶ 인덱스에 대한 자세한 정보는 https://mariadb.com/kb/en/optimization-and-indexes/에서 확인 가능하다.

▶ CREATE INDEX 커맨드에 대한 전체 문서는 https://mariadb.com/kb/en/create-index/에서 확인 가능하다.

▶ SHOW INDEX 커맨드에 대한 전체 문서는 https://mariadb.com/kb/en/show-index/에서 확인 가능하다.

## 풀텍스트 인덱스 생성

풀텍스트 인덱스는 텍스트 기반의 칼럼들을 검색하는 데에 최적화된 특별한 타입의 인덱스이다. 이 인덱스는 CHAR, VARCHAR, TEXT 타입의 칼럼에만 생성된다.

## 준비

2장, "MariaDB 깊이 파헤치기"의 'mysqldump에서 내보낸 데이터 가져오기' 레시피에서 설명한 대로 ISFDB 데이터베이스를 가져오기 한다.

1. mysql 커맨드라인 클라이언트 애플리케이션을 실행시키고 MariaDB 서버의 isfdb 데이터베이스에 연결한다.

2. 다음 커맨드를 사용해서 notes 테이블의 note_note 칼럼에 대한 FULLTEXT 인덱스를 생성한다.

   **CREATE FULLTEXT INDEX note ON notes(note_note);**

3. MariaDB가 인덱스 생성을 마치면, 다음과 유사한 출력 결과를 얻는다.

   **Query OK, 246719 rows affected (11.08 sec)**
   **Records: 246719 Duplicates: 0 Warnings: 0**

4. 다음 커맨드로 notes 테이블의 인덱스를 출력한다.

   **SHOW INDEX FROM notes\G**

5. SHOW 커맨드의 출력 결과는 다음 화면과 같다.

FULLTEXT 인덱스는 MATCH() ... AGAINST 문법을 사용해서 데이터를 검색 가능하도록 한다. 문법의 MATCH 부분은 검색할 콤마로 분리된 칼럼 리스트를 포함하고 있다. 이 문법의 AGAINST 파트는 검색할 문자열을 포함하며, 수행될 검색의 종류를 나타내기 위해 추가적으로 수정자를 포함할 수 있다. 검색 종류에는 IN NATURAL LANGUAGE MODE, IN BOOLEAN MODE, WITH QUERY EXPANSION이 있다. 디폴트 타입은 IN NATURAL LANGUAGE MODE이며 명시적으로 지정할 필요는 없다. 방금 생성한 인덱스를 사용한 예제는 다음과 같다.

```
SELECT * FROM notes
  WHERE MATCH(note_note)
  AGAINST('artificial','intelligence');
```

이 쿼리는 단어 artificial이나 intelligence를 포함하고 있는 모든 행들과 일치한다(둘 다 일치할 필요는 없다). note에 두 단어가 모두 나타나게 하려면 다음과 같이 IN BOOLEAN MODE로 검색한다.

```
SELECT * FROM notes
  WHERE MATCH(note_note)
  AGAINST('+artificial,+intelligence' IN BOOLEAN MODE);
```

풀텍스트 인덱스에는 조심해야 하는 몇 가지 제약 사항들이 있다. 길이가 3개의 문자(또는 그보다 짧은)인 단어나 84개의 문자들보다 긴 단어는 인덱스에서 제외된다. 부분적인 단어 또한 제외된다. 마지막으로, 단어가 관사, 전치사, 조사, 접속사(예를 들면 there, done, then, always)와 같은 불용어이거나, 또는 행의 절반보다 길다면 IN BOOLEAN MODE를 사용하지 않는 이상 결과에서 제외된다.

▶ 풀텍스트 인덱스에 대한 전체 문서는 https://mariadb.com/kb/en/full-text-indexes/에서 확인 가능하다.

▶ CREATE INDEX 커맨드에 대한 전체 문서는 https://mariadb.com/kb/en/create-index/에서 확인 가능하다.

▶ SHOW INDEX 커맨드에 대한 전체 문서는 https://mariadb.com/kb/en/show-index/에서 확인 가능하다.

▶ 불용어의 전체 리스트는 https://mariadb.com/kb/en/stopwords/에서 확인 가능하다.

## 인덱스 삭제

인덱스를 사용하지 않는다면, 공간을 낭비하고 INSERT와 UPDATE 문 수행 속도를 느리게 만들 뿐이다. 그러므로 인덱스를 사용하지 않을 경우 삭제하는 것이 좋다.

## 준비

2장, "MariaDB 깊이 파헤치기"의 'mysqldump에서 내보낸 데이터 가져오기' 레시피에서 설명한 대로 ISFDB 데이터베이스를 가져오기 한다.

## 예제 구현

1. mysql 커맨드라인 클라이언트 애플리케이션을 실행시키고 MariaDB 서버의 isfdb 데이터베이스에 연결한다.

2. 이전 레시피에서 생성했던 notes 테이블의 note_note 칼럼의 풀텍스트 인덱스를 다음 커맨드를 사용해서 삭제한다.

```
DROP INDEX note ON notes;
```

**3.** 커맨드 실행이 완료된 후에, 풀텍스트 인덱스가 삭제됐는지 다음 커맨드로 확인한다.

```
SHOW INDEX FROM notes;
```

## 예제 분석

DROP INDEX 커맨드는 실제로 인덱스를 삭제하기 위해 ALTER TABLE 문을 생성하고 실행한다. 그러므로 큰 테이블에서 인덱스를 삭제할 때, 일반적인 ALTER TABLE 진행 메시지를 보게 될 것이다.

## 부연 설명

주기적으로 사용하는 인덱스를 제거하고 싶지는 않을 것이다. 실제로 사용하고 있는 인덱스가 무엇인지 알아내기 위해, 사용자 통계를 활성화시킬 필요가 있다. 그렇게 하려면, my.cnf나 my.ini 파일의 끝(또는 기존 [mysqld] 절)에 다음 코드를 추가하고 MariaDB를 다시 시작해야 한다.

```
[mysqld]
userstat = 1
```

활성화되면 통계를 모을 수 있게 서버가 실행되도록 한동안 내버려 둔다. 일반적인 사용량을 나타낼 수 있는 통계 정보들을 모을 만큼 충분한 시간이 지났다고 생각이 들면, 다음 커맨드로 인덱스 통계를 출력한다.

```
SHOW INDEX_STATISTICS;
```

## 참고 사항

▶ 인덱스에 대한 자세한 정보는 https://mariadb.com/kb/en/optimization-and-indexes/에서 확인 가능하다.

▶ DROP INDEX 커맨드에 대한 전체 문서는 https://mariadb.com/kb/en/drop-index/에서 확인 가능하다.

▶ 사용자 통계에 대한 자세한 정보는 https://mariadb.com/kb/en/user-statistics/에서 확인 가능하다.

## JOIN 사용

두 개 이상의 테이블 데이터를 조인하는 것은 MariaDB와 같은 관계형 데이터베이스의 힘을 드러내는 것이다. 세 가지 기본적인 JOIN 타입이 있다. INNER, CROSS, LEFT(또는 OUTER)이다.

## 준비

2장, "MariaDB 깊이 파헤치기"의 'mysqldump에서 내보낸 데이터 가져오기' 레시피에서 설명한 대로 ISFDB 데이터베이스를 가져오기 한다.

## 예제 구현

1. mysql 커맨드라인 클라이언트 애플리케이션을 실행시키고 MariaDB 서버의 isfdb 데이터베이스에 연결한다.

2. 저자 리스트와 그에 대응되는 이메일 주소를 출력하기 위해 다음 커맨드를 이용해서 emails와 authors 테이블의 INNER JOIN을 수행한다.

```
SELECT author_canonical, email_address
  FROM authors INNER JOIN emails
    ON authors.author_id = emails.author_id;
```

3. 저자 리스트와 그에 대응되는 이메일 주소를 출력하기 위해 다음 커맨드를 이용해서 emails와 authors 테이블의 LEFT JOIN을 수행한다.

```
SELECT author_canonical, email_address
  FROM emails LEFT JOIN authors
    ON authors.author_id = emails.author_id;
```

**4.** 다음 커맨드를 이용해서 상과 상의 종류의 CROSS JOIN을 수행한다.

```
SELECT * FROM awards CROSS JOIN award_types LIMIT 10;
```

## 예제 분석

INNER JOIN의 결과는 양쪽 테이블에서 명시된 조인 조건과 일치하는 행들이다. 그러므로, 예를 들면, 조인 조건에 따라 authors 테이블의 행과 일치하는 emails 테이블의 모든 행이 출력된다. 하지만 authors 테이블에 존재하지 않는 결과는 출력 결과에 나타나지 않는다.

LEFT JOIN은 오른쪽의 테이블과 일치하는 것이 전혀 없다 하더라도 왼쪽 테이블의 모든 행들로 이뤄진 결과를 생성한다는 것을 제외하고는 INNER JOIN과 유사하다. 이 레시피에서 사용하고 있는 emails 테이블은 782개의 행이 있으므로 LEFT JOIN 예제의 결과 또한 782개의 행을 갖고 있다. authors 테이블의 칼럼과 일치하지 않는 emails 테이블의 칼럼들은 해당 행의 결과로 NULL이 설정된다.

CROSS JOIN은 두 테이블의 곱이다. 각 테이블의 모든 행들이 다른 테이블의 모든 행에 조인된다. 두 테이블을 곱하는 것이라고 생각하면 된다. 예를 들면, 15개 행의 테이블과 10개 행의 테이블의 크로스 조인은 150개 행의 테이블이 될 것이다. 이러한 종류의 JOIN은 실수로 두 개의 굉장히 큰 테이블을 크로스 조인을 할 경우 굉장히 위험해질 수 있음을 의미한다. 예제에서는 10개 행이 출력되면 그만 출력하게 하려고 LIMIT 절을 추가했다.

## 부연 설명

INNER JOIN과 LEFT JOIN의 유용성은 보기 쉽다는 것이다. 여러 개의 테이블의 데이터를 하나의 결과를 결합시킬 수 있게 한다. 반면, CROSS JOIN은 언뜻 보기에는 크게 유용하지 않을 것 같을 수도 있다. 하지만, 제한되었을 경우 굉장히 유용하게 사용할 수 있다. 예를 들면, 모든 가능한 재료와 색상 조합을 보여주기 위해 색상 테이블과 재료 테이블에 CROSS JOIN을 사용한다. 그렇다 하더라도, 원치 않는 결과가 발생하지 않도록 최대한 조심해서 사용하는 것이 가장 좋다.

▶ MariaDB의 JOIN에 대한 전체 문서는 https://mariadb.com/kb/en/joins/를 참고하기 바란다.

## DATETIME 칼럼에 마이크로초 단위 사용

일초 안으로 정확하게 날짜와 시간을 측정하던 것이 최대한으로 정확했던 시대가 있었다. 하지만, 그런 시대는 사라졌다. 사용자들은 애플리케이션의 응답 시간이 1초보다 짧길 기대하며, 그러므로 데이터베이스들 또한 반드시 해당 시간을 추적할 수 있어야 한다.

## 예제 구현

1. mysql 커맨드라인 클라이언트 애플리케이션을 실행시키고 MariaDB 서버의 isfdb 데이터베이스에 연결한다.

2. 다음 커맨드를 이용해서 test 데이터베이스가 없다면 새로 생성하고 해당 데이터베이스로 전환한다.

```
CREATE DATABASE IF NOT EXISTS test;
USE test;
```

3. 다음 커맨드를 이용해서 times라고 불리는 간단히 두 개의 칼럼을 갖는 테이블을 생성한다.

```
CREATE TABLE times (
  id int NOT NULL AUTO_INCREMENT,
  dt datetime(6),
  PRIMARY KEY (id)
);
```

**4.** 다음 INSERT 문을 적어도 네 번 실행해 다음 커맨드로 몇몇 샘플 데이터를 테이블에 추가한다.

```
INSERT INTO times (dt) VALUES (NOW()), (NOW(6));
```

**5.** 다음 SELECT 커맨드로 테이블의 모든 데이터를 선택한다.

```
SELECT * FROM times;
```

SELECT 커맨드가 실행되면서 다음 화면과 유사한 출력 결과를 얻는다.

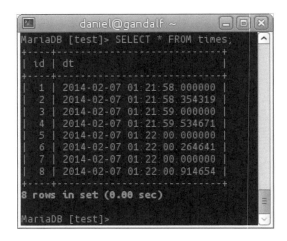

## 예제 분석

times 테이블을 생성할 때, dt 칼럼이 마이크로초의 datetime 값을 지원하려면 정밀도를 지정해야 한다. 유저가 지정하지 않으면 디폴트 값인 1초의 정밀도로 설정된다. 이 레시피에서는 가장 높은 정밀도인 6으로 설정한다. 더 큰 값을 사용하려고 시도할 경우, 에러가 발생한다.

테이블에 데이터를 삽입할 때, 한 번에 두 개의 행을 입력한다. 먼저, NOW() 함수의 디폴트 정밀도(1초)를 가진 행을, 그런 다음 가장 높은 정밀도(6)을 가진 행을 입력한다. NOW()의 디폴트 정밀도를 사용하면, datetime의 마이크로초 부분에 모두 0이 입력된다. 마이크로초를 사용하기 위해 애플리케이션을 옮기는 경우, 테이블 자체와

datetime 데이터를 입력하기 위해 사용할 함수가 마이크로초를 사용해야 하기 때문에 기억해 두는 것이 좋다.

부연 설명

CURRENT_TIMESTAMP 함수는 NOW() 함수의 동의어이며, 두 함수는 번갈아가며 사용할 수 있다.

## 참고 사항

▶ 마이크로초를 사용하는 것에 대한 자세한 정보는 https://mariadb.com/kb/en/microseconds-in-mariadb/를 참고하기 바란다.

▶ NOW()와 CURRENT_TIMESTAMP() 함수에 대한 전체 문서는 https://mariadb.com/kb/en/now/와 https://mariadb.com/kb/en/current_timestamp/에서 확인 가능하다.

## DATETIME과 TIMESTAMP 칼럼 자동 업데이트

데이터베이스가 레코드가 업데이트될 때마다 업데이트하고 싶은 DATETIME이나 TIMESTAMP 칼럼을 갖고 있다면, 애플리케이션에 해당 로직을 넣을 필요가 없다. MariaDB가 알아서 처리한다.

## 예제 구현

1. mysql 커맨드라인 클라이언트 애플리케이션을 실행시키고 MariaDB 서버의 isfdb 데이터베이스에 연결한다.

2. 다음 커맨드를 이용해서 test 데이터베이스가 없다면 새로 생성하고 해당 데이터베이스로 전환한다.

```
CREATE DATABASE IF NOT EXISTS test;
USE test;
```

3. 다음 커맨드를 이용해서 dtts라고 불리는 테이블 하나를 생성한다.

```
CREATE TABLE dtts (
    id int(11) NOT NULL AUTO_INCREMENT,
    name varchar(25),
    dt datetime(6) NOT NULL DEFAULT CURRENT_TIMESTAMP(6),
    ts timestamp(3) NOT NULL DEFAULT CURRENT_TIMESTAMP(3)
        ON UPDATE CURRENT_TIMESTAMP(3),
    PRIMARY KEY (id)
);
```

4. INSERT 커맨드를 사용해서 새 테이블에 몇몇 데이터를 삽입한다.

```
INSERT INTO dtts (name) VALUES
    ('Thomass'),('Gordon'),('Howard'),('Ezra');
```

5. Thomas에서 철자가 틀린 부분을 고친다.

```
UPDATE dtts SET name = 'Thomas'
    WHERE name = 'Thomass';
```

6. 다음 커맨드를 사용해서 테이블을 출력한다.

```
SELECT * FROM dtts;
```

7. 출력 결과는 다음 화면과 같이 표시된다(날짜만 오늘 날짜로 표시될 것이다).

## 예제 분석

이 레시피에서, 네 개의 칼럼이 있는 테이블을 생성하였다. id 칼럼, name 칼럼, datetime(6) 타입의 dt 칼럼, timestamp(3) 타입의 ts 칼럼이다.

dt 칼럼은 datetime(6) 타입으로, 마이크로초 정밀도를 갖고 있으며 CURRENT_TIMESTAMP(6)의 디폴트 값을 갖고 있음을 의미한다. ts 칼럼은 timestamp(3) 타입으로, 밀리초 정밀도를 제공하며, 추가적으로 ON UPDATE CURRENT_TIMESTAMP(3)을 갖고 있는데, 이는 행이 업데이트될 때마다 저장된 시간 값을 자동으로 업데이트한다. 첫 번째 행에서 발생한 업데이트로, dt와 ts 칼럼이 다른 것을 볼 수 있다.

## 부연 설명

datetime과 timestamp 칼럼 둘 다 DEFAULT와 ON UPDATE 값들을 CURRENT_TIMESTAMP 함수의 출력 결과로 설정할 수 있다. 생략된 데이터에 대한 불필요한 경고가 발생되거나(칼럼이 설정된 것보다 높은 정밀도를 지정할 경우) 원하는 것보다 낮은 정밀도의 데이터가 추가되는 상황(칼럼이 설정된 것보다 낮은 정밀도의 값을 입력할 경우)을 피하기 위해 정밀도를 맞춰줘야 한다.

또한 CURRENT_TIMESTAMP() 함수가 NOW() 함수의 동의어라는 사실을 알아두는 것이 좋다.

## 참고 사항

- ▶ DATETIME 칼럼에 대해 더 자세히 알고 싶다면 https://mariadb.com/kb/en/datetime/를 참고한다.
- ▶ TIMESTAMP 칼럼에 대해 더 자세히 알고 싶다면 https://mariadb.com/kb/en/timestamp/를 참고한다.
- ▶ NOW()와 CURRENT_TIMESTAMP() 함수에 대한 전체 문서는 https://mariadb.com/kb/en/now/와 https://mariadb.com/kb/en/current_timestamp/에서 확인 가능하다.
- ▶ MariaDB의 이 기능의 구현과 관련된 내용은 https://mariadb.atlassian.net/browse/MDEV-452에서 확인 가능하다.

# 4

# TokuDB 저장 엔진

4장에서 다루는 레시피는 다음과 같다.

- ▶ TokuDB 설치
- ▶ TokuDB 설정
- ▶ TokuDB 테이블 생성
- ▶ TokuDB로 옮기기
- ▶ TokuDB 테이블에 인덱스 추가
- ▶ TokuDB 테이블 압축 수정

## 소개

TokuDB는 MariaDB의 고성능 저장 엔진으로 쓰기 중심의 작업에 최적화되어 있다. 이 저장 엔진은 상당히 확장적scalable이고, 개발자Tokutek들이 프랙탈 트리 인덱스Fractal Tree Indexes라고 부르는 저장 기술을 사용한다. 애플리케이션이나 코드 변경 없이도 MyISAM, Aria, InnoDB/XtraDB 테이블 대신(또는 함께) 사용될 수 있다. 이 저장 엔진은 ACID와 MVCC를 따른다.

ACID는 TokuDB 트랙잭션이 원자성, 일관성, 고립성, 지속성을 갖고 있음을 의미한다.

ACID에 대한 더 자세한 정보는 http://en.wikipedia.org/wiki/ACID에서 확인 가능하다.

MVCC는 TokuDB 트랜잭션이 데이터베이스 트랜잭션에 대해 다중 동시성 제어 방식을 사용함을 의미한다. MVCC에 대한 더 자세한 내용은 http://en.wikipedia.org/wiki/Multiversion_concurrency_control에서 확인 가능하다.
<small>multiversion concurrency control</small>

프랙탈 트리는 B-트리의 변형인데, B-트리는 InnoDB가 데이터를 저장하는 데에 사용된다(좀 더 정확하게 말하자면 InnoDB는 균형 B+ 트리를 사용한다). InnoDB는 전체 데이터 트리를 위해 하나의 작은 캐시를 갖고 있는 반면, TokuDB는 트리 안에 다중 레벨로 여러 개의 큰 캐시들을 제공한다. 그런 후에 충분한 수의 삽입, 업데이트, 삭제, 그리고 다른 작업들을 버퍼에 저장한다. 이들은 나중에 하나의 단일 작업인 것처럼 한꺼번에 수행됨으로써, 입출력 작업의 수를 크게 감소시키고 그에 따라 성능이 향상된다.

프랙탈 트리 인덱스에 대한 소개는 http://youtu.be/c-n2LGPpQEw 동영상을 참고하기 바란다.

TokuDB는 오직 64비트 리눅스 시스템에서만 지원되므로, 4장의 레시피들은 윈도우나 맥 OS X에서는 수행할 수 없다.

## TokuDB 설치

TokuDB를 사용하기 전에 반드시 설치부터 해야 한다. TokuDB는 MariaDB에 포함되어 있지만 기본적으로 활성화되어 있지 않다.

## 예제 구현

다음 단계들을 따라 해보자.

1. 루트 계정과 같이 SUPER 권한을 갖고 있는 계정으로 mysql 커맨드라인 클라이언트 애플리케이션을 실행시킨다.

**2.** 다음 커맨드를 실행시킨다.

```
INSTALL SONAME 'ha_tokudb.so';
```

**3.** SHOW PLUGINS; 커맨드를 실행시켜서 TokuDB 플러그인이 ACTIVE 상태인지 확인한다. 출력 결과는 다음 화면과 유사하다(다음 화면은 TokuDB 항목들만 보여줄 수 있도록 편집되었다).

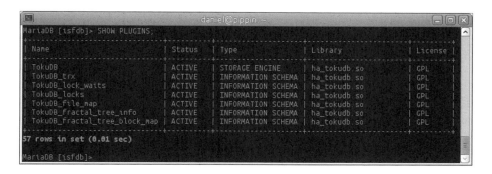

**4.** SHOW ENGINES; 커맨드를 실행시켜서 TokuDB 저장 엔진이 목록에 있는지 그리고 활성화됐는지 확인한다(활성화 여부는 Support 칼럼을 확인한다). 출력 결과 중 TokuDB 라인은 다음과 유사하다.

| Engine | Support | Comment |
|--------|---------|---------|
| TokuDB | YES | Tokutek TokuDB Storage Engine |

## 예제 분석

MariaDB의 다른 플러그인과 대체 가능한 저장 엔진들처럼 TokuDB는 기본적으로 비활성화되어 있다. 활성화시키려면 INSTALL SONAME 커맨드를 사용한다. TokuDB 저장 엔진은 여러 개의 부분으로 나뉘어져 있기 때문에, 이 하나의 커맨드가 여러 개의 플러그인들을 활성화시키는 것처럼 보인다.

TokuDB를 설치할 때 추가적으로 수행하면 좋을 몇 가지 단계들이 있다. TokuDB를 디폴트 저장 엔진으로 설정하는 것과 TokuDB 설정 파일을 생성하는 것이다.

## 디폴트 저장 엔진으로 TokuDB 설정

다음 커맨드를 실행시키면 TokuDB를 디폴트 저장 엔진으로 설정한다.

```
SET GLOBAL default_storage_engine=TokuDB;
```

이를 영구적으로 하고 싶다면, 시스템의 my.cnf 파일이나 my.ini 파일의 끝(또는 기존에 존재하는 [mysqld] 절)에 다음 항목을 추가하고 MariaDB를 다시 시작한다.

```
[mysqld]
default-storage-engine=TokuDB
```

## TokuDB 설정 파일 생성

페도라, 데비안, CentOS, 우분투 등 리눅스 시스템에서 MariaDB는 모듈의 설정 파일들로 설정된다. 디폴트 설정 파일 아래에는 느낌표(!)로 시작하는 라인이 있다. 이 커맨드는 해당 라인에 명시된 디렉토리 안의 파일 중 .cnf로 끝나는 모든 파일들을 포함한다.

설정하기 위해 여러 개의 파일을 사용할 경우, 간단히 파일들을 이동시켜 기능들을 활성화시키거나 비활성화시킬 수 있다. 또한 점점 더 길어지는 설정 파일을 수정하지 않고도 변경할 수 있다.

디렉토리는 둘 중 한 곳에 위치할 것이다. 레드햇, CentOs, 페도라의 경우 위치는 /etc/my.cnf.d/이다. 데비안, 우분투, 리눅스 민트의 경우 위치는 /etc/mysql/conf.d 이다.

사용자 지정 설정 파일을 생성할 때, 설명이 담긴 파일명으로 생성하는 것이 가장 좋다. tokudb.cnf와 같은 파일명이 좋다. 파일은 적어도 [mysqld] 절은 있어야 하는데, 필요한 경우 다른 절을 추가해도 된다.

▶ MariaDB 지식 베이스의 TokuDB 부분은 https://mariadb.com/kb/en/tokudb/
에서 확인 가능하다.

▶ Tokutek 웹사이트의 TokuDB 부분에는 좋은 정보가 많이 있으며, http://www.
tokutek.com/products/tokudb-for-mysql/에서 확인 가능하다.

## TokuDB 설정

다른 저장 엔진들처럼 TokuDB도 많은 사용자 지정 설정들과 옵션들이 있다. 다행
히도 알아야 하는 것들은 그 중 얼마 안 되며, 디폴트 설정은 이미 상당히 최적화돼
있다.

### 준비

이 레시피는 몇 가지 가정이 있다. 서버의 램 크기가 16GB이고, 두 개의 SSD 드라이
브(/mnt/ 디렉토리에 마운트된 /dev/sdb1과 /dev/sdc1)를 갖고 있다고 가정한다.

### 예제 구현

다음 단계들을 따라 해보자.

1. my.cnf 파일을 열고 다음 라인들을 [mysqld] 절에 추가한다.

```
# TokuDB Cache should be set to at least half of available RAM
tokudb-cache-size = 9GB

# TokuDB File Locations
tokudb-data-dir = /mnt/sdb1
tokudb-log-dir = /mnt/sdb1
tokudb-tmp-dir = /mnt/sdc1
```

**2.** 다음으로 디스크의 쓰기 캐시를 비활성화시킨다.

```
hdparm -W0 /dev/sdb1
hdparm -W0 /dev/sdc2
```

**3.** 다음 커맨드로 TokuDB의 상태를 보여준다.

```
SHOW ENGINE TokuDB STATUS;
```

## 예제 분석

TokuDB에는 변경, 활성화, 비활성화시킬 수 있는 설정이 많이 있지만, 대부분의 사용자에게는 디폴트 설정 그대로도 충분하다. 그 디폴트 설정 중 하나가 `tokudb-cache-size` 옵션을 자동으로 시스템 RAM의 절반과 동일하게 설정하는 것이다. 이 레시피에서는 RAM의 절반보다 약간 크도록 수동으로 설정하지만, 이것이 데이터베이스와 작업량에 도움이 되는지 확인하기 위해 테스트할 필요는 있다. TokuDB 개발자들은 이 옵션을 절대 RAM의 절반보다 작게 설정하지 않을 것을 권한다.

InnoDB처럼 TokuDB의 로그, 데이터, 그리고 임시 파일들의 위치가 다른 테이블의 디폴트와 다르게 설정할 수 있다. 이 예제에서는 SSD에 위치하도록 설정한다. 단순하게 하기 위해 데이터와 로그들을 동일한 위치에 저장되도록 설정하였다. 하지만, 임시 파일들은 완전히 다른 드라이브에 저장되도록 설정하여 데이터 드라이브의 성능에 영향을 주지 않도록 하였다. 이렇게 MariaDB 디폴트 위치를 설정하고 TokuDB가 디폴트로 해당 위치에 쓰기를 하도록 할 수 있지만, 때로는 특정 테이블 타입을 어느 한 위치에 고정시키고 다른 테이블 타입은 다른 위치에 고정시키는 것이 더 좋은 성능을 보여주기도 한다.

그런 다음에 드라이브의 쓰기 캐시 기능을 끈다. 쓰기 캐시는 문제가 많다. 정전과 같이 전원이 차단되는 상황이 일어나면 데이터가 저장되지 못하고 드라이브에 장착된 캐시에 남아있을 수 있기 때문이다. 운영체제가 데이터 쓰기를 했다고 판단하였는데 실제로 데이터는 저장되지 못하고 캐시 같은 곳에 남아있는 것은 좋은 현상이 아니다. 대다수의 서버가 백업 배터리를 가진 RAID 카드와 다른 보호 장치를 갖고 있지만, 100퍼센트 신뢰 가능한 것은 아니다.

덧붙여 말하자면 SHOW ENGINE TokuDB STATUS; 커맨드는 대소문자를 구별하지 않는다. TokuDB, TOKUDB, tokudb 등 어떻게 써도 상관없다.

## 부연 설명

TokuDB의 많은 추가 옵션이 여기서는 생략되었다. MariaDB 지식 베이스의 TokuDB 절인 https://mariadb.com/kb/en/tokudb/에서 이 강력한 저장 엔진을 잘 활용하기 위한 많은 유용한 자원을 확인할 수 있다.

## 참고 사항

▶ 앞부분에서 언급된 MariaDB 지식 베이스의 TokuDB 절 뿐만 아니라, Tokutek 웹 사이트인 http://tokutek.com에서도 다양한 TokuDB 설정 옵션을 배울 수 있다.

## TokuDB 테이블 생성

TokuDB 테이블을 생성하는 것은 MyISAM, Aria, InnoDB/XtraDB 테이블을 생성하는 것과 비슷하다. 알아둘 필요가 있는 옵션과 기능들이 좀 더 다양하다.

## 준비

2장, "MariaDB 깊이 파헤치기"의 'mysqldump에서 내보낸 데이터 가져오기' 레시피에서 설명한 대로 ISFDB 데이터베이스를 가져오기 한다.

## 예제 구현

다음 단계들을 따라 해보자.

1. mysql 커맨드라인 클라이언트를 실행시키고 isfdb 데이터베이스에 연결한다.

**2.** 다음 CREATE 문을 사용해서 TokuDB 테이블을 생성한다.

```
CREATE TABLE authors_tokudb (
  author_id int NOT NULL AUTO_INCREMENT,
  author_canonical mediumtext,
  author_lastname varchar(128),
  author_birthplace mediumtext,
  author_birthdate date DEFAULT NULL,
  author_deathdate date DEFAULT NULL,
  PRIMARY KEY (author_id),
  KEY (author_lastname),
  KEY (author_birthdate),
  KEY (author_deathdate)
) ENGINE=TokuDB;
```

**3.** authors 테이블에서 몇몇 데이터를 새로 생성한 테이블로 가져온다.

```
INSERT authors_tokudb
  SELECT
    author_id, author_canonical,
    author_lastname, author_birthplace,
    author_birthdate, author_deathdate
  FROM authors;
```

**4.** 다음 커맨드를 이용해서 인덱스가 동작하고 있는지 확인한다.

```
SHOW INDEXES FROM authors_tokudb;
```

**5.** 앞의 단계의 실행 결과 생성한 각각의 인덱스에 대한 정보를 갖는 4개의 행을 출력한다.

**6.** 다음 커맨드로 테이블을 최적화한다.

```
OPTIMIZE TABLE authors_tokudb;
```

**7.** OPTIMIZE 커맨드의 출력 결과는 다음 화면과 유사하다.

```
daniel@pippin ~
MariaDB [isfdb]> OPTIMIZE TABLE authors_tokudb;
+----------------------+----------+----------+----------+
| Table                | Op       | Msg_type | Msg_text |
+----------------------+----------+----------+----------+
| isfdb.authors_tokudb | optimize | status   | OK       |
+----------------------+----------+----------+----------+
1 row in set (0.36 sec)

MariaDB [isfdb]>
```

## 예제 분석

언뜻 보기에 이 레시피의 CREATE TABLE 문은 일찍이 봤던 다른 CREATE TABLE 문과 유사하다. 하지만 몇 가지 다른 점이 있다. 확실히 다른 점 하나는 데이터를 정의한 후에 ENGINE=TokuDB를 명시했다는 것이다. TokuDB를 디폴트 저장 엔진으로 설정하지 않았다면 아주 중요한 구문이다.

그다음은 데이터 정의에서 PRIMARY KEY 인덱스뿐만 아니라 세 개의 KEY 인덱스들을 정의하였다는 것이다.

테이블을 생성한 후에, isfdb.authors 테이블로부터 선택된 데이터들을 사용해서 테이블을 채운다. 그러고 나서 인덱스가 제대로 생성됐는지 살펴보고 난 다음, 새 테이블을 최적화한다. 최적화 단계는 기본적으로 인덱스에 추가하고 제거하는 작업까지 해당된다. TokuDB에서는 다른 저장 엔진과 달리 최적화 단계가 성능 때문에 필요하지는 않다.

## 참고 사항

▶ TokuDB의 인덱스에 대한 자세한 정보는 'TokuDB 테이블에 인덱스 추가' 레시피를 확인한다.

▶ TokuDB의 ROW_FORMAT 압축 설정에 대한 자세한 정보는 'TokuDB 테이블 압축 수정' 레시피를 확인한다.

## TokuDB로 옮기기

TokuDB를 사용하지 않는다면 전혀 이점이 없다. 기존 테이블을 MyISAM, Aria, 또는 InnoDB/XtraDB였던 상관없이 TokuDB로 옮기는 것은 상당히 쉽다.

### 준비

2장, "MariaDB 깊이 파헤치기"의 'mysqldump에서 내보낸 데이터 가져오기' 레시피에서 설명한 대로 ISFDB 데이터베이스를 가져오기 한다.

### 예제 구현

다음 단계들을 따라 해보자.

1. mysql 커맨드라인 클라이언트를 실행시키고 isfdb 데이터베이스에 연결한다.

2. TokuDB 테이블이 되도록 pub% 테이블들을 변경한다.

   ```
   ALTER TABLE pub_authors ENGINE=TokuDB;
   ALTER TABLE pub_content ENGINE=TokuDB;
   ALTER TABLE pub_series ENGINE=TokuDB;
   ALTER TABLE publishers ENGINE=TokuDB;
   ```

3. 데이터 정의를 한 후, 테이블들이 ENGINE=TokuDB가 됐는지 확인하기 위해 각각의 테이블들에 대해 SHOW CREATE TABLE을 실행한다. 예시로 publishers 테이블을 사용하였다면, 다음과 같은 출력 결과를 얻는다.

```
daniel@pippin: ~
MariaDB [isfdb]> ALTER TABLE publishers ENGINE=TokuDB;
Query OK, 16382 rows affected (0.56 sec)
Records: 16382  Duplicates: 0  Warnings: 0

MariaDB [isfdb]> SHOW CREATE TABLE publishers\G
*************************** 1. row ***************************
       Table: publishers
Create Table: CREATE TABLE `publishers` (
  `publisher_id` int(11) NOT NULL AUTO_INCREMENT,
  `publisher_name` mediumtext,
  `publisher_wikipedia` mediumtext,
  `note_id` int(11) DEFAULT NULL,
  PRIMARY KEY (`publisher_id`),
  KEY `publisher_name` (`publisher_name`(50))
) ENGINE=TokuDB AUTO_INCREMENT=47660 DEFAULT CHARSET=latin1
1 row in set (0.00 sec)

MariaDB [isfdb]>
```

**4.** 필요하다면 isfdb 데이터베이스의 나머지 테이블들을 TokuDB 형태로 변환한다.

## 예제 분석

ALTER TABLE 문은 세 단계에 걸쳐 실행된다. 먼저 새로운 테이블 정의를 이용해서 새 테이블을 생성한다. 그런 다음에 이전 테이블의 데이터를 새로운 테이블로 복사한다. 마지막 단계에서는 이전 테이블명으로 새 테이블명을 짓는다.

## 부연 설명

TokuDB로 옮기는 데에 ALTER TABLE 방법이 아마 제일 좋은 방법이지만, 다른 방법들도 있다. 예를 들면, mysqldump로 백업을 만들었을 경우 백업 파일의 스키마 정의를 검색하고 변경한다. 그리고 원래 생성하려고 설정했던 것 대신 TokuDB 테이블을 생성하기 위해 CREATE TABLE 문을 변경한다. 그런 다음에 파일 가져오기를 하면 복구된 테이블들은 TokuDB 테이블일 것이다.

또 다른 방법은 다음과 같이 기존 테이블을 바탕으로 테이블을 새로 생성하고, 새 테이블을 변경한 다음, 기존 테이블을 백업하고 새 테이블에 데이터 백업한 것을 가져오는 것이다.

```
CREATE TABLE notes_tokudb LIKE notes;
ALTER TABLE notes_tokudb ENGINE=TokuDB;
SELECT * FROM notes INTO OUTFILE '/tmp/notes.tmp';
LOAD DATA INFILE '/tmp/notes.tmp' INTO TABLE notes_tokudb;
```

대부분의 경우에는 ALTER TABLE 방법이 선호된다.

## 참고 사항

▶ MariaDB 지식 베이스 중 MariaDB에 데이터를 빠르게 삽입하는 방법 페이지는 큰 데이터를 가져오는 작업에 대해 자세히 설명하며, 해당 내용은 TokuDB에 쉽게 적용할 수 있다. 이 내용은 https://mariadb.com/kb/en/how-to-quickly-insert-data-into-mariadb/에서 확인 가능하다.

## TokuDB 테이블에 인덱스 추가

TokuDB는 다른 저장 엔진에 비해 고급 인덱싱 기능을 지원하지만, 테이블에 인덱스를 추가하지 않는다면 사용할 수 없다.

## 준비

2장, "MariaDB 깊이 파헤치기"의 'mysqldump에서 내보낸 데이터 가져오기' 레시피에서 설명한 대로 ISFDB 데이터베이스를 가져오기 한다.

다음 단계들을 따라 해보자.

1. mysql 커맨드라인 클라이언트를 실행시키고 isfdb 데이터베이스에 연결한다.

2. 다음 커맨드로 authors 테이블의 현재 인덱스들을 확인한다.

   ```
   SHOW INDEXES FROM authors;
   ```

3. 다음 커맨드와 같이 authors 테이블을 TokuDB 저장 엔진을 사용하도록 변경하고, author_canonical 칼럼에 대한 인덱스를 CLUSTERING으로 바꾼다.

   ```
   ALTER TABLE authors
     DROP KEY canonical,
     ADD CLUSTERING KEY canonical (author_canonical(50)),
     ENGINE=TokuDB;
   ```

4. 또 다른 인덱스를 생성하는데, 이번에는 다음과 같이 author_birthdate 칼럼에 생성한다.

   ```
   CREATE CLUSTERING INDEX birthdate
     ON authors (author_birthdate);
   ```

5. 2단계에서 했듯이 인덱스들을 다시 확인한다.

클러스터 인덱스들은 테이블의 모든 칼럼들을 포함하며, 인덱스들을 포함하는 데 사용된다. 또한 TokuDB가 동작하는 방식 때문에 다른 인덱스 대비 성능 이점을 갖는다. 다른 저장 엔진들에서도 클러스터 인덱스를 선언할 수 있지만 오직 하나만 가능하다. TokuDB는 여러 개의 클러스트 인덱스를 선언할 수 있다. 하나 이상의 인덱스를 선언할 수 있기 때문에 광범위한 쿼리들에 대해 TokuDB 테이블은 큰 성능 향상을 보인다.

이 레시피에서 클러스터 인덱스를 두 가지 방법으로 선언하였다. 첫 번째는 ALTER TABLE 문을 사용해서 기존 인덱스를 클러스터 인덱스로 대체하였고, 두 번째는 CREATE INDEX 문을 사용해서 새로운 인덱스를 추가하였다.

## 부연 설명

TokuDB의 인덱싱 기능의 또 다른 장점으로는 아무 인덱스에서나 auto_increment 칼럼을 사용할 수 있다는 것이다. 또한 TokuDB 인덱스는 32개까지의 칼럼을 가질 수 있다.

## 참고 사항

▶ TokuDB 클러스터 인덱스에 대한 자세한 내용은 http://tokutek.com/2009/05/introducing_multiple_clustering_indexes/에서 확인 가능하다.

## TokuDB 테이블 압축 수정

TokuDB는 디스크 공간과 성능 사이에서 가장 적절한 균형점을 찾는 데에 도움이 되는 여러 개의 압축 옵션들을 갖고 있다.

## 준비

2장, "MariaDB 깊이 파헤치기"의 'mysqldump에서 내보낸 데이터 가져오기' 레시피에서 설명한 대로 ISFDB 데이터베이스를 가져오기 한다.

## 예제 구현

다음 단계들을 따라 해보자.

1. mysql 커맨드라인 클라이언트를 실행시키고 isfdb 데이터베이스에 연결한다.

2. titles 테이블을 디폴트 압축을 하기 위해 다음과 같이 변경한다.

```
ALTER TABLE titles ENGINE=TokuDB
  ROW_FORMAT=default ;
```

3. pub_content 테이블을 고압축을 하기 위해 다음과 같이 변경한다.

```
ALTER TABLE pub_content ENGINE=TokuDB
  ROW_FORMAT=tokudb_small;
```

4. canonical_author 테이블을 빠르게 압축하기 위해 다음과 같이 변경한다.

```
ALTER TABLE canonical_author ENGINE=TokuDB
  ROW_FORMAT=tokudb_fast;
```

5. notes 테이블에 대해 lzma 압축방식을 사용하기 위해 다음과 같이 변경한다.

```
ALTER TABLE notes ENGINE=TokuDB
  ROW_FORMAT=tokudb_lzma;
```

6. pubs 테이블을 압축을 하지 않으려면 다음과 같이 변경한다.

```
ALTER TABLE pubs ENGINE=TokuDB
  ROW_FORMAT=tokudb_uncompressed;
```

7. 방금 변경한 모든 테이블들을 다음과 같이 최적화한다.

```
OPTIMIZE TABLE
  titles, pub_content, canonical_author, notes, pubs;
```

## 예제 분석

다른 저장 엔진들과 비교하였을 때 TokuDB의 가장 큰 장점은 상황에 따라 가장 적합하게 동작하도록 테이블의 압축을 변경할 수 있다는 점 외에 데이터를 고압축하면서도 여전히 좋은 성능을 보인다는 점이다. 사용한 압축 작업량과 종류는 ROW_FORMAT 옵션에 의해 통제된다. 테이블을 생성할 때 행의 포맷을 지정하지 않는다면 default 포맷으로 설정될 것이다.

TokuDB의 개발자들인 Tokutek은 공식적으로 6개 이하의 프로세서가 탑재된 머신의 경우 표준 압축(디폴트)을, 6개보다 많은 프로세서가 탑재된 머신의 경우 고압축(tokudb_small)을 사용할 것을 권한다.

사실 tokudb_fast와 tokudb_small 압축 옵션들은 순서대로 tokudb_quicklz와 tokudb_lzma의 앨리어스다. 이것은 추후에 다른 압축 옵션들이 TokuDB에 추가될 경우 변경될 수도 있다. 또한, 디폴트 압축은 현재 tokudb_qucklz이다.

두 가지의 또 다른 압축 옵션들이 있다. 하나는 이제는 더 이상 사용되지 않는 tokudb_zlib 압축 옵션으로 TokuDB 5.2 버전에서 tokudb_quicklz가 처음 소개되기 전까지 TokuDB의 디폴트 압축으로 사용되었다. 다른 하나는 tokudb_uncompressed로 압축을 비활성화한다(압축할 수 없는 데이터가 있을 경우 유용하다).

# 5

# CONNECT 저장 엔진

5장에서 다루는 레시피는 다음과 같다.

- ▶ CONNECT 저장 엔진 설치
- ▶ CONNECT 테이블 생성과 삭제
- ▶ CONNECT를 사용한 CSV 데이터 읽고 쓰기
- ▶ CONNECT를 사용한 XML 데이터 읽고 쓰기
- ▶ CONNECT를 사용한 MariaDB 테이블 접근
- ▶ XCOL 테이블 타입 사용
- ▶ PIVOT 테이블 타입 사용
- ▶ OCCUR 테이블 타입 사용
- ▶ WMI 테이블 타입 사용
- ▶ MAC 주소 테이블 타입 사용

## 소개

5장에서는 CONNECT 저장 엔진의 몇 가지 기능들을 살펴본다. 이 저장 엔진은 XML, CSV와 호스트 시스템에 저장된 파일의 다른 타입들과 같은 다양한 파일 포맷 안의 데이터에 대한 접근을 가능하게 한다. CONNECT의 목적은 이러한 다양한 데이

터 타입에 MariaDB를 연결하는 것이다. 이 저장 엔진은 다양한 인프라를 함께 사용할 수 있도록 하는 굉장히 유용한 툴이다. 그러므로 CONNECT 저장 엔진 테이블들은 정확히는 기존 관점에서 보았을 때 테이블이라고 할 수 없다(심지어 존재한다고 보기 힘들 수도 있다). 이 점을 염두에 두고, 이 저장 엔진으로 작업할 때 알아야 할 사항이 몇 가지 있다.

먼저, DROP TABLE은 MyISAM, InnoDB, 그리고 다른 테이블들이 했던 방식으로 내용을 삭제하지 않는다. CONNECT 테이블은 접근하고자 하는 데이터의 위치와 데이터가 저장된 포맷의 정의다. 예를 들면, XML 파일이 사용자의 홈 디렉토리에 저장되었다. DROP을 사용해서 CONNECT 테이블을 삭제하면, 데이터 자체가 아니라 데이터 위치와 어느 포맷인지에 대한 CONNECT 테이블에 저장된 정의를 삭제한다.

두 번째로, CONNECT 테이블의 경우 인덱싱이 다르게 동작한다. 파일에 연결된 대부분의 CONNECT 데이터 타입(전부는 아니다)은 NULL 값이 없을 경우에만 인덱싱을 지원한다. 또 다른 데이터베이스, 파일 시스템 또는 운영체제와 같은 정보의 출처에 연결되는 가상의 CONNECT 테이블들은 해당 근원에 접근하기 전까지는 데이터의 출처를 알 수 없기 때문에 인덱싱되지 않는다.

CONNECT 테이블 인덱싱에 대한 자세한 내용은 https://mariadb.com/kb/en/using-connect-indexing/에서 확인할 수 있으며, CONNECT 저장 엔진에 대한 전체 문서는 https://mariadb.com/kb/en/connect/에서 확인할 수 있다.

## CONNECT 저장 엔진 설치

기본적으로 CONNECT 저장 엔진은 설치되어 있지 않다. 그러므로 가장 먼저 CONNECT 저장 엔진을 설치하고 활성화시켜야 한다.

## 예제 구현

1. 페도라, CentOS, 레드햇 시스템일 경우 다음 커맨드라인을 실행시킨다.

```
sudo yum install MariaDB-connect-engine
```

데비안, 우분투, 리눅스 민트 시스템이라면 다음 커맨드라인을 실행시킨다.

```
sudo apt-get install mariadb-connect-engine-10.0
```

2. 모든 시스템 환경에서 mysql 커맨드라인 클라이언트를 실행시키고 SUPER 권한
을 갖고 있는 계정으로 MariaDB 서버에 연결한다.

3. 다음 커맨드라인을 실행시켜 CONNECT 저장 엔진을 활성화시킨다.

```
INSTALL SONAME 'ha_connect';
```

4. 다음 두 커맨드를 실행시켜서 설치가 제대로 됐는지 검증한다. 출력 결과에
CONNECT가 있는지 확인한다.

```
SHOW ENGINES;
SHOW PLUGINS;
```

## 예제 분석

윈도우, 맥 OS의 경우 CONNECT 저장 엔진이 포함되어 있지만 활성화되지 않았
다. 리눅스의 경우 mysql 커맨드라인 클라이언트를 사용해서 활성화시키기 전에
CONNECT 패키지를 설치해야 한다.

## 참고 사항

▶ CONNECT 저장 엔진에 대한 전체 문서는 https://mariadb.com/kb/en/
connect/에서 확인 가능하다.

## CONNECT 테이블 생성과 삭제

CONNECT 테이블은 표면적으로만 다른 테이블과 비슷하다. 이 레시피에서는
CONNECT DIR 테이블을 생성한다.

5장 앞부분의 'CONNECT 저장 엔진 설치' 레시피에서 설명한 방법을 이용해서 CONNECT 엔진을 활성화시킨다.

1. mysql 커맨드라인 클라이언트로 MariaDB에 연결한 후, CREATE 권한을 갖고 있는 계정으로 test 데이터베이스에 연결한다. test 데이터베이스가 없다면, 새로 생성한다.

2. test 데이터베이스의 데이터 디렉토리에 위치한 파일들이 나열된 테이블을 생성하기 위해 다음 CREATE 문을 실행시킨다.

```
CREATE TABLE test_data (
    path varchar(256) NOT NULL flag=1,
    filename varchar(256) NOT NULL flag=2,
    filesize double(12,0) NOT NULL flag=5
) ENGINE=CONNECT DEFAULT CHARSET=latin1
    TABLE_TYPE=DIR FILE_NAME='*.frm'
    OPTION_LIST='subdir=1';
```

테이블에 있는 모든 파일들을 선택한다. 출력 결과는 test 데이터베이스의 테이블과 위치와 크기에 따라 달라질 것이다. 칼럼은 다음 화면과 비슷하더라도 내용은 일치하지 않을 것이다.

출력 결과를 요약하려면 다음 코드와 같이 SUM()과 COUNT() 함수를 이용한다. 이 출력 결과 또한 3단계처럼 칼럼은 일치하지만 내용은 다를 것이다.

```
SELECT path, COUNT(*), SUM(filesize)
   FROM test_data GROUP BY path;
```

3. 출력 결과는 다음 화면과 유사하다.

4. 다음 문장으로 test_data 테이블을 삭제한다.

```
DROP TABLE test_data;
```

## 예제 분석

ENGINE=CONNECT를 이용해서 테이블을 정의하면, CONNECT 저장 엔진은 해당 MariaDB 데이터베이스의 외부 어딘가에 저장된 데이터를 가리킨다. 이 데이터는 다른 데이터베이스의 파일에 위치하거나, 이 레시피의 경우 파일 시스템 자체에 위치할 수 있다. 이 저장 엔진의 진정한 목적은 쉽게 말하자면 다른 소스에 위치한 데이터에 연결할 수 있도록 하는 것이다.

많은 다양한 형태의 데이터에 연결되기 때문에, CONNECT 엔진은 일반적인 CREATE TABLE 문법보다 20여개 이상 많은 테이블 옵션과 5개 많은 칼럼 옵션들을 갖고 있다. 이러한 옵션들은 MariaDB가 연결되어야 하는 데이터를 정확하게 설명할 수 있도록 한다.

그 중에서 TABLE_TYPE 옵션이 가장 중요하다. 이 옵션은 생성하려는 여러 가지 지원 되는 테이블 타입들에 대해 CONNECT에게 알려줄 때 사용된다. 이 테이블 타입에는 CSV, XML, INI, ODBC, MYSQL, DIR 등이 있다. 이 레시피에서는 DIR 타입을 사용하 였는데, 이 타입은 CREATE TABLE 문에서 정의하기 간단한 타입들 중 하나이다.

모든 CONNECT 테이블에 사용될 또 다른 옵션은 FILE_NAME 옵션이다. 이 옵션은 데이터를 읽어 오고 저장하는 파일을 정의한다. 이 레시피에서는 test 데이터베이스 가 저장된 디렉토리에서 frm 확장자로 끝나는 모든 파일을 나열하기 위해 간단하게 *.frm 와일드카드 패턴을 정의한다.

또 다른 중요한 테이블 옵션은 OPTION_LIST이다. CONNECT는 20여 개 이상의 옵 션들을 제공하지만 CONNECT가 연결 가능한 몇몇의 데이터 타입에는 충분치 않 다. OPTION_LIST 옵션은 모든 추가 옵션들을 포함한다. 각 테이블 타입에 대한 문 서는 추가 옵션들과 해당 옵션이 하는 일을 나열한다. 이 레시피의 경우 추가 옵션을 subdir=1로 설정하였다. 이는 디렉토리 목록이 디폴트 디렉토리에서 한 단계 아래 의 디렉토리들을 보여줄 것을 의미한다.

CONNECT가 DIR 테이블 타입의 데이터를 모으기 위해 디렉토리에 접근하면, 경로, 파일명, 그리고 파일 크기와 같이 미리 정해진 정보들을 수집한다. 칼럼 정의는 이러 한 플래그flag들을 칼럼에 연결시킨다. 다음 테이블은 DIR 테이블 타입의 플래그 번호 와 이들이 포함한 정보다.

| 플래그 번호 | 정보 |
| --- | --- |
| 1 | 경로 |
| 2 | 파일명 |
| 3 | 파일 타입 |
| 4 | 파일 속성 |
| 5 | 파일 크기 |
| 6 | 마지막으로 쓰기-접근 날짜 |
| 7 | 마지막으로 읽기-접근 날짜 |
| 8 | 파일 생성 날짜 |

다른 테이블 타입의 플래그는 다른 타입의 데이터를 다루므로 이와 동일한 정보를 가리키지 않는다는 것을 기억하기 바란다. 새로운 CONNECT 테이블을 정의할 때, 항상 CONNECT 문서의 플래그 리스트들을 참고한다.

## 부연 설명

CONNECT 테이블의 CREATE TABLE 문은 제대로 사용하기에는 조금 까다롭다. 서버가 테이블 정의를 받아들이더라도 아무 동작을 하지 않거나 잘못된 방식으로 파일에 연결할 수 있다.

### OPTION_LIST 옵션

OPTION_LIST 옵션은 다음과 같은 방식으로 명시된다.

**OPTION_LIST=**'옵션1=값1,옵션2=값2,...'

등호나 콤마 사이에 띄어쓰기나 공백은 허용되지 않는다. 반드시 띄어쓰기 없는 긴 하나의 문자열이어야 한다.

기억해야 할 또 다른 점은 옵션 값에 콤마가 있으면 안 되지만, 등호는 포함 가능하다. 예를 들면, 다음은 XML 문서의 HTML 테이블에 연결하는 데에 사용 가능하다.

```
OPTION_LIST='name=table,coltype=HTML,attribute=border=3;cellspacing=2;cellpadd
ing=5,headattr=title=mytable;bgcolor=gray'
```

분석하기 조금 까다로울 수 있지만, 옵션 리스트에서 복합된 옵션 값들을 나누기 위해 세미콜론(;)을 사용할 수 있다는 점만 기억하면 된다. 하지만, 콤마(,)는 옵션 분리 자로만 사용할 수 있다.[1]

## CONNECT 테이블 삭제

일반적인 DROP 문은 데이터베이스에서 CONNECT 테이블을 제거하기 위해 사용되지만, 보통의 테이블과 달리 해당 데이터와 인덱스 파일들은 삭제되지 않는다. CONNECT 테이블을 진짜로 삭제하려면, 먼저 테이블을 삭제한 후에 데이터가 위치한 곳(FILE_NAME 옵션에 의해 정의된다)을 찾아 해당 데이터 파일을 삭제해야 한다. 이 레시피에서는 실제 파일이 아닌 파일 시스템의 디렉토리 목록의 출력 결과에 연결하기 때문에 불필요한 작업이다. 하지만, 실제 파일에 연결하는 5장의 다른 레시피를 위해 이 점을 염두에 둘 필요가 있다.

## 파일과 CONNECT

가령 XML 테이블 타입의 실제 파일에 연결할 것을 정의할 때, FILE_NAME 옵션으로 지정한 파일은 실제로 존재하지 않아도 된다. 파일이 있으면 좋지만, 없다 하더라도 테이블에 실제로 데이터를 삽입하기 전까지는 CONNECT는 이를 생성하지 않는다.

CONNECT가 파일을 실제로 생성한다면, FILE_NAME 옵션에 선언된 값을 사용하거나, TABLENAME.TABLETYPE 패턴을 사용한다(예를 들어 myfile이라는 이름의 XML 테이블 타입이라면 myfile.xml이 된다).

### 참고 사항

▶ CONNECT 테이블을 생성하고 삭제하는 방법뿐만 아니라 테이블의 모든 다

---

1 위의 OPTION_LIST의 경우 네 개의 옵션인 name, coltype, attribute, headattr를 정의하고 있으며, 콤마를 사용해 이들을 분리한다. 이 중에서 attribute의 옵션 값은 border=3;cellspacing=2;cellpadding=5, headattr의 옵션 값은 title=mytable;bgcolor=gray로 복합된 옵션 값들을 갖고 있으며 각각의 복합된 옵션 값들을 분리하기 위해 세미콜론을 사용한다. – 옮긴이

양한 옵션에 대한 전체 문서는 https://mariadb.com/kb/en/creating-and-dropping-connect-tables/에서 확인 가능하다.

▶ DIR과 다른 특수 가상 테이블에 대한 문서는 https://mariadb.com/kb/en/connect-table-types-special-virtual-tables/에서 확인 가능하다.

## CONNECT를 사용한 CSV 데이터 읽고 쓰기

CSV<sup>comma separated values</sup>(콤마로 구분된 값)는 흔히 사용되는 데이터-교환 포맷이다. MariaDB는 LOAD DATA INFILE 커맨드를 이용해서 쉽게 CSV 형식의 파일들을 가져올 수 있으며, CSV 형식으로 데이터를 저장하는 CSV 저장 엔진이 존재한다. 하지만 이들은 MariaDB의 밖에서 업데이트된 CSV 파일과 쿼리하기 전에는 가져오기를 하지 않아도 되는 CSV 파일들을 쿼리하지 않는다. CONNECT 저장 엔진의 csv 데이터 타입은 이 동작을 쉽게 할 수 있도록 도와준다.

### 준비

이 레시피를 따라 하려면 CSV 데이터가 필요하다. 그러므로 여기서는 ISFDB 데이터베이스의 데이터를 사용할 것이다. 우선 다음 단계들을 수행한다.

1. 2장, "MariaDB 깊이 파헤치기"의 'mysqldump에서 내보낸 데이터 가져오기' 레시피에서 설명한 대로 ISFDB 데이터베이스를 가져오기 한다.

2. 5장 앞부분의 'CONNECT 저장 엔진 설치' 레시피에서 설명한 방법을 이용해서 CONNECT 엔진을 설치하고 활성화시킨다.

3. mysql 커맨드라인 클라이언트 애플리케이션을 실행시키고 MariaDB 서버의 isfdb 데이터베이스에 연결한다. 그런 다음에 다음 문장으로 /tmp/authors.csv 파일을 생성한다.

```
SELECT author_id, author_canonical, author_legalname,
          author_birthplace, author_birthdate, author_deathdate
    INTO OUTFILE '/tmp/authors.csv'
    FIELDS TERMINATED BY ',' ENCLOSED BY '"'
FROM authors ORDER BY author_id LIMIT 100;
```

1. mysql 커맨드라인 클라이언트 애플리케이션을 실행시키고 MariaDB 서버의 isfdb 데이터베이스에 연결한다.

2. authors_csv라는 명칭의 테이블을 생성하는데, 이 테이블은 CONNECT 저장 엔진의 CSV 데이터 타입을 사용하고 앞서 준비 단계에서 생성한 authors_csv. CSV 파일에 연결되어 있다(FILE_NAME 값을 파일이 실제로 위치한 곳으로 바꾼다).

```
CREATE TABLE authors_csv (
    author_id int(11) NOT NULL,
    author_canonical varchar(1024) NOT NULL,
    author_legalname varchar(1024) NOT NULL,
    author_birthplace varchar(1024) NOT NULL,
    author_birthdate varchar(10),
    author_deathdate varchar(10)
) ENGINE=CONNECT TABLE_TYPE='CSV'
FILE_NAME='/tmp/authors.csv'
SEP_CHAR=',' QCHAR='"' QUOTED=1;
```

3. CSV 파일에서 읽고 있는지 확인하기 위해 다음 SELECT 문을 실행시킨다.

```
SELECT * FROM authors_csv;
```

4. CSV 파일에 행 두 개를 추가하기 위해 다음 INSERT 문을 실행시킨다.

```
INSERT authors_csv VALUES (
    101,"Fake Author",
    "Author, Fake",
    "Charlotte, North Carolina, USA",
    "1970-01-01",""), (
    102,"Really Fake Author",
    "Author, Really Fake",
    "St. Paul, Minnesota, USA",
    "1969-12-31","");
```

5. 텍스트 편집기에서 CSV 파일을 열고 파일 마지막 부분에 다음 행을 추가한 다음 파일을 저장하고 닫는다.

```
103,"Fake","Fake","Fake, USA","1970-04-01",
```

**6.** 3단계의 SELECT 문을 실행시킨 후 출력 결과에서 방금 추가한 author_id 숫자가 100보다 큰 세 개의 행을 확인한다. 출력 결과는 다음 화면과 같다.

## 예제 분석

사실 CONNECT 저장 엔진의 CSV 데이터 타입을 사용하는 테이블 생성은 일반적인 테이블 생성과는 다르다. CONNECT에게 파일을 읽는 방법을 알려주는 것이다. 테이블을 생성하기 위해 사용하는 쿼리의 대부분이 일반적인 CREATE TABLE 문법이지만, 끝 부분은 CONNECT 저장 엔진과 CSV 데이터 타입에만 해당되는 부분이다. 그 중 가장 중요한 부분이 TABLE_TYPE과 FILE_NAME 부분이다.

다른 세 가지 부분들은 특히 CSV 테이블 타입에 해당된다. SEP_CHAR은 분리문자를 정의하고 (이 레시피에서는 콤마(,)이다) QCHAR는 값을 인용하는 데 사용할 문자를 정의한다(이 CSV 파일에서는 큰따옴표(")를 사용한다).

QUOTED 옵션은 특별하다. 이 옵션은 CONNECT가 인용 부호를 어떻게 사용할 지를 설정한다. 네 가지의 설정이 있다. 이는 다음과 같다.

▸ 0으로 설정할 경우, 필드가 분리 문자를 포함하거나 인용 문자로 시작할 경우에만 인용 부호를 사용한다(인용 부호로 시작할 경우 인용 부로를 두 번 사용해야 한다).

▸ 1로 설정할 경우, NULL이 아닌 모든 텍스트 필드들이 인용 부호를 사용한다(숫자 필드에는 인용 부호를 사용하지 않는다).

- ▶ 2로 설정할 경우, NULL이 아닌 모든 필드들이 인용 부호를 사용한다.
- ▶ 3으로 설정할 경우, NULL을 포함한 모든 필드들이 인용 부호를 사용한다.

mysql 커맨드라인 클라이언트를 사용해서 삽입하면 예상대로 작동하며, 파일 아래에 새로운 행들이 추가된다. 또한 CSV 파일을 직접 수정함으로써 MariaDB 밖에서도 데이터를 추가할 수 있다.

## 부연 설명

CONNECT 저장 엔진을 이용해서 CSV 파일로 작업을 할 때 주의할 점이 몇 가지 더 있다.

### CSV 헤더 라인

몇몇의 CSV 파일에는 칼럼의 이름을 포함한 헤더 라인이 있다. 테이블을 정의할 때 HEADER=1 옵션을 사용해서 CONNECT가 이 줄을 무시하도록 설정할 수 있다. 보통 이 옵션은 FILE_NAME 옵션 뒤에 선언한다.

### 플래그를 사용해서 숫자와 칼럼의 순서 변경하기

몇몇의 CSV 파일의 경우 데이터만 읽고자 한다면 이 파일 안의 칼럼의 일부에만 관심이 있거나 원본과 다른 순서로 읽고 싶을 수도 있다. 이 두 가지 상황이라면, 테이블을 생성할 때 칼럼 정의에 FLAG 옵션을 사용한다. 예를 들면, 다음은 예시로 사용한 CSV 파일에서 재정렬된 데이터의 일부분만 포함하는 수정된 코드다.

```
CREATE TABLE authors_csv2 (
    author_id int(11) NOT NULL,
    author_birthdate varchar(10) NOT NULL FLAG=5,
    author_birthplace varchar(1024) NOT NULL FLAG=4,
    author_canonical varchar(1024) NOT NULL FLAG=2
) ENGINE=CONNECT DEFAULT CHARSET=utf8
TABLE_TYPE='CSV'
FILE_NAME='/tmp/authors_csv.CSV'
SEP_CHAR=',' QCHAR='"' QUOTED=1;
```

이 테이블에 쓰기를 한다면 문제가 발생할 것이다. 그러므로 이를 하고 싶다면, 테이블을 읽기 전용으로 다루는 것이 좋으며, 가능하다면 테이블을 정의할 때 READONLY=1로 설정해 CONNECT가 INSERT 쿼리를 수행할 시도조차 하지 않도록 하는 것이 좋다.

## 참고 사항

▶ CSV 데이터 파일에 연결하기에 대한 전체 문서는 https://mariadb.com/kb/en/connect-table-types-data-files/에서 확인 가능하다.

▶ CONNECT 저장 엔진의 데이터 타입에 대한 자세한 정보는 https://mariadb.com/kb/en/connect-data-types/에서 확인 가능하다.

## CONNECT를 사용한 XML 데이터 읽고 쓰기

XML 포맷에 저장되는 데이터가 굉장히 많다. MariaDB는 쉽게 XML 포맷의 데이터를 내보낼 수 있지만, CONNECT 엔진이 생기기 전까지는 외부 XML 문서에 읽거나 쓰는 것이 쉽지 않았다.

## 준비

2장, "MariaDB 깊이 파헤치기"의 'mysqldump에서 내보낸 데이터 가져오기' 레시피에서 설명한 대로 ISFDB 데이터베이스를 가져온다. 그런 후에 5장 앞부분의 'CONNECT 저장 엔진 설치' 레시피에서 설명한 방법을 이용해서 CONNECT 엔진을 설치하고 활성화시킨다. 그러고 나서 2장, "MariaDB 깊이 파헤치기"의 'XML 결과 생성' 레시피에서 설명한 방법을 이용해서 isfdb-001.xml 파일을 내보낸다. 해당 레시피에서는 XML 파일의 경로를 /tmp/isfdb-001.xml라고 가정했지만, 현재는 MariaDB에서 내보내기 했을 때의 위치에 존재할 것이다. 이 레시피에서 이 파일의 경로를 가리키려면 FILE_NAME 옵션을 변경해야 한다.

1. mysql 커맨드라인 클라이언트 애플리케이션을 실행시키고 MariaDB 서버의 isfdb 데이터베이스에 연결한다.

2. 다음 CREATE TABLE 문을 실행시킨다.

```
CREATE TABLE authors_xml (
    author_id int,
    author_canonical varchar(1024),
    author_legalname varchar(1024),
    author_birthplace varchar(1024),
    author_birthdate char(10),
    author_deathdate char(10),
    note_id int,
    author_wikipedia varchar(1024),
    author_views int,
    author_imdb varchar(1024),
    author_marque int,
    author_image varchar(1024),
    author_annualviews int,
    author_lastname varchar(1024),
    author_language int
) ENGINE=CONNECT TABLE_TYPE=XML FILE_NAME='/tmp/isfdb-001.xml'
    TABNAME='resultset'
    OPTION_LIST='rownode=row,colnode=field,coltype=HTML'
;
```

3. 영국에서 태어난 작가의 목록을 출력하기 위해 다음 SELECT 문을 실행시킨다(영국에서 태어난 작가가 없을 수도 있다).

```
SELECT
    author_id, author_canonical
FROM authors_xml
WHERE author_birthplace LIKE '%UK';
```

**4.** XML 파일에 하나의 행을 추가하기 위해 다음 INSERT 문을 실행시킨다.

```
INSERT authors_xml VALUES (
    101,"Terry Pratchett","Pratchett, Terry",
    "Beaconsfield, Buckinghamshire, UK",
    "0000-00-00","0000-00-00",101,
    "",101,"",101,"",101,"Terry",101 );
```

**5.** 행이 추가됐는지 확인하기 위해 3단계의 SELECT 문을 실행시킨다.

## 예제 분석

이 레시피의 경우, MariaDB에 의해 생성된 XML 결과를 사용한다. 이 파일은 다음과 같은 형태를 갖는다.

```
<resultset>
<row>
    <field name="first_column"></field>
    <field name="second_column"></field>
    ...
    <field name="last_column"></field>
</row>
</resultset>
```

XML의 이런 스타일은 사실 태그 이름이 다르다는 점을 제외하면 HTML 테이블과 상당히 유사하다(XML은 table 대신 resultset, tr 대신 row, td 대신 field를 사용한다).

XML 데이터를 읽기 가능하도록 이 테이블의 칼럼을 선언하는 것은 일반적인 MyISAM이나 InnoDB 테이블에서 칼럼을 생성하는 과정과 유사하다. 하지만, ENGINE=CONNECT 부분 이후부터는 CONNECT 저장 엔진에게 어떻게 파일을 읽을지 알려주기 위해 옵션을 추가한다.

관심있는 데이터는 <resultseet> 태그 사이에 있으므로 TABNAME='resultset'이라고 지정한다. 그런 후에 OPTION_LIST 옵션을 사용해서 CONNECT에게 데이터에 대해 알려준다. 이 옵션에서 먼저 coltype=HTML이라고 명시하였는데, 이는 칼럼 태그의 이름이 모두 동일할 것임을 의미하므로, 이름이 아닌 위치로 읽어야 한다. 그런 다음, 행과 칼럼을 명시하는 태그의 이름으로 `rownode=row`와 `colnode=field`를 사용한다.

테이블이 정의되고 나면, 일반적인 테이블처럼 쿼리를 할 수 있다. 또한 데이터를 삽입할 수 있는데 다음 절에서 설명할 몇 가지 주의 사항들을 고려해야 한다.

## 부연 설명

XML 데이터는 작업하기 조금 까다롭다. 가장 주된 이유는 XML 데이터가 유연한 데이터 저장 포맷이기 때문이다. CONNECT 저장 엔진은 최대한 많은 변수들을 수용하고자 하지만, 제대로 읽거나 쓸 수 없는 몇몇의 XML 파일이 항상 존재한다.

### XML 데이터 삽입

이 레시피에서 여러 개의 데이터를 삽입했다. MariaDB 안에서는 데이터가 제대로 삽입된 것처럼 보였다. 하지만 XML 파일을 확인하면, 다른 항목들이 삽입된 방식으로 CONNECT가 삽입하지 않았다는 것을 보게 될 것이다. 이러한 이유로 보통은 단순한 형태의 XML 문서에 삽입하거나 아니면 그냥 읽기 전용의 데이터로 처리하는 것이 가장 좋다.

### 트리와 HTML 같은 데이터 구조

일부의 XML 데이터는 이 레시피의 데이터와 비슷하다. 구조 측면에서 HTML 테이블과 유사하다는 것이다. 다른 XML 데이터는 트리와 좀 더 비슷하다. 예를 들면, 데이터가 다음과 같은 형태일 수도 있다.

```
<resultset>
    <row>
        <first_column></first_column>
        <second_column></second_column>
                ...
        <last_column></last_column>
    </row>
</resultset>
```

데이터가 위와 같이 정의되었다면, 다음과 같이 테이블을 정의했다.

```
CREATE TABLE table_name (
    first_column data_definition,
    second_column data_definition,
    ...,
    last_column data_definition)
ENGINE=CONNECT TABLE_TYPE=XML TABNAME='resultset'
FILE_NAME='/tmp/isfdb-001.xml'
OPTION_LIST'rownode=row';
```

단순화된 이 정의는 <row> 태그와 </row> 태그 사이의 태그에 반드시 칼럼의 이름이 있어야 한다고 명시하지 않았어도 CONNECT는 충분히 이해할 수 있을 정도로 똑똑하기 때문에 사용 가능하다.

## 태그와 태그 속성

일부 XML 파일의 경우, 태그 이름과 태그 내의 속성 둘 다 쿼리를 수행하고 업데이트해야 할 수도 있다. CONNECT 저장 엔진은 이 경우를 위해 FIELD_FORMAT 옵션을 제공한다.

XML 데이터가 다음과 같은 형태를 갖고 있다고 가정하자.

```
<resultset attribute1="value" attribute2="value">
    <row>
        <first_col>
                <sub1></sub1>
                <sub2></sub2>
        </first_col>
        <second_col attribute="value" />
        <last_col>
                <sub1></sub1>
                <sub2></sub2>
        </last_col>
    </row>
</resultset>
```

다음과 같이 테이블을 생성할 수 있다.

```
CREATE TABLE table_name (
    attribute1 data_def FIELD_FORMAT='@attribute1',
    attribute2 data_def FIELD_FORMAT='@attribute2',
    subitem1 data_def FIELD_FORMAT='first_col/sub1',
    subitem2 data_def FIELD_FORMAT='first_col/sub2',
    attribute data_def FIELD_FORMAT='second_col/@attribute',
    last_col data_def FIELD_FORMAT='last_col'
) ENGINE=CONNECT TABLE_TYPE=XML TABNAME='resultset'
    FILE_NAME='/tmp/isfdb-001.xml'
```

FIELD_FORMAT 옵션을 통해 읽고 싶은 태그와 태그에서 @ 기호를 사용할 속성을 명시할 수 있다. 최상위 태그를 명시할 필요가 없으므로, 해당 속성들의 이름을 명시하면 된다.

## 참고 사항

CONNECT 저장 엔진의 XML 데이터 타입에 대한 전체 문서는 https://mariadb.com/kb/en/connect-table-types-data-files/에 있다.

## CONNECT를 사용한 MariaDB 테이블 접근

CONNECT 저장 엔진을 이용하면 로컬 또는 원격 MariaDB 데이터베이스 테이블 연결을 설정하여 마치 현재 사용 중인 MariaDB 데이터베이스의 일부인 것처럼 사용할 수 있다.

## 준비

2장, "MariaDB 깊이 파헤치기"의 'mysqldump에서 내보낸 데이터 가져오기' 레시피에서 설명한 대로 ISFDB 데이터베이스를 가져온다. 그런 후에 5장 앞부분의 'CONNECT 저장 엔진 설치' 레시피에서 설명한 방법을 이용해서 CONNECT 저장 엔진을 설치하고 활성화시킨다.

1. mysql 커맨드라인 클라이언트 애플리케이션을 실행시키고 MariaDB 서버의 isfdb 데이터베이스에 연결한다.

2. 다음 CREATE TABLE 문에서 CONNECTION 옵션의 user:pass 부분을 isfdb 데이터베이스에 대한 권한을 갖고 있는 계정 이름과 패스워드로 변경한 후 실행시킨다.

```
CREATE TABLE websites_2 (
    site_id int(11),
    site_name varchar(255),
    site_url varchar(1024),
    PRIMARY KEY (site_id)
) ENGINE=CONNECT TABLE_TYPE=MYSQL
CONNECTION='mysql://user:pass@localhost/isfdb/websites';
```

3. 연결이 제대로 작동하고 있는지, 두 테이블의 결과가 동일한지 확인하기 위해 다음 두 SELECT 문을 실행시킨다(출력되는 URL의 길이를 제한하기 위해 LENGTH 부분을 사용하고 있는데, 생략해도 상관없다).

```
SELECT * FROM websites WHERE LENGTH(site_url)<40;
SELECT * FROM websites_2 WHERE LENGTH(site_url)<40;
```

4. 다음 INSERT 문을 사용해서 테이블에 데이터를 추가한다.

```
INSERT websites_2 VALUES
    ("","MariaDB.com","https://mariadb.com"),
    ("","MariaDB.org","https://mariadb.org");
```

5. 새로 추가한 항목들이 두 테이블에 나타나는지 검증하기 위해 3단계의 SELECT 문을 실행시킨다.

로컬 isfdb 데이터베이스와 로컬 isfdb 데이터베이스 사이에 연결을 설정하는 것이 어이없어 보일 수도 있지만, CONNECT 저장 엔진의 현재 데이터베이스에서 다른

MariaDB 데이터베이스에 연결 가능하도록 하는 능력을 보여줄 수 있는 좋은 방법이다. 이 기능은 MariaDB와 함께 제공되는 또 다른 엔진인 FEDERATEDX 저장 엔진의 기능과 비슷하다.

이 기능의 유용함은 다른 서버의 원격 데이터베이스에 연결 가능할 때 더 확실해진다. 원격 데이터베이스가 세상 어디에 있든 상관없이 마치 로컬 데이터베이스인 것처럼 연결하고 소통할 수 있다. 물론 로컬과 원격 MariaDB 서버 사이의 네트워크 연결 속도에 의해 제한되겠지만 여전히 유용성과 유연성은 능가하기 힘들다.

이 데이터 타입을 설정한 비결은 바로 CONNECTION 옵션이다. 이 옵션은 다음과 같은 형태를 갖는다.

```
mysql://username:password@host/database_name/table_name
```

이 포맷은 기본적으로 MariaDB URL이다. host 파라미터는 유효한 IP 주소, 도메인명, 또는 localhost 키워드이면 다 가능하다.

패스워드가 필요 없는 계정으로 연결한다면, URL의 username:password 부분에서 :password는 건너뛰어도 된다.

원본 websites 테이블의 정의와 새로운 websites_2 테이블의 정의는 조금 다르다. 이는 CONNECT 저장 엔진이 TINYTEXT 같은 특정 데이터 타입이나 AUTO INCREMENT 같은 몇몇 옵션을 지원하지 않기 때문이다. 실제로 대부분의 경우 잘 동작한다. 지원되지 않는 옵션들은 제외하고 필요한 데이터 타입과 근접한 타입으로 수정하면 된다. 그런 후에 데이터를 삽입하면, 원본 테이블의 설정은 정확한 데이터만 삽입되도록 한다. 예를 들어 이 레시피에서 두 행의 데이터를 삽입할 때, 원본 테이블은 site_id 칼럼에 자동 순차적으로 증가된[AUTO INCREMENT] 정확한 값들을 삽입하였다.

## 부연 설명

아마 이 기능을 아주 신중하게 사용해야 한다는 사실은 말할 필요도 없을 것이다. 데이터베이스 서버를 인터넷에 개방할 때에는 문제가 발생할 가능성이 항상 존재한다. 서로 다른 빌딩(심지어는 다른 나라)에 있는 두 개의 서버를 연결해야 할 경우, 가장 좋은 방법은 VPN 또는 다른 개인 암호화된 네트워크 연결을 통해서 연결하는 것이다.

또한 SHOW CREATE TABLE 쿼리를 실행시킬 수 있는 권한을 가진 사용자라면 누구나 CONNECTION 파라미터, 패스워드, 그리고 다른 세부 사항들을 볼 수 있으므로 서버의 권한을 완전히 제한해야 한다.

## 참고 사항

▶ CONNECT 테이블 타입에 대한 전체 문서는 https://mariadb. com/kb/en/ connect-table-types-mysql-table-type-accessing-mysqlmariadb-tables/에 서 확인 가능하다.

## XCOL 테이블 타입 사용

이상적인 세상에서 MariaDB 데이터베이스의 모든 데이터는 제대로 정의되고 정규화 되었을 것이다. 하지만 우리는 그런 이상적인 세계에서 살고 있지 않기에 때때로 온 갖 관련된 값들을 갖고 있는 칼럼이 있는 테이블들을 가지고 작업해야 하기도 한다. XCOL 테이블 타입은 마치 이 데이터가 하나의 칼럼이 아닌 분리된 칼럼에 저장된 것처럼 작업할 수 있도록 도와준다.

## 예제 구현

1. mysql 커맨드라인 클라이언트 애플리케이션을 실행시키고 MariaDB 서버의 test 데이터베이스에 연결한다. test 데이터베이스가 없다면 생성부터 한다.

2. 예제 테이블을 생성하기 위해 다음 CREATE TABLE 문을 실행시킨다.

```
CREATE TABLE superheroes (
    team varchar(50),
    heroes varchar(1024)
);
```

**3.** 새 테이블에 몇몇 데이터를 추가한다.

```
INSERT superheroes VALUES
    ("The Avengers","Thor, Iron Man, Black Widow, Hawkeye, Hulk, Captain
America"),
    ("The Justice League", "Superman, Batman, Aquaman, Flash, Wonder
Woman"),
    ("The X-Men", "Storm, Cyclops, Wolverine, Rogue, Iceman");
```

**4.** 슈퍼히어로 테이블을 참조하는 XCOL 테이블을 생성한다(다음 커맨드라인의 username을 superheroes 테이블에 패스워드 없이도 읽기 접근을 할 수 있는 권한을 가진 계정으로 변경한다).

```
CREATE TABLE superheroes_xcol ENGINE=CONNECT
    TABLE_TYPE=XCOL TABNAME='superheroes'
    OPTION_LIST='user=username,colname=heroes';
```

**5.** XCOL 테이블을 확인하기 위해 다음 SELECT 문을 실행시킨다.

```
SELECT * FROM superheroes_xcol;
SELECT * FROM superheroes_xcol WHERE heroes LIKE "S%";
SELECT team, count(heroes) FROM superheroes_xcol GROUP BY team;
```

## 예제 분석

XCOL 테이블은 값들이 나열된 테이블에 칼럼이 있을 때 유용하다. XCOL 테이블은 이 데이터를 보기 쉽게 하며, 마치 이 데이터가 분리된 것처럼 쿼리할 수 있게 한다.

## 부연 설명

XCOL 테이블 타입에는 예상치 못한 문제를 발생시키는 몇 가지 사항들이 있다. 하나는 XCOL 테이블은 쿼리가 발생하였을 때 실제로는 서버에 다시 연결된다는 점이다. 패스워드가 필요한 계정으로 연결할 경우, 테이블을 생성할 때 옵션 리스트에 패스워드를 제공하거나 패스워드 없이 테이블을 읽을 수 있는 계정을 옵션 리스트에 제공해야 한다.

주의해야 하는 또 다름 점은 프록시 테이블이 오로지 읽기 전용이라는 것이다. INSERT를 실행하려 했을 때 이해하기 쉬운 메시지 대신 수수께끼 같은 COLBLK SetBuffer: undefined Access Method라는 에러 메시지를 출력하기 때문에 대번에 알 수 없다.

마지막으로, XCOL과 프록시 테이블은 비효율적이며 일반적인 테이블을 접근할 때보다 더 많은 자원들을 소모한다. 큰 테이블에 연결되는 XCOL 테이블을 설정하려 할경우, 심각한 성능 문제에 빠지게 될 것이다. 체계가 없는 많은 데이터들을 처리해야한다면, 더 좋은 방법은 10장, "MariaDB의 동적, 가상 칼럼 탐색"에서 설명할 동적칼럼을 사용하는 것이다.

## 참고 사항

▶ XCOL 데이터 타입에 대한 전체 문서는 https://mariadb.com/kb/en/connect-table-types-xcol-table-type/에서 확인 가능하다.
▶ 프록시 테이블 타입에 대한 전체 문서는 https://mariadb.com/kb/en/connect-table-types-proxy-table-type/에서 확인 가능하다.

## PIVOT 테이블 타입 사용

PIVOT 테이블 타입은 테이블의 칼럼들을 정렬하고 총계를 내는 데에 굉장히 유용하다. GROUP BY와 유사하지만 좀 더 이해하기 쉬운 레이아웃을 갖고 있다. 이런 종류의작업은 데스크탑 스프레드시트 프로그램에서 데이터의 칼럼들을 정렬시키고 총계를낼 때 자주 사용된다.

## 예제 구현

1. mysql 커맨드라인 클라이언트 애플리케이션을 실행시키고 MariaDB 서버의 test 데이터베이스에 연결한다. test 데이터베이스가 없다면 생성부터 한다.

**2.** expenses 테이블을 생성하기 위해 다음 CREATE TABLE 문을 실행시킨다.

```
CREATE TABLE expenses (
    who varchar(64),
    day varchar(10),
    what varchar(64),
    amount varchar(10)
);
```

**3.** 다음 커맨드라인을 실행시켜서 테이블의 몇몇 데이터를 추가한다.

```
INSERT expenses VALUES
    ("Daniel","2013-09-01","Clothing",42.50),
    ("Amy","2013-09-02","Food",5.22),
    ("Daniel","2013-09-01","Clothing",27.75),
    ("Daniel","2013-09-03","Food",10.27),
    ("Amy","2013-09-03","Gas",42.84),
    ("Amy","2013-09-01","Food",15.01),
    ("Amy","2013-09-01","Clothing",11.00),
    ("Daniel","2013-09-01","Gas",34.10),
    ("Amy","2013-09-02","Food",15.00),
    ("Daniel","2013-09-01","Food",12.50),
    ("Daniel","2013-09-02","Gas",32.20),
    ("Daniel","2013-09-03","Clothing",82.80),
    ("Amy","2013-09-03","Food",8.72),
    ("Daniel","2013-09-03","Gas",15.08),
    ("Daniel","2013-09-02","Clothing",17.27),
    ("Amy","2013-09-03","Clothing",32.00) ;
```

**4.** PIVOT 테이블을 생성한다(다음 커맨드라인의 username을 expenses 테이블에 패스워드 없이도 읽기 접근을 할 수 있는 권한을 가진 계정으로 변경한다).

```
CREATE TABLE expenses_pivot
    ENGINE=CONNECT TABLE_TYPE=PIVOT TABNAME=expenses
    OPTION_LIST='user=username';
```

**5.** 피벗된 데이터를 출력하기 위해 다음 SELECT 문을 실행시킨다. 결과는 다음 화면과 같다.

```
SELECT * FROM expenses_pivot;
```

```
daniel@pippin ~
MariaDB [test]> SELECT * FROM expenses_pivot;
+--------+------------+----------+-------+-------+
| who    | day        | Clothing | Food  | Gas   |
+--------+------------+----------+-------+-------+
| Amy    | 2013-09-01 | 11.00    | 15.00 |       |
| Amy    | 2013-09-02 |          | 20.21 |       |
| Amy    | 2013-09-03 | 32.00    | 8.720 | 42.84 |
| Daniel | 2013-09-01 | 70.25    | 12.50 | 34.10 |
| Daniel | 2013-09-02 | 17.26    |       | 32.20 |
| Daniel | 2013-09-03 | 82.79    | 10.26 | 15.08 |
+--------+------------+----------+-------+-------+
6 rows in set (0.00 sec)

MariaDB [test]>
```

## 예제 분석

expenses 테이블이 피벗되었을 때, 디폴트 피벗은 what 칼럼의 내용을 who와 day 칼럼 옆에 둔다. 다음 쿼리로 동일한 데이터를 얻을 수 있지만, 출력 결과는 정리가 잘 안되고 읽기가 어렵다.

```
SELECT who, day, what, SUM(amount)
FROM expenses
GROUP BY who, day, what;
```

테이블이 피벗될 때 CONNECT 저장 엔진이 하는 일은 먼저 facts 칼럼을 찾는다. 이 레시피의 예제 테이블에서, 이 칼럼에 해당되는 것은 prices 칼럼이다. 그런 후에 피벗할 칼럼을 정한다. 이 레시피에서는, 자동으로 what 칼럼을 선택하였다. 그러고 나면 facts(prices) 칼럼의 값들을 day와 what을 기준으로 더하여 합계를 낸다. 그러면 what 칼럼(pivot 칼럼)의 별개의 값들을 얻고 각 값을 위한 칼럼을 생성한다. 이 작업은 모두 메모리에서 일어나며, 모두 정렬된 후에 테이블의 결과를 출력한다.

이 테이블 타입에서 발생 가능한 문제는 CONNECT 엔진은 PIVOT 테이블을 생성할 때만 피벗하기 위해 값들을 읽는다. 만약 값들이 변경되면, 이상한 결과나 오류가 발생할 수 있다(예를 들면, expenses 테이블에서 Gas에 해당하는 모든 행을 삭제하거나 what 칼럼이 Electricity인 곳에 행을 추가할 때 말이다). 이를 해결하기 위한 유일한 방안은 DROP을 수행하고 다시 PIVOT 테이블을 생성하는 것이다.

CONNECT는 피벗을 하려고 하는 칼럼을 추측하려고 하지만, `OPTION_LIST` 옵션에서 `pivotcol=column_name`을 사용해서 칼럼을 명시할 수도 있다. 또한 디폴트 함수를 하루에 사용한 전체 금액 대신 평균 금액을 계산하기 위해 `SUM`에서 `AVG`와 같은 다른 함수로 변경할 수도 있다. 예를 들면, 다음 쿼리는 day 칼럼을 피벗하고 평균을 계산하는 테이블을 생성한다.

```
CREATE TABLE expenses_pivot2
ENGINE=CONNECT TABLE_TYPE=PIVOT TABNAME=expenses
OPTION_LIST='user=daniel,pivotcol=day,function=AVG';
SELECT * FROM expenses_pivot2;
```

또한 피벗 테이블의 칼럼을 삭제할 수도 있다. 예를 들어, who 칼럼에 상관없이 하루에 사용한 전체 금액을 알고 싶을 경우 다음 예제 쿼리를 실행한다.

```
CREATE TABLE expenses_pivot3
    ENGINE=CONNECT TABLE_TYPE=PIVOT TABNAME=expenses
    OPTION_LIST='user=daniel';
ALTER TABLE expenses_pivot3 DROP COLUMN who;
SELECT * FROM expenses_pivot3;
```

▶ PIVOT 데이터 타입에 대한 전체 문서는 https://mariadb.com/kb/en/connect-table-types-pivot-table-type/에서 확인 가능하다.

## OCCUR 테이블 타입 사용

테이블에 유사한 데이터 타입을 포함한 칼럼이 많다면, 이러한 값들을 비교하는 질문에 답하기는 어려울 수 있다. 이런 때에는 OCCUR 데이터 타입이 유용하다.

1. mysql 커맨드라인 클라이언트 애플리케이션을 실행시키고 MariaDB 서버의 test 데이터베이스에 연결한다. test 데이터베이스가 없다면 생성부터 한다.

2. gadgets 테이블을 생성하기 위해 다음 CREATE TABLE 문을 실행시킨다.

```
CREATE TABLE gadgets (
    who varchar(64),
    phone int,
    tablet int,
    mp3player int,
    camera int
);
```

3. 다음 문장을 이용해서 gadgets 테이블에 몇몇 데이터를 추가한다.

```
INSERT gadgets VALUES
    ("Jim",1,2,1,2),
    ("Bob",0,0,3,0),
    ("Tom",1,1,1,0),
    ("Joe",1,1,1,1),
    ("Rob",2,2,0,0),
    ("Tim",0,3,1,1)
;
```

4. OCCUR 테이블을 생성하기 위해 다음 쿼리를 실행시킨다(다음 커맨드라인의 username을 장치$^{gadget}$ 테이블에 패스워드 없이도 읽기 접근을 할 수 있는 권한을 가진 계정으로 변경한다).

```
CREATE TABLE gadgets_occur (
    who varchar(64) NOT NULL,
    gadget varchar(16) NOT NULL,
    number int NOT NULL
) ENGINE=CONNECT TABLE_TYPE=OCCUR TABNAME=gadgets
OPTION_LIST='user=username,occurcol=number,rankcol=gadget'
COLIST='phone,tablet,mp3player,camera';
```

**5.** OCCUR 테이블이 동작하는지 보기 위해 다음 SELECT 문을 실행시킨다.

```
SELECT * FROM gadgets_occur;
SELECT * FROM gadgets_occur
    WHERE gadget="tablet" and number > 1;
```

## 예제 분석

OCCUR 테이블을 생성한다는 것은 기본적으로 본래 테이블의 데이터를 다른 방법으로 보는 것이다. 이 레시피에서는 한 사람당 하나의 행으로 갖고 있는 장치의 수를 나열한 칼럼 대신에 각 장치의 수가 독립적으로 나열되도록 바꾸었다.

OCCUR 테이블을 정의할 때, 먼저 값들을 저장하고자 하는 테이블을 명시한다. 가장 먼저 정의한 칼럼 name은 원본 테이블의 동일한 칼럼과 일치한다. 나머지 다른 두 칼럼들은 데이터를 매핑하려고 하는 칼럼이므로 이름이 일치하지 않는다. 이 레시피에서는 저장하고자 하는 데이터 명칭에 해당하는 gadget과 number를 사용한다.

칼럼이 선언되고 나면, CONNECT 저장 엔진에게 데이터를 어떻게 매핑할지 알려줘야 한다. TABNAME 옵션을 이용해서 OCCUR 칼럼이 연결되어야 하는 테이블을 정의한 후에, 나머지 설정은 OPTION_LIST와 COLIST 변수에서 해준다.

OPTION_LIST 변수에서 먼저 occurcol 변수를 사용해서 찾고자 하는 숫자를 저장하는 데에 사용할 OCCUR 테이블의 칼럼을 지정한다. 이 레시피의 경우 number 칼럼을 사용한다. 그런 후에 rankcol 변수를 이용해서 원본 테이블에서 알고자 하는 칼럼들의 이름을 저장할 칼럼 이름을 정한다. 마지막으로, COLIST 옵션을 사용해서 알고자 하는 칼럼의 이름을 명시한다.

설정이 끝나면, 원본 테이블에 실행하기 어려웠던 쿼리를 쉽게 할 수 있게 된다. 예를 들면, 다음 커맨드라인을 이용해서 주어진 장치 타입을 여러 개 갖고 있는 사람들의 목록을 얻을 수 있다.

```
SELECT * FROM gadgets_occur
    WHERE number > 1;
```

기존 gadgets 테이블에서는 이런 유사한 쿼리 결과를 어렵게 얻을 수 있다. 예를 들면, 다음 네 개의 쿼리들은 위의 단일 쿼리와 동일한 데이터를 출력하지만, 데이터는 따로 출력될 것이다.

```
SELECT who,phone FROM gadgets WHERE phone > 1;
SELECT who,tablet FROM gadgets WHERE tablet > 1;
SELECT who,mp3player FROM gadgets WHERE mp3player > 1;
SELECT who,camera FROM gadgets WHERE camera > 1;
```

더 나아가, 모든 숫자를 결합하기 위해 위의 쿼리들 사이에 UNION ALL을 추가할 수 있다. 그러나 숫자들을 한꺼번에 보여주겠지만, 각 숫자가 나타내는 장치는 알 수 없게 된다.

```
SELECT who,phone AS gadget FROM gadgets WHERE phone > 1 UNION ALL
SELECT who,tablet FROM gadgets WHERE tablet > 1 UNION ALL
SELECT who,mp3player FROM gadgets WHERE mp3player > 1 UNION ALL
SELECT who,camera FROM gadgets WHERE camera > 1;
```

이를 해결할 수 있는 더 좋은 방법은 OCCUR 테이블을 사용하는 것이다.

## 부연 설명

이 예제에서 일부 사람들은 특정 장치들을 갖고 있지 않을 경우 원본 테이블의 값이 0으로 설정되어 있다. 이들을 OCCUR 테이블에서 칼럼 정의에 NOT NULL을 명시함으로써 생략시켰다.

## 참고 사항

▶ OCCUR 데이터 타입에 대한 전체 문서는 https://mariadb.com/kb/en/connect-table-types-occur-table-type/에서 확인 가능하다.

# WMI 테이블 타입 사용

윈도우는 운영체제의 다양한 컴포넌트들이 유용한 시스템 정보를 제공할 수 있도록 하는 인터페이스를 포함하고 있다. 이 인터페이스를 윈도우 관리 도구[WMI, Windows Management Instrumentation]라고 부른다. WMI 테이블 타입은 이 인터페이스에 쉽게 연결하고 인터페이스의 정보를 쉽게 출력할 수 있게 한다.

## 준비

WMI는 윈도우 운영체제에 한정되어 있으므로, 이 레시피에서는 윈도우를 사용한다.

## 예제 구현

1. mysql 커맨드라인 클라이언트 애플리케이션을 실행시키고 MariaDB 서버의 test 데이터베이스에 연결한다. test 데이터베이스가 없다면 생성부터 한다.

2. WMI 테이블을 생성하기 위해 다음 CREATE TABLE 문을 실행시킨다.

```
CREATE TABLE alias (
    friendlyname char(32) NOT NULL,
    target char(64) NOT NULL
) ENGINE=CONNECT TABLE_TYPE='WMI'
OPTION_LIST='Namespace=root\\cli,Class=Msft_CliAlias';
```

3. 테이블을 쿼리하기 위해 다음 SELECT 문을 실행시킨다.

```
SELECT * FROM alias;
```

## 예제 분석

WMI 테이블 타입은 행을 연관된 정보의 인스턴스에 매핑시킨다. 매핑시키려면 칼럼 이름들은 알고자 하는 속성들과 반드시 일치해야 한다. 대소문자는 구별하지 않는다.

이름을 정하는 것과 별개로 WMI 테이블을 설정할 때, CONNECT 저장 엔진에게 찾아보고자 하는 데이터의 Namespace와 Class를 알려줘야 한다. OPTION_LIST에서 이들을 변수로 정의한다. 사실 이 레시피는 일반적인 클래스의 리스트를 얻을 수 있는 좋은 방법이다.

## 부연 설명

WMI 데이터 타입을 사용할 때 테이블을 항상 정의할 필요는 없다. 일부 네임스페이스들은 테이블을 생성할 때 CONNECT가 살펴볼 수 있는 클래스 사양에 디폴트 값을 갖고 있기 때문이다. 예를 들면, 간단하게 csprod라고 명시하는 것만으로도 CSPROD 클래스를 쿼리하는 테이블을 생성할 수 있다.

```
CREATE TABLE csprod
    ENGINE=CONNECT TABLE_TYPE='WMI';
```

### 성능

일부 WMI Provider들은 대응이 느리다. WMI가 동작되는 방식이 그렇기 때문에 이에 대해 할 수 있는 일이 많지 않다. 이런 사항을 알아두는 것이 좋다.

관련된 문제는 일부 WMI Provider들이 많은 정보를 출력한다는 것이다. 너무 많다 보니 어떤 경우에는 시스템을 멈춰버리거나 쿼리가 완료되기까지 많은 시간이 걸리게 할 수도 있다. 이를 방지하기 위해 CONNECT는 디폴트 값이 100인 Estimate 옵션을 갖고 있다. 이 옵션은 출력 결과를 100개의 행으로 제한한다. 이를 증가시켜야 하는 경우에는 WMI 테이블을 생성할 때 증가시키면 된다. 대부분의 Provider들의 경우, 100으로 유지하는 것이 좋다.

### 그 밖의 정보

WMI 테이블에 대해 알아두면 유용할 다른 두 가지 사항은 WMI 테이블은 인덱싱되지 않으며 읽기 전용이라는 점이다.

▶ WMI 데이터 타입에 대한 전체 문서는 https://mariadb.com/kb/en/connect-table-types-special-virtual-tables/에서 확인 가능하다.

## MAC 주소 테이블 타입 사용

MAC 테이블 타입은 로컬 컴퓨터의 네트워크 연결과 네트워크 설정에 대한 다양한 정보를 살펴보고 쿼리할 수 있도록 한다.

## 준비

MAC 테이블 타입은 윈도우에서만 동작한다. 그러므로 이 레시피는 윈도우 운영체제를 요구한다.

## 예제 구현

1. mysql 커맨드라인 클라이언트 애플리케이션을 실행시키고 MariaDB 서버의 test 데이터베이스에 연결한다. test 데이터베이스가 없다면 생성부터 한다.

2. MAC 테이블을 생성하기 위해 다음 CREATE TABLE 문을 실행시킨다.

```
CREATE TABLE host (
    hostname varchar(132) flag=1,
    domain varchar(132) flag=2,
    ipaddr char(16) flag=15,
    gateway char(16) flag=17,
    dhcp char(16) flag=18,
    leaseexp datetime flag=23
) ENGINE=CONNECT TABLE_TYPE=MAC;
```

3. 현재 네트워크 설정에 대한 정보를 쿼리하기 위해 다음 SELECT 문을 실행시킨다.

```
SELECT * FROM host;
```

네트워크 카드와 현재 설정에 대한 정보는 사실 상당히 쉽게 얻을 수 있기 때문에 MAC 테이블 타입은 다른 CONNECT 저장 엔진 테이블 타입들보다 더 편리한 기능이다. 애플리케이션의 모든 데이터들이 데이터베이스 안에 있기 때문에 애플리케이션에게 네트워크 연결에 대해 알려주기에도 굉장히 유용한 방법이다.

쿼리할 수 있는 많은 네트워크 파라미터들이 있으며, 테이블 정의에서 연결하는 네트워크 파라미터들은 MAC 테이블을 정의할 때 flag= 옵션을 사용해서 설정한다.

다음 테이블은 모든 값과 플래그, 데이터 정의들을 보여준다.

| 플래그 | 값 | 데이터 타입 |
| --- | --- | --- |
| 1 | 호스트명 | varchar(132) |
| 2 | 도메인 | varchar(132) |
| 3 | DNS 주소 | varchar(24) |
| 4 | 노트 타입 | int(1) |
| 5 | 유효범위 ID | varchar(256) |
| 6 | 라우팅 | int(1) |
| 7 | 프록시 | int(1) |
| 8 | DNS | int(1) |
| 10 | 이름 | varchar(260) |
| 11 | 설명 | varchar(132) |
| 12 | MAC 주소 | char(24) |
| 13 | 타입 | int(3) |
| 14 | DHCP | int(1) |
| 15 | IP 주소 | char(16) |
| 16 | 서브넷 마스크 | char(16) |
| 17 | 게이트웨이 | char(16) |

(이어서)

| 플래그 | 값 | 데이터 타입 |
|---|---|---|
| 18 | DHCP 서버 | char(16) |
| 19 | WINS 소유 여부 | int(1) |
| 20 | Primary WINS | char(16) |
| 21 | Secondary WINS | char(16) |
| 22 | Lease obtained | datetime |
| 23 | Lease expires | datetime |

## 부연 설명

10보다 작은 플래그 값들은 컴퓨터에만 해당된다. 다른 플래그 값들은 컴퓨터의 네트워크 카드에 해당된다(네트워크 카드는 떼어내는 것이 가능할 수도 있고 가능하지 않을 수도 있다).

## 참고 사항

▶ MAC 테이블 타입에 대한 전체 문서는 https://mariadb.com/kb/en/connect-table-types-special-virtual-tables/에서 확인 가능하다.

# 6

# MariaDB 복제

6장에서 다루는 레시피는 다음과 같다.

- ▶ 복제 설정
- ▶ 전역 트랜잭션 ID 사용
- ▶ 멀티소스 복제 사용
- ▶ 행 이벤트 주석으로 binlog 향상시키기
- ▶ binglog 이벤트 검사 합 설정
- ▶ 선택적으로 binlog 이벤트의 복제 생략

## 소개

복제는 MariaDB가 수천 개의 서버, 수백만 명의 사용자, 수 페타바이트의 데이터로 확장될 수 있도록 한다. 하지만 너무 앞서 가진 않도록 한다. 작은 규모의 복제는 애플리케이션이 지원할 수 있는 사용자의 수를 작은 노력으로도 늘릴 수 있는 좋은 방법이다. 사용자가 많아질수록 복제 서버의 수를 증가시킬 수 있다.

복제 방법을 설정하는 여러 가지 방법이 있다. 6장에서는 두 가지 기본적인 내용만 다룬다. 단일 마스터 대 복수의 슬레이브와 복수의 마스터 대 단일 슬레이브, 이 두 가지를 살펴본다.

오래 전부터 복제 소스 서버를 마스터라 부르고 복제 대상 서버를 슬레이브라 불러 왔다. 헷갈리지 않기 위해 지금부터 이 명칭들을 사용한다.

## 복제 설정

복제 설정은 모든 다양한 조각이 제자리에 있는 한 어렵지 않다. 이 레시피는 복제 망의 가장 기본적인 형태에 대해 다룬다. 복수의 슬레이브에 복제하는 하나의 마스터 서버는 다음 도표에서 볼 수 있다.

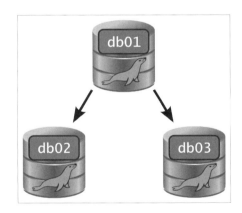

## 준비

이 레시피는 세 개의 서버가 있다고 가정한다. 이 서버들은 db01, db02, db03라는 이름을 갖고 있으며, IP 주소가 192.168.4.101부터 192.168.4.103인 192.168.4.0 네트워크에 있다. db01 서버가 복제 마스터가 되고, 나머지 둘은 복제 슬레이브가 된다.

이 레시피의 목적을 위해, 서버들은 디폴트 데이터베이스가 있는 새롭게 설치된 MariaDB를 포함하고 있다고 가정한다.

1. 세 호스트에서, mysql 커맨드라인 클라이언트를 실행시키고 루트 계정(또는 GRANT 권한을 갖고 있는 다른 계정)으로 로컬 MariaDB 서버에 연결한다. 그런 다음에 다음 커맨드를 실행시킨다.

```
GRANT REPLICATION SLAVE, REPLICATION CLIENT ON *.*
TO replicant@'192.168.4.%'
IDENTIFIED BY 'sup3rs3kr37p455w0rd';
```

2. 클라이언트를 종료시키고 MariaDB를 종료한다.

3. 각 시스템의 my.cnf 파일이나 my.ini 파일을 편집한다. [mysqld] 절에 다음 내용을 추가한다([mysqld] 절이 이미 있을 것이므로, 먼저 찾아본다. 그리고 필요하다면 경로를 변경해도 괜찮다).

```
log_bin = /var/log/mysql/mariadb-bin
```

4. 설정 파일을 편집하는 동안 bind-address를 서버의 IP 주소로 변경한다.

5. 각 서버의 설정 파일을 편집하는 동안, db01 서버의 경우 [mysqld] 절의 고유한 server_id와 relay_log 파일명을 다음과 같이 설정한다.

```
server_id = 101
relay_log = db01-relay-binlog
```

6. 두 복제 슬레이브 서버에서, 시스템 my.cnf 파일이나 my.ini 파일을 편집한다. [mysqld] 절에 다음 내용을 추가한다.

```
read_only
```

7. 복제 마스터 서버에서 mysql 커맨드 클라이언트를 실행시키고, 다음 단계에서 사용할 적합한 파일명을 찾기 위해 다음 커맨드를 실행시킨다.

```
SHOW MASTER STATUS;
```

8. 이 레시피의 경우 다음과 같은 출력 결과를 얻는다.

9. 각각의 복제 슬레이브 서버에서 mysql 커맨드 클라이언트를 실행시키고 다음 커맨드를 실행한다.

```
CHANGE MASTER TO MASTER_HOST='192.168.4.101',
MASTER_USER = 'replicant',
MASTER_PASSWORD = 'sup3rs3kr37p455w0rd',
MASTER_LOG_FILE = 'mariadb-bin.000150',
MASTER_LOG_POS = 0;
START SLAVE;
```

10. 다음 커맨드를 실행시키고 Slave_IO_Running과 Slave_SQL_Running 둘 다 Yes인지, 에러가 없는지 확인한다.

```
SHOW SLAVE STATUS;
```

11. 복제 마스터 서버에서 mysql 커맨드라인 클라이언트를 실행시킨 다음, 데이터베이스를 생성하고 몇몇의 데이터를 삽입하기 위해 다음 커맨드를 실행시킨다.

```
CREATE DATABASE IF NOT EXISTS temp;
USE temp;

CREATE TABLE doctors (
    id int NOT NULL AUTO_INCREMENT PRIMARY KEY,
    given_names varchar(255),
    surname varchar(255),
    birthdate date);

INSERT INTO doctors VALUES (
    (1,'William','Hartnell','1908-01-08'),
    (2,'Patrick','Troughton','1920-03-25'),
```

```
    (3,'Jon','Pertwee','1919-07-07'),
    (4,'Tom','Baker','1934-01-20'));
```

12. 복제 슬레이브 서버에서, mysql 커맨드라인 클라이언트를 실행시킨 다음, 복제
마스터 서버에서 입력한 데이터가 슬레이브 서버로 복제됐는지 확인하기 위해
다음 커맨드를 실행시킨다.

```
USE temp;

SELECT * FROM doctors;
```

## 예제 분석

MariaDB 바이너리 로그는 하나의 컴퓨터에서 다른 컴퓨터로의 복제하는 것의 핵심
이다. 기본적으로 이벤트들은 복제 마스터 서버의 로그에 작성된 다음 데이터베이스
에 작성된다. 복제 슬레이브들은 복세 마스터의 로그를 읽고 이를 자기 자신들의 데
이터베이스 복사본에 쓴다.

간단하게 하기 위해, 이 레시피에서 생성한 replicant 계정은 마스터와 슬레이브 양
쪽 서버에서 필요한 권한들을 갖고 있다. 엄밀히 말하자면, REPLICATION SLAVE
권한은 복제 마스터 서버에서 생성한 계정에만 필요하고, REPLICATION CLIENT
권한은 SHOW MASTER STATUS;와 SHOW SLAVE STATUS; 커맨드를 사용할 때만
필요하다. 이 두 개의 권한을 가진 복제 계정을 설정함으로써 어느 서버에서든 상
관없이 모든 복제 작업을 하는 데에 사용할 수 있다. 그리고 슬레이브 서버 중 하나
를 마스터 서버로 승격시키기로 결정한다면, 계정은 이미 설정이 완료됐기 때문에
바로 사용하면 된다.

여러 개의 변수가 있는 CHANGE MASTER TO 커맨드는 실제로 복제를 설정하는 커맨
드다. 이 변수들을 my.cnf이나 my.ini 설정 파일에서 설정할 수 있지만, 설정을 쉽게
변경할 수 없게 하드코드hardcode되기 때문에 권장하지 않는다. 이는 마스터 서버를 즉
각적으로 변경하는 것과 같은 다른 동작들을 하는 데에 방해될 수 있다.

read_only 변수는 악성 애플리케이션이나 계정이 복제 슬레이브에 INSERT를 시도
하는 것을 막을 수 있으므로 중요하다. 악성 애플리케이션이나 계정이 복제 슬레이브

에 INSERT를 할 경우 이 레시피에서 사용하고 있는 것과 같은 마스터-슬레이브 망에서는 데이터에 오류가 발생하기 딱 좋다.

11단계의 경우, temp 데이터베이스와 doctors 테이블을 생성하고 데이터를 INSERT하기 위해 모든 커맨드를 일일이 입력하지 않으려면, 이 책의 웹사이트에서 4399OS_06_01.sql 파일을 내려받고 다음과 같이 가져오기를 하면 된다.

```
mysql -u username -p < 4399OS_06_01.sql
```

username을 데이터베이스를 생성하고 데이터를 삽입할 수 있는 권한을 가진 계정으로 변경한다. 또한 이것은 파일이고 직접 입력하지 않아도 되기 때문에, 파일은 레시피보다 더 많은 행의 데이터를 삽입한다.

## 부연 설명

복제에 대해서 알아야 하는 중요한 점들이 굉장히 많다.

### 복제가 실패하는 흔한 이유

skip_networking 변수가 my.cnf나 my.ini 파일에 설정되어 있다면, MariaDB는 연결을 localhost로만 제한할 것이다. 복제의 주 목적은 다중 서버가 서로 통신하는 것인데, 이럴 경우 복제는 실패할 것이다. bind_address 변수를 127.0.0.1로 설정하기 위해 skip_networking 변수는 더 이상 사용되지 않는데, bind_address 변수 또한 동일한 역할을 한다.

SHOW SLAVE STATUS;를 실행하였을 때 Can't connect나 Connection refused 에러가 발생한다면, 이 두 변수들이 무엇으로 설정됐는지 확인부터 하는 것이 좋다. bind_address 변수는 반드시 다른 클라이언트와 떨어진 서버에 접근하기 위해 사용하는 IP 주소로 설정되어야 한다. 서버가 예를 들면 공개public IP 주소와 가상private IP 주소와 같이 하나 이상의 IP 주소를 할당 받았다면, 가상 IP 주소로 설정하는 것이 가장 좋다. 가상 IPv4 주소들은 인식하기 쉽다. 거의 항상 192.168.x.x 또는 10.x.x.x 와 같은 형태를 갖고 있다. 가상 IPv6 주소도 있지만 거의 사용하지 않는다. 이 주소는 fd로 시작한다.

흔히 실패하는 또 다른 이유는 `server_id` 변수를 설정하지 않았기 때문이다. 복제 그룹의 모든 서버들은 반드시 고유의 서버 ID를 갖고 있어야 한다. `server_id` 변수가 설정되지 않았다면 디폴트 값은 1이다. 그러므로 설정할 때, 다른 숫자를 선택한다. 유효한 숫자는 1부터 4,294,967,295 사이이다.

## 바이너리 로그와 릴레이 로그의 비교

이 레시피에서는 복제 슬레이브들은 그들 자신의 로그를 저장하도록 설정되지 않았다. 그들은 그저 복제 마스터 서버의 바이너리 로그를 읽고 이를 적용한다. 다음 내용을 my.cnf나 my.ini 파일의 `[mysqld]` 절에 추가함으로써 슬레이브도 그들 자신만의 로그를 저장하도록 설정할 수 있다.

```
log_slave_updates
```

이렇게 할 경우 슬레이브 서버에 오버헤드가 발생하지만, 이 변수를 설정함으로써 자기 자신의 다운스트림 슬레이브에 대해 복제 마스터처럼 동작할 수 있다. 이런 방식으로, 다중레벨의 복제망이 생성된다.

복제 슬레이브의 로그는 바이너리 로그 대신 릴레이 로그라고 불린다. 두 로그 모두 동일한 형태를 갖고 있다. 복제 슬레이브 서버의 경우 로컬 서버 자체 동작의 로그가 아니라 복제 마스터로부터 발생한 로그임을 명시하기 위해 릴레이 로그라고 부르는 것뿐이다.

## 더 안전한 복제

MariaDB의 안전성을 증가시키고 장애를 방지하는 좋은 한가지 방법은 my.cnf나 my.ini 파일의 `[mysqld]` 절에 다음 두 옵션을 설정하는 것이다.

```
innodb_flush_logs_at_trx_commit = 1
sync_binlog = 1
```

두 옵션 모두 이 파일에 작성할 때마다 명시적인 디스크 쓰기<sup>write-to-disk</sup>(fsync) 동작을 강제적으로 수행한다. 이는 최대한 빨리 데이터를 디스크에 쓰도록 만든다. 이는 시스템 장애나 정전 시에 데이터베이스와 복제에 안전성을 증가시키지만, 추가적인 `fsync` 동작은 상당히 비용이 많이 드는 작업이고 자원을 많이 쓰므로, 성능에 큰 영향을 끼칠 가능성이 있다. 이를 방지하기 위해, MariaDB 개발자들은 가능할 때마다 fsync 작업들을 모아서 수행하는 그룹 커밋 작업을 만들었다. 워크로드가 병렬화되기 때문에 최적화가 가장 잘 되어있고 자동으로 활성화된다. 위의 변수들을 활성화시키는 것은 여전히 성능을 약간 저하시키지만, fsync를 그룹으로 묶어 수행하는 기능과 결합하면 활성화시킬 가치가 없을 정도로 나쁘지는 않다.

## 참고 사항

▶ 자세한 정보는 MariaDB 지식 베이스의 복제 부분인 https://mariadb.com/kb/en/replication/에서 확인 가능하다.

▶ 그룹 커밋 최적화에 대한 전체 문서는 https://mariadb.com/kb/en/group-commit-for-the-binary-log/에서 확인 가능하다.

## 전역 트랜잭션 ID 사용

전역 트랜잭션 ID$^{GTID, Global Transaction ID}$는 MariaDB 10.0 이상 버전의 새 기능이다. 복제를 할 때 더 좋은 신뢰성과 유연성을 달성할 수 있도록 도와준다.

## 준비

이 레시피는 이전 레시피를 기반으로 하기 때문에 이 레시피를 시작하려면, 간단하게 '복제 설정' 레시피에서 설명한 대로 기본 복제를 설정하면 된다.

## 예제 구현

1. 두 복제 슬레이브 서버에서, mysql 커맨드라인 클라이언트를 실행시키고 다음 커맨드를 실행한다.

```
STOP SLAVE;
CHANGE MASTER TO MASTER_USE_GTID = SLAVE_POS;
START SLAVE;
```

**2.** 다음 커맨드로 복제 슬레이브 서버의 상태를 확인한다.

```
SHOW ALL SLAVES STATUS\G
```

**3.** 출력 결과의 밑 부분의 다음 라인을 살펴본다(출력 결과에서 Gtid_Slave_Pos 값은 아마 다를 것이며, 아마 다른 라인들 때문에 따로 떨어져 있을 것이다).

```
Using_Gtid: Slave_Pos
Gtid_Slave_Pos: 0-101-2320
```

**4.** 복제 마스터 서버의 temp.doctors 테이블에 더 많은 데이터를 삽입한 다음, 복제 슬레이브 서버에서 복지가 여전히 발생하고 있는지 확인하기 위해 다음 SELECT 문을 실행한다.

```
SELECT * FROM temp.doctors;
```

## 예제 분석

GTID 기능은 자동으로 활성화되지만, 복제 슬레이브가 마스터 서버에 접속할 때, 어디서부터 복제를 시작할지 정하기 위해 일반적인 파일명과 오프셋 또는 GTID 중 하나를 선택해 사용할 수 있다. GTID를 사용하기 위해, MASTER_LOG_FILE과 MASTER_LOG_POS 변수 대신 MASTER_USE_GTID 변수를 사용한다.

이미 셋업된, 일반적인 파일명과 위치 복제를 사용하는 서버를 시작하였기 때문에, 일시적으로 복제를 멈추고, MASTER_USER_GTID 변수를 설정한 다음 복제를 재실행하기만 하면 된다.

## 부연 설명

MASTER_USER_GTID 변수에 사용 가능한 세 개의 값이 있다. 이 변수가 복제를 슬레이브 서버가 복제된 마지막 GTID 위치에서부터 복제를 시작하므로 이 레시피에서 사용하는 하나는 SLAVE_POS이다. 이 값은 사용하기 안전한 디폴트 값이다.

다른 두 개의 값은 CURRENT_POS와 실제로 사용하고자 하는 GTID 숫자이다. CURRENT_POS를 사용하는 것은 서버를 마스터에서 슬레이브로 변경하지 않는 한 보통은 괜찮다. CURRENT_POS의 값은 로컬 바이너리 로그에 서버가 갖고 있는 binlog 항목이다. 가장 최근 항목이 현재 마스터 서버에 존재하지 않는다면, 슬레이브로의 복제는 실패한다. 슬레이브 서버가 바이너리 로깅을 활성화시키지 않았다면, CURRENT_POS의 값은 SLAVE_POS와 동일하다.

특정 GTID를 사용하는 세 번째 옵션은 어디서 시작할 지 정확히 알고 있을 경우에는 유용하지만, 이렇게 하는 것이 옳다는 것을 확신할 때만 사용할 수 있는 전문적인 선택이다. 다른 두 가지를 사용하는 것이 훨씬 안전하다.

## 참고 사항

▶ 전역 트랜잭션 ID에 대한 자세한 내용은 https://mariadb.com/kb/en/global-transaction-id/에서 확인 가능하다.

▶ CHANGE MASTER TO 커맨드에 대한 전체 문서는 https://mariadb.com/kb/en/change-master-to/에서 확인 가능하다.

## 멀티소스 복제 사용

익숙한 복제 망은 하나의 마스터와 여러 개의 슬레이브 서버가 있는 망이다. 또 다른 대안이 되는 망은 하나의 슬레이브 서버가 여러 개의 마스터 서버에 연결되어 있는 것이다. 이를 멀티소스 복제라고 부른다.

## 준비

이 레시피의 경우 db01, db02, db03이라는 세 개의 서버가 있다고 가정하고 작업할 것이다. 이들은 각각 새롭게 설치된 MariaDB를 실행하고 있다. 다음 도표에서 나타났듯이 처음 두 서버가 복제 마스터가 되고, 마지막 서버가 복제 슬레이브가 된다.

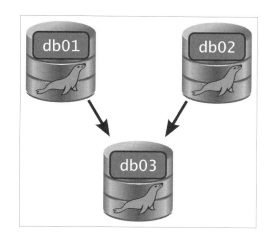

더 나아가 세 개의 서버가 IP 주소 마지막 부분이 각각 101, 102, 103인 동일한 서브넷 주소 192.168.4.0을 갖는다고 가정한다.

1. 세 호스트에서, mysql 커맨드라인 클라이언트를 실행시키고, 복제 계정을 추가하기 위해 다음 커맨드를 실행시킨다.

```
GRANT REPLICATION SLAVE, REPLICATION CLIENT ON *.*
TO replicant@'192.168.4.%' IDENTIFIED BY 'sup3rs3kr37p455w0rd';
```

2. mysql 커맨드라인 클라이언트를 종료시키고 MariaDB를 중지시킨다.

3. 각 시스템의 my.cnf 파일이나 my.ini 파일을 편집한다. `log_bin` 변수가 설정됐는지 확인한다(이는 기본적으로 설정되어 있다).

4. db01에서 [mysqld] 절에 다음 설정을 추가한다.

```
bind_address = 192.168.4.101
relay_log = db01-relay-binlog
server_id = 101
```

**5.** db02에서 [mysqld] 절에 다음 설정을 추가한다.

```
 bind_address = 192.168.4.102
relay_log = db02-relay-binlog
server_id = 102
```

**6.** db03에서 [mysqld] 절에 다음 설정을 추가한다.

```
read_only
replicate_ignore_db=mysql,information_schema,performance_schema
bind_address = 192.168.4.103
relay_log = db03-relay-binlog
server_id = 103
```

**7.** 세 호스트의 MariaDB를 실행시킨다.

**8.** db03에서 mysql 커맨드라인 클라이언트를 실행시키고 다음 커맨드를 실행한다.

```
CHANGE MASTER 'db01' TO MASTER_HOST='db01',
MASTER_USER = 'replicant',
MASTER_PASSWORD = 'sup3rs3kr37p455w0rd',
MASTER_USE_GTID = CURRENT_POS;


CHANGE MASTER 'db02' TO MASTER_HOST='db02',
MASTER_USER = 'replicant',
MASTER_PASSWORD = 'sup3rs3kr37p455w0rd',
MASTER_USE_GTID = CURRENT_POS;


START ALL SLAVES;
```

**9.** db03에 있는 동안 mysql 커맨드라인 클라이언트에서 복제 상태를 확인하기 위해 다음 커맨드를 실행한다.

```
SHOW ALL SLAVES STATUS;
```

**10.** db01과 db02에서, 각 서버에 고유한 이름의 테이블을 가진 데이터베이스를 생성하고 데이터를 입력한다.

**11.** db03에서 데이터가 복제됐는지 확인하기 위해 쿼리를 실행한다.

멀티소스 복제는 많은 마스터 서버들이 하나의 슬레이브에 복제하는 복제망이다. 이를 설정하는 것은 일반적인 복제를 설정하는 것과 유사하지만 몇몇 주요 차이점이 있다.

슬레이브 서버에서 발생 가능한 충돌을 막기 위해 해야 하는 일 하나는 무시하고자 하는 테이블들을 나열하는 것이다. 이는 replicate_ignore_db 옵션으로 할 수 있다. 이 레시피에서는, 이 옵션을 my.cnf나 my.ini 파일에 설정하지만, mysql 커맨드라인 클라이언트를 이용해서 GLOBAL이나 SESSION 변수로 설정할 수도 있다. 슬레이브 서버가 복제하지 않길 바라는 데이터베이스를 콤마로 분리된 리스트로 표시해서 이 옵션을 설정 할 수 있다. 좋은 디폴트는 이 옵션을 시스템 데이터베이스인 mysql과 performance_schema, information_schema로 설정하는 것이지만, 복제하고 싶지 않은 다른 데이터베이스들이 있을 수도 있다. 그런 경우에는, 이 리스트에 그들도 추가하면 된다.

여러 개의 마스터 서버를 다루고 있기 때문에, CHANGE MASTER 커맨드를 실행할 때 마스터 서버들을 명명해야 한다. 마스터 서버를 구분하기 위해 SHOW ALL SLAVES STATUS; 커맨드를 실행할 때도 선택한 이름은 사용된다.

각각의 마스터 서버의 복제 상태를 보고 싶다면 다음과 같이 SHOW SLAVE STATUS; 커맨드에 이름을 명시해야 한다.

**SHOW SLAVE 'db02' STATUS;**

복제를 시작할 때는 항상 경고 메시지가 나타난다. 하지만 경고 메시지들은 정보를 제공할 뿐이다. 경고 메시지의 숫자는 설정된 복제 마스터의 수와 바로 일치한다. 예를 들면, 다음 화면을 참고한다.

## 그 밖의 ignore 옵션

데이터베이스 전체만 무시할 수 있도록 제한되어 있지 않다. `replicate_ignore_table` 변수를 사용해서 특정 테이블들 또한 무시할 수 있다.

무시하려는 테이블이나 데이터베이스를 명시하는 대신, 복제하고 싶은 테이블과 데이터베이스만 지정할 수 있는 옵션도 있다. `replicate_do_table`과 `replicate_do_db` 옵션을 사용하면 된다.

## 추가 파일

멀티소스 복제를 셋업한 후, 몇몇의 새로운 파일들이 슬레이버 서버 데이터 디렉토리에 생성될 것이다. multi-master.info 파일과 relay, 설정한 각 마스터 서버에 대한 .info 파일들이 여기에 포함된다. MariaDB는 복제를 기록하기 위해 이 파일들을 사용하므로, 삭제하지 말고 가만히 둔다.

## 참고 사항

▶ 멀티소스 복제에 대한 전체 문서는 https://mariadb.com/kb/en/multi-source-replication/에서 확인 가능하다.

## 행 이벤트 주석으로 binlog 향상시키기

복제 기능을 사용할 때, `binlog_format`을 row로 설정하는 것이 일반적이다. 이것의 유일한 이슈는 binlog를 살펴볼 때, 쿼리들이 없기 때문에 읽기 어렵다는 것이다. 변경 사항들을 볼 수 있지만, 이를 발생시킨 SQL 문은 볼 수 없다.

### 준비

이 레시피의 경우, 6장 앞부분의 '복제 설정' 레시피나 '멀티소스 복제 사용' 레시피에서 언급한 대로 복제를 설정하였다고 가정한다. 사용할 마스터 서버와 슬레이브 서버를 선택한다. 이 레시피에서는 마스터 서버를 db01, 슬레이브 서버를 db03이라고 부를 것이다.

### 예제 구현

1. db01에서 시스템의 my.cnf나 my.ini 파일을 편집한다. 다음 내용을 `[mysqld]` 절에 추가하면 된다.

   ```
   binlog_format = row
   binlog_annotate_row_events
   ```

2. db03에서 시스템의 my.cnf나 my.ini 파일을 편집한다. 다음 내용을 `[mysqld]` 절에 추가하면 된다.

   ```
   binlog_format = row
   replicate_annotate_row_events
   ```

3. 두 서버에서 MariaDB를 다시 시작한다.

4. db01에서 mysql 커맨드라인 클라이언트를 실행시키고 다음 커맨드를 실행한다.

   ```
   DROP DATABASE IF EXISTS test;
   CREATE DATABASE test;
   USE test;
   CREATE TABLE t1(a char(1));
   INSERT INTO t1 VALUES ('a'),('b'),('c'),('d');
   ```

```
CREATE TABLE t2(a char(1));
INSERT INTO t2 VALUES ('a'),('b'),('c'),('d');
CREATE TABLE t3(a char(1));
INSERT DELAYED INTO t3 VALUES ('a'),('b'),('c'),('d');
DELETE t1, t2 FROM t1 INNER JOIN t2 INNER JOIN t3
WHERE t1.a=t2.a and t2.a=t3.a;
```

5. db01의 mysql 커맨드라인 클라이언트에서 다음 커맨드를 실행한다.

```
SHOW BINLOG EVENTS;
```

6. db01에 있는 동안, mysql 커맨드라인 클라이언트를 종료하고 /var/log/ 아래에 위치한 mysql 디렉토리에서 가장 높은 숫자의 binlog 파일을 찾는다. 이 숫자가 150일 것이라고 가정한다. 이 파일에 저장된 이벤트를 살펴보기 위해 다음 커맨드를 실행한다.

```
mysqlbinlog /var/log/mysql/mariadb-bin.000150
```

7. 출력 결과는 다른 점이 있겠지만 다음 화면과 유사한 binlog 이벤트의 주석을 출력한다.

바이너리 로깅이 활성화됐을 때, 로그를 살펴보고 언제 변경됐는지 볼 수 있지만, 해당 변경을 일으킨 쿼리들은 볼 수 없다. `binlog_annotate_row_events`를 설정에 추가하면 MariaDB는 바이너리 로그에 데이터를 변경한 쿼리들로 주석을 단다. 이렇게 하면 확인하고자 하는 쿼리 또는 이벤트를 찾기 위해 바이너리 로그를 검색하는 것이 훨씬 쉬워진다.

## 부연 설명

주석 없이 바이너리 로그로부터 데이터를 출력하고 싶은 상황이 있을 수도 있다. 그렇게 하려면 `mysqlbinlog` 커맨드를 실행할 때 간단하게 `--skip-annotate-row-events`를 추가하면 된다. 기본적으로 `mysqlbinlog`는 로그에 주석이 있다면 출력한다.

## 참고 사항

▶ 행 이벤트 주석 기능에 대한 전체 문서는 https://mariadb.com/kb/en/annotate_rows_log_event/에서 확인 가능하다.

▶ mysqlbinlog 커맨드에 대한 전체 문서는 https://mariadb.com/kb/en/mysqlbinlog/에서 확인 가능하다.

## binglog 이벤트 검사 합 설정

바이너리 로그와 릴레이 로그를 저장한 파일시스템에 오류가 발생한다면, 아주 드물지만 문제가 발생한다. 이를 빠르게 발견하지 못한다면 특히 피해가 될 수 있다. 이벤트 검사 합checksum은 이를 빠르게 발견할 수 있는 방법이다.

이 레시피의 경우, 6장 앞부분의 '복제 설정' 레시피나 '멀티소스 복제 사용' 레시피에서 언급한 대로 복제를 설정하였다고 가정한다. 사용할 마스터 서버와 슬레이브 서버를 선택한다. 이 레시피에서는 마스터 서버를 db01, 슬레이브 서버를 db03이라고 부른다.

## 예제 구현

1. db01에서 mysql 커맨드라인 클라이언트를 실행시키고 다음 커맨드를 실행한다.

```
SET GLOBAL BINLOG_CHECKSUM = 1;
SET GLOBAL MASTER_VERIFY_CHECKSUM = 1;
```

2. db03에서 mysql 커맨드라인 클라이언트를 시작하고 다음 커맨드를 실행한다.

```
SET GLOBAL SLAVE_SQL_VERIFY_CHECKSUM = 1;
```

## 예제 분석

검사 합이 마스터와 슬레이브 서버에 활성화될 때, 이벤트가 복사되고 적용됨에 따라 검사한 추가 층을 덧붙인다. 이는 바이너리와 릴레이 로그 파일들의 파일 시스템 오류를 더 잘 발견할 수 있도록 한다.

처음 활성화됐을 때, 바이너리 로그 파일은 즉시 처음부터 시작됨으로써 로그 파일의 일부는 검사 합이 있고 나머지 일부는 없는 상황이 발생하지 않도록 한다.

## 부연 설명

이 레시피에서, 서버를 다시 시작하지 않아도 되도록 옵션을 동적으로 설정한다. 영구적으로 설정하려면, my.cnf나 my.ini 파일의 [mysqld] 절에 이 옵션을 추가해야 한다.

mysqlbinlog 유틸리티는 디폴트로 검사 합을 검증하지 않는다. 검증하게 하려면
--verify-binlog-checksum 옵션과 함께 실행해야 한다.

## 참고 사항

▶ Binlog 이벤트 검사 합에 대한 전체 문서는 https://mariadb.com/kb/en/
binlog-event-checksums/에서 확인 가능하다.

▶ 또한 Binlog 이벤트 검사 합 상호운용성 페이지인 https://mariadb.com/kb/en/
binlog-event-checksum-interoperability/도 참고한다.

## 선택적으로 binlog 이벤트 복제 생략

때때로, 복제 슬레이브 서버에 복제할 때 특정 이벤트들은 생략하고 싶은 경우도 있
다. MariaDB는 이를 동적으로 할 수 있다.

## 준비

이 레시피의 경우, 6장 앞부분의 '복제 설정' 레시피나 '멀티소스 복제 사용' 레시피
에서 언급한 대로 복제를 설정했다고 가정한다. 사용할 마스터 서버와 슬레이브 서버
를 선택한다. 이 레시피에서는 마스터 서버를 db01, 그리고 슬레이브 서버를 db03이
라고 부른다.

## 예제 구현

1. db01에서 mysql 커맨드라인 클라이언트를 시작하고 복제 생략 기능을 활성화
   하기 위해 다음 커맨드를 실행한다.

   ```
   SET @@skip_replication=1;
   ```

2. db01에서 빈 디렉토리를 생성한다.

   ```
   CREATE DATABASE w;
   ```

**3.** db03에서 건너뛴 이벤트의 복제를 비활성화하기 위해서 다음 커맨드를 실행시킨다.

```
STOP SLAVE;
SET GLOBAL REPLICATE_EVENTS_MARKED_FOR_SKIP = FILTER_ON_MASTER;
START SLAVE;
```

**4.** db01에서 빈 디렉토리를 하나 더 생성한다.

```
CREATE DATABASE wx;
```

**5.** db03에서 슬레이브에서 필터링하는 것으로 변경한다.

```
STOP SLAVE;
SET GLOBAL REPLICATE_EVENTS_MARKED_FOR_SKIP = FILTER_ON_SLAVE;
START SLAVE;
```

**6.** db01에서 빈 디렉토리를 하나 더 생성한다.

```
CREATE DATABASE wxy;
```

**7.** db03에서 필터링 기능을 끈다.

```
STOP SLAVE;
SET GLOBAL REPLICATE_EVENTS_MARKED_FOR_SKIP = REPLICATE;
START SLAVE;
```

**8.** db01에서 네 번째의 빈 데이터베이스를 생성한다.

```
CREATE DATABASE wxyz;
```

**9.** db03에서 처음과 마지막 데이터베이스(w와 wxyz)가 존재하는지 확인한다(wx와 wxy 데이터베이스를 생성할 때 필터링 기능이 켜져 있었다).

```
SHOW DATABASES;
```

**10.** db01에서 다음 커맨드라인을 이용해서 @@skip_replication을 비활성화한다.

```
SET @@skip_replication=0;
```

`@@skip_replication` 세션 변수는 `true(1)`로 설정되었을 때 마스터 서버의 바이너리 로그에 로깅되었던 모든 이벤트들이 플래그를 이용해서 생략될 수 있도록 한다. 실제로 슬레이브 서버가 `REPLICATE_EVENTS_MARKED_FOR_SKIP` 변수를 `FILTER_ON_MASTER`나 `FILTER_ON_SLAVE` 중 하나로 설정했을 경우에만 생략된다. 해당 변수의 디폴트 값은 `REPLICATE`인데, 이는 `skip` 플래그가 설정되었다 하더라도 이벤트를 복제한다는 것을 의미한다.

이 기능은 임시 데이터베이스를 생성하고, 몇몇 데이터를 입력하고, 이를 분석하거나 보고한 후에 삭제해야 하는 상황이 있을 경우에만 사용이 가능하다. 임시적인 것이라면, 슬레이브 서버에 복제하고 싶지 않을 것이다.

실제 필터링은 `REPLICATE_EVENTS_MARKED_FOR_SKIP`을 `FILTER_ON_MASTER`로 설정함으로써 마스터 서버에서 일어나거나, 해당 옵션을 `FILTER_ON_SLAVE`로 설정함으로써 슬레이브 서버에서 일어날 수 있다. 결과는 동일하다. 유일하게 다른 점은 `FILTER_ON_SLAVE`의 경우, 걸러지기 전에 이벤트들이 네트워크를 통해 전송된다는 것이다.

`REPLICATE_EVENTS_MARKED_FOR_SKIP` 변수를 변경하기 위해 MariaDB를 멈출 필요는 없지만, 복제는 멈춰야 한다. 그러므로 이 레시피에서는 각각의 변경을 `STOP SLAVE;`와 `START SLAVE;` 커맨드로 둘러쌌다. 복제를 먼저 멈추지 않고 변경하려 한다면 에러가 발생한다.

이 기능은 편리한 반면, 굉장히 조심해서 사용해야 한다. 이벤트가 복제되지 않았을 때, 마스터 서버의 데이터는 슬레이브 서버의 데이터와 달라질 것이다. 이를 제대로 다루지 않는다면 많은 문제들이 발생할 수 있다. 이를 제대로 다루는 것은 애플리케이션이나 사용자에게 달려있다. 데이터를 다른 방법으로 복제하거나, 완료된 후에 완전히 삭제하는 방법이 있다.

복제를 멈추는 또 다른 방법은 `@@sql_log_bin=0`으로 설정하는 것이지만, 이는 모든 슬레이브에 대한 모든 복제를 중단시킨다. `@@skip_replication` 변수를 대신 사용함으로써, 선택적으로 다른 슬레이브로의 복제는 계속 진행하면서 특정 슬레이브로의 복제를 중지시킬 수 있다.

## 참고 사항

▶ 이에 대한 전체 문서는 https://mariadb.com/kb/en/selectively-skipping-replication-of-binlog-events/에서 확인 가능하다.

# 7

# MariaDB 갈레라 클러스터로 복제

7장에서 다루는 레시피는 다음과 같다.

▶ MariaDB 갈레라 클러스터 설치

▶ MariaDB 갈레라 클러스터의 노드 제거

▶ MariaDB 갈레라 클러스터 종료

## 소개

MariaDB 서버 간의 데이터를 복제하는 두 가지 주요 이유는 더 좋은 성능과 더 많은 중복을 제공하기 위한 것이다. 6장, "MariaDB 복제"에서 다뤘던 기존 마스터-슬레이브 복제는 읽기 전용인 슬레이브 서버를 여러 개 제공함으로써 읽기 성능이 좋지만, 중복 이슈를 부분적으로만 해결한다. 고전 복제에서는 마스터 서버 노드가 하나만 있으며, 이 노드가 동작하지 않을 경우 슬레이브 서버 노드 중 하나가 다른 슬레이브 노드의 마스터 서버 노드가 되도록 승격돼야 한다. 자동화된 방식으로 이 작업이 제대로 수행되기는 어렵다.

모든 노드가 마스터 서버 노드가 되면 복제를 설정하기가 더 쉬워진다. 읽기와 쓰기는 모든 노드에서 발생 가능하며 복제 컴포넌트는 반드시 모든 것이 동작하도록 확실히 한다.

MariaDB 갈레라 클러스터는 이런 종류의 복제를 설정하고 사용하기 쉽게 한다. 갈레라 클러스터의 모든 모드는 동일하므로 단일 노드가 동작하지 않아도 문제 없다. 클러스터는 계속 동작할 것이며 문제가 발생한 노드가 마스터 서버일지 슬레이브 서버일지 걱정할 필요 없이 고치거나 교체할 수 있다.

 MariaDB 갈레라 클러스터는 리눅스 기반 운영체제에서만 지원되므로 7장의 모든 레시피는 리눅스에서만 구현 가능하다.

## MariaDB 갈레라 클러스터 설치

MariaDB 갈레라 클러스터는 MariaDB와는 별개의 제품이다. 그러므로 설치하는 것은 비슷하지만 MariaDB를 설치하는 것과 완전히 동일하지는 않다. 특히 MariaDB 서버 컴포넌트의 패키지명이 다르고 추가적으로 galera 패키지를 설치해야 한다.

### 준비

이 레시피에서는 IP 주소가 각각 192.168.1.101, 192.168.1.102, 192.168.1.103인 db01, db02, db03이라는 세 개의 서버를 갖고 있다고 가정한다. 더 나아가 세 개의 서버는 새롭게 설치된 우분투 12.04 LTS에서 실행되고 있다고 가정한다.

### 예제 구현

1. 다음 커맨드를 사용해서 세 호스트에 MariaDB 갈레라 클러스터를 설치한다.

```
sudo apt-key adv --recv-keys --keyserver keyserver.ubuntu.com
    0xcbcb082a1bb943db
sudo add-apt-repository 'deb
    http://ftp.osuosl.org/pub/mariadb/repo/10.0/ubuntu precise main'
sudo apt-get update
sudo apt-get install mariadb-galera-server
```

**2.** 세 호스트에서 설정 변경을 추가할 수 있도록 다음 커맨드를 사용해 MariaDB를 중지시킨다.

```
sudo service mysql stop
```

**3.** 세 호스트에서 /etc/mysql/conf.d/ 경로에 다음 내용이 들어간 galera_common.cnf 파일을 생성한다.

```
# Galera-common configuration
[mysqld]
wsrep-cluster-name = "test_cluster"
wsrep-provider = /usr/lib/galera/libgalera_smm.so
wsrep-provider-options = "gcache.size=256M;
gcache.page_size=128M"
wsrep-sst-auth = "galera:mypassword"
binlog-format = row
default-storage-engine = InnoDB
innodb-doublewrite = 1
innodb-autoinc-lock-mode = 2
innodb-flush-log-at-trx-commit = 2
innodb-locks-unsafe-for-binlog = 1
```

**4.** db01에서, /etc/mysql/conf.d/ 경로에 다음 내용이 들어간 galera_db01.cnf 파일을 생성한다.

```
# Galera-specific configuration
[mysqld]
wsrep-node-name = "db01"
wsrep-new-cluster
wsrep-sst-receive-address = 192.168.1.101
wsrep-node-incoming-address = 192.168.1.101
```

**5.** db01에서 다음 커맨드로 MariaDB를 실행시킨다.

```
sudo service mysql start
```

**6.** db01에서 mysql 커맨드라인 클라이언트를 실행시키고, galera 계정을 생성하기 위해 다음 커맨드를 실행시킨다.

```
GRANT ALL ON *.* TO 'galera'@'192.168.1.%' IDENTIFIED BY 'mypassword';
FLUSH PRIVILEGES;
```

**7.** db02와 db03에서 /etc/mysql/debian.cnf 파일을 백업한다.

```
sudo cp -avi /etc/mysql/debian.cnf /etc/mysql/debian.cnf.dist
```

**8.** db02와 db03에서 패스워드가 db01의 debian.cnf 파일과 일치하도록 /etc/mysql/debian.cnf 파일을 수정한다.

**9.** db02에서 /etc/mysql/conf.d/ 경로에 다음 내용이 들어간 galera_db02.cnf 파일을 생성한다.

```
# Galera-specific configuration
[mysqld]
wsrep-node-name = "db02"
wsrep-cluster-address = gcomm://192.168.1.101
wsrep-sst-receive-address = 192.168.1.102
wsrep-node-incoming-address = 192.168.1.102
```

**10.** db03에서 /etc/mysql/conf.d/ 경로에 다음 내용이 들어간 galera_db03.cnf 파일을 생성한다.

```
# Galera-specific configuration
[mysqld]
wsrep-node-name = "db03"
wsrep-cluster-address = gcomm://192.168.1.101
wsrep-sst-receive-address = 192.168.1.103
wsrep-node-incoming-address = 192.168.1.103
```

**11.** 다음 커맨드를 사용해서 db02와 db03의 MariaDB를 실행시킨다.

```
sudo service mysql start
```

**12.** 세 모든 호스트에서 mysql 커맨드라인 클라이언트를 실행시키고 다음 커맨드를 실행시킨다.

```
SHOW STATUS LIKE 'wsrep%';
```

**13.** 출력 결과에서 `wsrep_incoming_addresses` 변수는 세 서버의 IP 주소를 갖고 있어야 하며, `wsrep_cluster_size` 변수는 3이어야 한다. 그리고 `wsrep_connected`와 `wsrep_ready` 변수 둘 다 ON이 되어야 한다.

**14.** db01에서 /etc/mysql/conf.d/galera_db01.cnf 파일을 편집한다. `wsrep-new-cluster` 줄을 삭제하고 다음 라인의 코드로 변경한다.

```
wsrep-cluster-address = gcomm://192.168.1.101,192.168.1.102,192.168.1.103
```

**15.** db02와 db03의 /etc/mysql/conf.d/galera_db*.cnf 파일에서 앞 단계 중 db01에 추가한 라인과 일치하도록 `wsrep-cluster-address` 줄을 변경한다.

**16.** 하나의 서버에 데이터베이스와 테이블을 생성하거나, 다른 서버에 데이터를 삽입하고 세 번째 서버의 데이터를 읽어보면서 클러스터를 테스트한다. 어떤 서버에서 일어나든 상관없이 모든 변경 사항들은 세 개의 서버에 복제될 것이다.

## 예제 분석

이전에 언급했듯이, MariaDB 갈레라 클러스터는 MariaDB와는 독립된 제품이다. 우분투와 데비안에 설치할 때, `mariadb-server` 대신 `mariadb-galera-server` 패키지를 명시해야 한다. `mariadb-galera-server` 패키지는 중요한 galera 패키지를 포함해서 적절한 패키지들을 모두 갖고 있다. galera 패키지는 호스트 간의 복제를 처리하는 외부 프로그램이다.

 MariaDB 갈레라 클러스터의 최소 크기는 3이므로 이 레시피에서 3을 사용한 것이다. 하지만 노드는 많은 것이 좋다. 그래야 노드 하나 또는 둘이 동작하지 않을 경우에도 클러스터 노드의 전체 수는 3 아래로 떨어지지 않을 수 있기 때문이다.

각각의 클러스터에만 해당되는 설정은 얼마 되지 않는다. 그러므로 이 레시피에서는 공통 설정 항목은 하나의 설정 파일에 저장했고, 고유 설정은 각기 다른 파일에 따로따로 저장했다. 이 파일들은 모두 이 책의 웹사이트에서 내려받을 수 있다.

클러스터 노드가 시작할 때마다, 기존의 클러스터에 연결되어야 하는지 아니면 새

**7장_** MariaDB 갈레라 클러스터로 복제　179

로운 클러스터를 실행해야 하는지 알아야 한다. 이런 부분은 `wsrep-new-cluster`
와 `wsrep-cluster-address` 변수를 통해 제어된다. MariaDB 갈레라 클러스터
는 `wsrep-new-cluster` 변수가 설정 항목에 있을 때 새로운 클러스터를 부트스트
랩bootstrap해야 한다는 것을 인지한다. 이 변수가 없고 `wsrep-cluster-address`가
gcomm://192.168.1.101로 설정되어 있다면, 노드는 해당 서버에 연결을 시도하며
이 서버의 클러스터에 연결한다. 노드가 연결되면 모든 노드가 다른 노드들이 서로
어디에 있는지 알 수 있도록 노드 주소가 모든 클러스터 멤버에게 공유된다.

> MariaDB 갈레라 클러스터의 이전 버전은 새 클러스터가 생성되어야 함을 표시하기 위
> 해 빈 gcomm:// 값을 사용했다. 이 동작은 더 이상 사용되지 않는다. 현재는 새 클러
> 스터를 생성하고 싶을 때 항상 wsrep-new-cluster 변수를 사용한다. 또한 문제가 발
> 생하지 않도록 wsrep-new-cluster와 wsrep-cluster-address 중 하나만 선언해야
> 한다. 절대 동시에 선언해서는 안 되며, 비어 있는 gcomm:// 값을 써서도 안 된다.

초기 부트스트랩 이후에, 노드 중 하나라도 다시 시작해야 할 경우를 위해 전체 클러
스터 주소 목록을 얻을 수 있도록 설정을 업데이트하는 것이 좋다. 처음 노드는 새로
운 클러스터를 생성하는 것보다 실행 중인 클러스터에 연결되는 것이 좋다. 그리고
현재 사용되는 노드는 첫 번째 노드보다 더 많은 커넥션 옵션을 갖는 것이 좋다(새로
운 노드가 시작되려고 할 때 작동이 되지 않을 가능성이 있기 때문이다).

## 부연 설명

이 레시피의 설명은 우분투 리눅스에만 해당되지만 데비안, CentOS, 레드햇, 페도라
에도 쉽게 적용할 수 있다. 데비안의 경우 유일하게 다른 점은 `add-apt-repository`
라인에서 우분투 저장소 대신 데비안 저장소로 변경해야 한다는 것이다. 설치와 설정
단계는 모두 동일하다.

CentOS, 레드햇, 페도라의 경우 MariaDB Yum 저장소 설정을 제외하고, 가장 큰 변
경 사항은 설정 파일이 /etc/mysql/conf.d/가 아니라 /etc/my.cnf.d에 위치해야 한
다는 것이다. 또한 해당 리눅스에 설치해야 하는 패키지는 MariaDB-Galera-server
와 MariaDB-client이다.

신규 노드는 db02와 db03 단계를 반복하고 설정 파일에 적절한 IP 주소로 업데이트하면 쉽게 추가할 수 있다.

적합한 저장소 설정을 생성하려면 https://downloads.mariadb.org/mariadb/repositories/에 있는 저장소 설정 툴을 사용한다.

## MariaDB 갈레라 클러스터 설정

간단하게 하기 위해서 갈레라에만 해당되는 상태 변수와 설정 변수는 모두 `wsrep`으로 시작하므로 다음 커맨드로 이 변수들을 볼 수 있다.

```
SHOW STATUS LIKE 'wsrep%';
SHOW VARIABLES LIKE 'wsrep%'\G
```

또한 MariaDB 갈레라 클러스터가 제대로 실행될 수 있도록 설정해야 하는 변수가 몇 개 있다. 이 레시피의 `binlog-format`, `default-storage0engine`, `innodb-%` 변수가 가장 중요하다.

### 참고 사항

▶ 다양한 설정과 `STATUS` 변수에 대한 문서는 https://mariadb.com/kb/en/mariadb-galera-cluster-configurationvariables/와 https://mariadb.com/kb/en/mariadb-galera-clusterstatus-variables/에서 확인할 수 있다.

▶ MariaDB 갈레라 클러스에 대한 전체 문서는 https://mariadb.com/kb/en/galera/에서 확인 가능하다.

▶ https://groups.google.com/forum/?fromgroups#!forum/codership-team의 Codership 그룹에서는 다른 갈레라 클러스터 유저들과 대화할 수 있다.

▶ 갈레라 위키 http://www.codership.com/wiki/에도 많은 정보가 있다.

# MariaDB 갈레라 클러스터의 노드 제거

MariaDB 갈레라 클러스터는 구축한 인프라에서 하나의 동작하지 않는 노드를 제거할 수 있도록 되어 있다. 한번 셋업되고 나면, 유지 보수를 위해 나머지 클러스터에 영향을 주거나 애플리케이션이 멈추는 현상 없이 클러스터에서 노드를 제거할 수 있다.

## 준비

7장 앞의 'MariaDB 갈레라 클러스터 설치' 레시피에서 설명한 대로 MariaDB 갈레라 클러스터를 생성한다. 이 레시피에서는 db03을 종료할 것이다.

## 예제 구현

1. db03에서 노드의 정보가 최신인지 확인하기 위해 다음 커맨드를 실행시킨다.

   ```
   mysql -e "SHOW STATUS LIKE 'wsrep_local_state_comment'"
   ```

2. 값이 동기화됐다면, 노드의 정보는 최신이며 다음 커맨드로 노드를 안전하게 종료시킬 수 있다.

   ```
   sudo service mysql stop
   ```

3. 다른 클러스터 노드에서, 노드가 제거됐는지 확인하기 위해 다음 커맨드를 실행시킨다.

   ```
   mysql -e "SHOW STATUS LIKE 'wsrep_%'"
   ```

4. `wsrep_cluster_size`의 노드 수가 2이고, db03의 IP 주소가 `wsrep_incoming_addresses`에 없다면 노드는 제거된 것이다.

MariaDB 갈레라 클러스터의 모든 노드는 동등하다. 원하는 노드라면 어디에든 읽고 쓸 수 있으며, 변경 사항은 모든 노드에 복제된다. 이러한 이유로, 노드를 삭제하는 것은 어느 노드가 슬레이브 서버가 읽을 마스터 서버인지 신경 써야 하는 일반적인 복제 설정보다 쉽다. MariaDB 갈레라 클러스터의 모든 노드는 주요 마스터 서버 노드들이므로, 종료하기 전에 반드시 노드의 정보를 최신으로 업데이트한다는 점만 신경 쓰면 된다.

## 부연 설명

노드는 보통 유지 보수 이유로 제거된다. 노드를 다시 추가하는 것은 쉽다. 다음 커맨드로 다시 실행시키면 된다.

```
sudo service mysql start
```

클러스터의 다른 노드들과 동기화하느라 어느 정도 시간이 걸릴 것이지만, 몇 초 또는 몇 분 후면 (얼마나 오랫동안 동기화를 안 했는지에 따라 달라진다) 완료된다. 클러스터에 연결된 노드에서 wsrep_local_state_commnet 변수의 값을 확인만 하면 된다. 동기화가 되었다면 노드의 정보는 최신 정보일 것이다.

## 참고 사항

▶ MariaDB 갈레라 클러스터를 모니터링하는 다양한 방법에 대한 정보는 http://www.codership.com/wiki/doku.php?id=monitoring에서 확인 가능하다.

# MariaDB 갈레라 클러스터 종료

전체 클러스터를 종료하고 싶은 순간이 있을 수도 있다. 다른 시설로 이동한다거나 완전히 교체를 하기 때문일 수 있다. 이유가 뭐든 간에, 이 레시피는 클러스터를 종료하는 바람직한 방법을 보여준다.

## 준비

7장 앞의 'MariaDB 갈레라 클러스터 설치' 레시피에서 설명한 대로 MariaDB 갈레라 클러스터를 생성한다.

## 예제 구현

1. 클러스터를 사용하는 모든 애플리케이션을 종료시킨다.

2. db03에서, 노드의 정보가 최신인지 확인하기 위해 다음 커맨드를 실행시킨다.

   ```
   mysql -e "SHOW STATUS LIKE 'wsrep_local_state_comment'"
   ```

3. 값이 동기화됐다면, 노드를 종료시키기 위해 다음 커맨드를 실행시킨다.

   ```
   sudo service mysql shutdown
   ```

4. 동일한 과정을 먼저 db02에서, 그다음에 db01에서 반복한다.

## 예제 분석

MariaDB 갈레라 클러스터를 종료하는 것은 MariaDB를 종료하는 것과 같다. 주의할 점은 클러스터가 유휴 상태가 될 수 있도록 클러스터를 사용하는 모든 애플리케이션들을 반드시 종료시켜야 한다는 점이다.

그런 후에, 노드를 한 번에 하나씩 종료시키기만 하면 된다.

모든 노드가 종료된 후에 해야 할 유일한 일은 어느 노드가 마지막으로 종료됐는지 기록해두는 것이다. 클러스터를 다시 시작할 때, 이 노드부터 실행시켜야 하기 때문이다. 이 레시피에서는 클러스터를 생성할 때 가장 처음으로 시작했던 db01을 마지막으로 종료시켰다. 실제는 크게 상관없다. 마지막으로 종료되었던 노드만 기억하면 된다. 왜냐하면 이 노드가 클러스터에서 가장 최신 노드가 될 것이기 때문이다. 또한 db01(무조건 마지막으로 종료한 노드)의 설정에서 wsrep-cluster-address 라인을 삭제하고 wsrep-new-cluster 라인을 추가하는 것이 좋다. 클러스터를 다시 실행하기 전에 이를 하지 않아도 되기 때문이다.

마지막으로 종료되지 않은 서버를 사용해서 클러스터를 다시 시작할 경우, 이 서버가 종료된 후 클러스터의 마지막 노드가 종료하기까지 그 사이에 일어난 데이터 수정이나 추가 등이 저장되지 않기 때문에 위험하다.

## 참고 사항

▶ MariaDB 갈레라 클러스터에 대한 전체 문서는 https://mariadb.com/kb/en/galera/에서 확인 가능하다.

▶ https://groups.google.com/forum/?fromgroups#!forum/codership-team의 Codership 그룹에서는 다른 갈레라 클러스터 유저들과 대화할 수 있다.

▶ 갈레라 위키 http://www.codership.com/wiki/에도 많은 정보가 있다.

# 8
# 성능과 사용량 통계

8장에서 다루는 레시피는 다음과 같다.

- ▶ Audit 플러그인 설치
- ▶ Audit 플러그인 사용
- ▶ 엔진-독립적인 테이블 통계 이용
- ▶ 확장된 통계 이용
- ▶ 성능 스키마 활성화
- ▶ 성능 스키마 사용

## 소개

다양한 방법으로 MariaDB 사용량을 추적하고 측정할 수 있다. MariaDB Audit 플러그인과 같은 일부는 서드파티로부터 제공받는다. 성능 스키마와 같은 다른 것들은 내장되어 있다. 이 모든 것들은 서버에서 어떤 일이 일어나는지 알 수 있도록 도와줌으로써 현재 사용량을 좀 더 제대로 추적하고, 장기적으로 성능 트렌드를 분석하고 향후 필요성을 위해 계획할 수 있게 한다.

8장의 레시피는 MariaDB에서 활성화시킬 수 있는 몇 가지 감사 기능과 추적 기능을 소개한다.

## Audit 플러그인 설치

MariaDB 서버를 향상시킬 수 있는 서드파티 툴이 많다. 그 중 하나가 SkySQL의 Audit 플러그인이다. 민감한 데이터 접근에 대한 추적과 감사를 필요로 하는 정부 규제를 따르는 조직들이 이 플러그인을 사용한다.

## 준비

로컬 컴퓨터의 플러그인 디렉토리를 찾는다. 플러그인 디렉토리를 찾으려면 mysql 커맨드라인 클라이언트를 사용해서 MariaDB에 연결한 후 다음 커맨드를 실행하면 된다.

```
SHOW GLOBAL VARIABLES LIKE 'plugin_dir';
```

출력된 디렉토리는 로컬 MariaDB 플러그인 디렉토리다.

## 예제 구현

1. SkySQL 다운로드 페이지(http://www.skysql.com/downloads/)에서 알맞은 버전의 MariaDB Audit 플러그인을 내려받는다.

2. 윈도우의 경우 윈도우 탐색기에서 플러그인 ZIP 파일을 내려받은 위치를 찾은 다음 파일을 마우스 오른쪽 버튼으로 클릭한 후 **압축 풀기**를 선택해 압축을 푼다.

3. 리눅스의 경우, 파일 매니저에서 플러그인 TAR 파일을 내려받은 위치를 찾은 다음 파일을 오른쪽 마우스 클릭을 하고 **여기에 압축 풀기**를 선택하거나 터미널 창에 다음 커맨드로 `tar` 커맨드를 이용해서 압축을 푼다.

```
tar -zxvf server_audit-1.1.5.tar.gz
```

4. 파일 압축을 풀면 파일의 이름에 해당된 디렉토리가 생긴다. 디렉토리 안에는 32 비트와 64비트 컴퓨터, 플러그인의 디버그 버전을 위한 디렉토리들이 있다. 컴퓨터와 호환되는 디버그 버전이 아닌 디렉토리로 이동한다. 대부분은 64비트일 것이다. 디렉토리 안에는 server_audit.so나 server_audit.dll이라는 이름의 파일이

있을 것이다. 언급한 순서대로 하나는 리눅스, 다른 하나는 윈도우를 위한 플러그인이다.

5. 플러그인을 로컬 MariaDB 플러그인 디렉토리로 복사한다. 윈도우의 경우 파일을 선택해서 **Ctrl + C**로 복사한 다음, 플러그인 디렉토리로 이동해서 **Ctrl + V**로 붙여넣기할 수 있다. 리눅스에서는 다음 커맨드를 사용할 수 있다(로컬 플러그인 디렉토리가 있는 곳으로 변경한다).

```
sudo cp -avi server_audit.so /usr/lib64/mysql/plugin/
```

6. 플러그인이 준비됐다면 mysql 커맨드라인 클라이언트를 열고, 플러그인을 설치하고 활성화하기 위해 다음 커맨드를 실행시킨다.

```
INSTALL PLUGIN server_audit SONAME 'server_audit.so';
```

7. 설치된 플러그인 리스트에 Audit 플러그인이 있는지 확인하기 위해 SHOW PLUGINS; 커맨드를 실행시킨다.

## 예제 분석

Audit 플러그인은 MariaDB에 포함되어 있지 않기 때문에, 직접 내려받아서 설치해야한다. 이 레시피에서 쓰는 방법은 다른 서드파티 플러그인을 설치하는 데에도 사용할 수 있다. 사용하려는 몇몇 플러그인들은 설치하기 전에 컴파일해야 하는 소스코드 형태로 제공될 것이다. Audit 플러그인 같은 플러그인은 미리 컴파일됐기 때문에 제대로 된 위치에 복사한 후 바로 사용할 수 있다.

플러그인을 plugin 디렉토리에 복사하면, MariaDB에게 이 플러그인이 있고 사용하고자 한다는 사실을 알려줘야 한다. 그러기 위해서 INSTALL PLUGIN 커맨드를 사용한다. MariaDB와 함께 탑재되어 제공되지만 디폴트로 비활성화된 플러그인을 사용할 때처럼 말이다.

마지막으로, SHOW PLUGINS; 커맨드를 실행시켜서 MariaDB가 플러그인을 로드시켰는지 확인한다. 출력 결과에 플러그인이 나타나면 설치된 것이다.

server_audit 플러그인을 제거하고 싶다면 다음 커맨드를 사용한다.

**UNINSTALL PLUGIN 'server_audit';**

규제를 따르기 위해 Audit 플러그인을 사용하고 있다면, 플러그인을 삭제하는 기능을 제한하고 싶을 수도 있다. 그럴려면 my.cnf 파일이나 my.ini 파일의 [mysqld] 절에 다음 코드를 추가한다.

```
plugin-load=server_audit=server_audit.so
server_audit=FORCE_PLUS_PERMANENT
```

코드를 추가한 다음 변경된 내용을 활성화하려면 MariaDB를 다시 시작해야 한다. 다시 시작한 후에는 플러그인을 삭제하려고 시도할 때마다 에러가 발생하며, 플러그인은 설치된 상태로 유지된다.

## 참고 사항

▶ MariaDB Audit 플러그인에 대한 전체 문서는 SkySQL이나 MariaDB 지식 베이스 https://mariadb.com/kb/en/mariadb-auditplugin/에서 확인 가능하다.

▶ 다음 레시피인 'Audit 플러그인 사용'은 플러그인을 설정하고 사용하는 방법에 대해 다룬다.

## Audit 플러그인 사용

앞의 레시피에서 설명했던 'MariaDB Audit 플러그인 설치'는 수많은 것을 하지는 않는다. 플러그인을 최대한으로 활용하려면 플러그인을 설정해야 한다. 이 레시피는 이에 대해 다룬다.

Audit 플러그인을 사용하기에 앞서 8장 앞부분에서 다뤘던 'Audit 플러그인 설치'를 끝마친다.

1. SUPER 권한이 있는 계정으로 mysql 커맨드라인 클라이언트를 사용해서 MariaDB에 연결한다.

2. 다음 커맨드로 Audit 플러그인 변수를 출력한다.

   ```
   SHOW GLOBAL VARIABLES LIKE 'server_audit%';
   ```

   위의 커맨드는 다음 화면과 유사한 출력 결과를 보여준다.

3. 다음 커맨드로 Audit 로깅을 비활성화한다.

   ```
   SET GLOBAL server_audit_logging=OFF;
   ```

4. 다음 커맨드로 Audit 로깅을 활성화한다.

   ```
   SET GLOBAL server_audit_logging=ON;
   ```

**5.** 다음 커맨드로 즉시 Audit 로그파일을 순환하게 만든다.

```
SET GLOBAL server_audit_file_rotate_now=ON;
```

**6.** 다음 커맨드로 현재 로그파일의 위치, 플러그인의 활성화(ON) 여부, 그리고 에러 발생 여부를 보여준다.

```
SHOW GLOBAL STATUS LIKE 'server_audit%';
```

위의 커맨드는 다음 화면과 유사한 출력 결과를 보여준다.

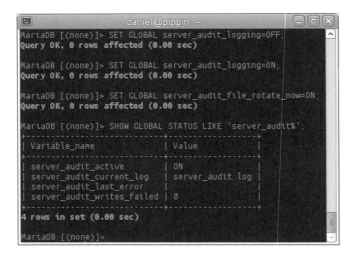

**7.** 다음 커맨드로 감사 대상 계정의 목록에 untrusted_user와 untrusted_user2 계정을 추가한 다음 제대로 추가됐는지 확인한다.

```
SET GLOBAL server_audit_incl_users = 'untrusted_user';
SET GLOBAL server_audit_incl_users =
    CONCAT(@@global.server_audit_incl_users, ',untrusted_user2');
SHOW GLOBAL VARIABLES LIKE 'server_audit_incl_users';
```

위의 커맨드는 다음 화면과 유사한 출력 결과를 보여준다.

**8.** 다음 커맨드로 `trusted_user`와 `trusted_user2` 계정을 Audit 로깅에서 제외 시킨 후 제외됐는지 확인한다.

```
SET GLOBAL server_audit_excl_users = 'trusted_user';
SET GLOBAL server_audit_excl_users =
   CONCAT(@@global.server_audit_excl_users, ',trusted_user2');
SHOW GLOBAL VARIABLES LIKE 'server_audit_excl_users';
```

위의 커맨드는 다음 화면과 유사한 출력 결과를 보여준다.

Audit 플러그인을 설정하는 것은 MariaDB의 다른 기능들을 설정하는 것과 유사하다. 많은 변수들처럼 Audit 플러그인 변수는 서버가 동작하는 동안에 동적으로 설정할 수 있다. 영구적으로 설정하려면 my.cnf 파일이나 my.ini 파일의 [mysqld] 절에 추가해야 한다.

기본적으로 Audit 플러그인은 모든 사용자를 추적한다. server_audit_incl_users 변수를 사용해서 특정 계정만 추적하도록 플러그인을 제한할 수 있다. 똑같은 방식으로, server_audit_excl_users 변수를 사용해서 특정 계정을 감사 대상에서 제외시킬 수도 있다.

이러한 변수들을 사용하면 Audit 플러그인은 목록이 있는 계정을 해당 계정의 호스트명과 상관하지 않고 추적한다. 이는 감사와 규정 목적 때문이다. 계정이 어디서 접속하였느냐 보다 연결된 동안에 무엇을 하느냐가 훨씬 중요하다. 계정의 위치는 여전히 추적되겠지만, 만약 예를 들면 untrusted_user를 server_audit_incl_users 변수에 추가한다면 다음의 계정은 모두 추적된다.

- ▶ untrusted_user@'localhost'
- ▶ untrusted_user@'192.168.1.%'
- ▶ untrusted_user@'%'

## 부연 설명

계정이 server_audit_incl_users와 server_audit_excl_users 변수 양쪽에 나타날 경우 해당 계정은 로깅된다. 이는 제외하는 변수보다 포함하는 변수의 우선순위가 높기 때문이다.

## 참고 사항

- ▶ MariaDB Audit 플러그인에 대한 전체 문서는 SkySQL이나 MariaDB 지식 베이스 https://mariadb.com/kb/en/mariadb-auditplugin/에서 확인 가능하다.

▶ 플러그인을 다운로드하고 설치하는 방법은 이전 레시피인 'Audit 플러그인 설치'를 참고한다.

## 엔진-독립적인 테이블 통계 이용

MariaDB는 테이블이 어떤 저장 엔진을 사용하든 상관없이 모든 테이블에 대한 통계를 모으는 기능을 갖고 있다. MariaDB 옵티마이저는 최적의 쿼리 계획을 더 잘 계산하기 위해 이런 통계를 사용할 수 있다.

## 예제 구현

1. SUPER 권한이 있는 계정으로 mysql 커맨드라인 클라이언트를 사용해서 MariaDB에 연결한다.

2. 다음 커맨드를 실행한다.

```
SET GLOBAL use_stat_tables=complementary;
```

3. 다음 커맨드로 테이블의 통계를 업데이트하도록 만든다(table_name을 기존 테이블 이름으로 변경한다).

```
ANALYZE TABLE table_name;
```

4. 수집된 테이블, 인덱스, 칼럼 통계를 다음 커맨드로 출력한다.

```
SELECT * FROM mysql.table_stats;
SELECT * FROM mysql.index_stats;
SELECT * FROM mysql.column_stats;
```

## 예제 분석

MariaDB가 엔진-독립적인 테이블 통계를 어떻게 이용하는지는 use_stat_tables 변수에 의해 제어된다. 세 개의 유효한 값들이 있다. never는 MariaDB가 통계를 사용하지 않을 것을 의미하고, complementary는 저장 엔진이 유사한 통계를 제공하지 않을 경우에만 MariaDB가 통계를 사용할 것을 의미한다. 그리고 `preferably`는 MariaDB가 항상 통계를 사용할 것이며 어디에서도 제공하지 않을 경우에만 저장 엔진이 제공하는 통계를 따를 것을 의미한다.

`ANALYZE TABLE` 커맨드를 사용해서 테이블의 통계를 강제적으로 업데이트하도록 만들 수 있다. 강제로 업데이트했을 때 통계가 이미 최신 버전이라면 `ANALYZE TABLE` 커맨드 출력 결과에 그렇게 나타날 것이다.

전체 테이블과 인덱스 스캔은 통계를 수집할 때 사용된다. 테이블 또는 인덱스의 크기 그리고 서버가 얼마나 바쁘냐에 따라 비용이 많이 드는 작업이 될 수 있다. 보통은 이익이 비용을 능가하지만 이런 점을 기억해두는 것이 좋다.

어떤 경우에는, 특정 칼럼 또는 인덱스에 대한 통계만 수집하는 것을 선호할 수도 있다. MariaDB의 `ANALYZE TABLE` 커맨드는 이를 허용한다. 예를 들면, 테이블의 특정 칼럼과 인덱스에 대한 통계를 모으려면 다음 문법을 사용한다.

```
ANALYZE TABLE table_name PERSISTENT FOR
    COLUMNS (column_1,column_2,...)
    INDEXES (index_1,index_2,...);
```

## 부연 설명

`use_stat_tables` 변수도 `ANALYZE TABLE` 커맨드의 동작을 제어한다. 변수가 `never`로 설정됐다면, 커맨드는 저장 엔진이 제공한 통계만 업데이트할 것이고, 엔진-독립적인 통계들은 수집되지 않을 것이다. 변수가 `complementary`나 `preferably`로 설정됐다면, `ANALYZE TABLE` 커맨드가 실행되면 엔진-독립적인 통계와 저장 엔진이 제공한 통계들 둘 다 업데이트될 것이다.

## 참고 사항

▶ 엔진-독립적인 테이블 통계에 대한 전체 문서는 https://mariadb.com/kb/en/engine-independent-table-statistics/에서 확인 가능하다.

## 확장된 통계 이용

MariaDB는 확정된 계정 통계를 수집하는 강력한 기능을 포함하고 있다. 이러한 통계는 서버가 어떻게 동작하는지 더 쉽게 이해하고, 서버의 로드의 근원지를 찾고 식별하는 데에 사용될 수 있다.

## 예제 구현

1. SUPER 권한이 있는 계정으로 mysql 커맨드라인 클라이언트를 사용해서 MariaDB에 연결한다.

2. 다음 커맨드로 통계 수집을 활성화시킨다.

```
SET GLOBAL userstat=1;
```

3. 수집 기능이 활성화된 이후에 수집된 통계를 보여주기 위해 다음 커맨드를 실행시킨다.

```
SHOW CLIENT_STATISTICS;
SHOW INDEX_STATISTICS;
SHOW TABLE_STATISTICS;
SHOW USER_STATISTICS;
```

4. 통계 카운터를 0으로 설정함으로써 통계 내용을 비우기 위해 다음 커맨드를 실행시킨다.

```
FLUSH CLIENT_STATISTICS;
FLUSH INDEX_STATISTICS;
FLUSH TABLE_STATISTICS;
FLUSH USER_STATISTICS;
```

## 예제 분석

확정된 통계 수집은 기본적으로 비활성화되어 있으므로 서버에 불필요하거나 원치 않는 로드를 발생시키지 않는다. 하지만 이 기능을 활성화시키는 것은 쉬우며, 원한다면 필요할 때마다 통계 수집을 활성화시키고 비활성화시킬 수 있다. 로드가 많은 서버에 주는 영향을 최소화시키면서 통계를 수집할 수 있는 아주 유용한 기능이다.

수집되는 네 가지 타입의 통계가 있다. CLIENT, INDEX, TABLE, USER 통계이다. 통계는 차례대로 information_schema 데이터베이스의 CLIENT_STATISTICS, INDEX_STATISTICS, TABLE_STATISTICS, USER_STATISTICS 테이블에 저장된다. SHOW 커맨드는 수집된 통계들을 보여줄 수 있는 쉬운 방법을 제공하지만, 데이터를 보고 싶은 특정 방식이 있다면 information_schema 데이터베이스에서 테이블을 직접 쿼리할 수도 있다.

수집된 데이터 타입에는 접속의 전체 수, 동시(동시에 일어난, concurrent) 접속 수, 송수신된 바이트의 수, 읽거나 보내거나 또는 삭제된 행의 수 등의 특징들이 포함된다.

## 부연 설명

확장된 통계들이 항상 활성화되도록 하려면 다음 코드를 my.cnf 파일이나 my.ini 파일의 [mysqld] 절에 추가해야 한다.

```
userstat = 1
```

항상 확장된 통계를 수집하는 것은 데이터베이스 서버가 너무 바쁘지 않다면 괜찮다. 하지만 서버가 굉장히 바쁜 상황에서 서버가 어떻게 사용되는지 알 수 있도록 통계를 수집해야 한다면, 통계 수집을 수동적으로 아주 잠깐 동안만 활성화시켜야 한다.

## 참고 사항

▶ 사용자 통계 기능에 대한 전체 문서는 https://mariadb.com/kb/en/user-statistics/에서 확인 가능하다.

## 성능 스키마 활성화

성능 스키마는 서버 성능을 모니터링할 때 사용할 수 있는 도구다. 이 도구는 디폴트로 비활성화돼 있지만, 쉽게 활성화시킬 수 있다.

1. my.cnf 파일이나 my.ini 파일을 열고, [mysqld] 절에 다음 코드를 추가한다.

   ```
   performance_schema
   ```

2. MariaDB를 다시 실행한다.

3. mysql 커맨드라인 클라이언트를 사용해서 MariaDB에 연결한다.

4. SHOW ENGINES; 커맨드를 실행시켜서 PERFORMANCE_SCHEMA가 리스트에 있는지 확인한다. 성능 스키마 항목은 다음 화면과 유사하다.

5. 다음 커맨드를 사용해서 performance_schema 데이터베이스로 전환한다.

   **USE performance_schema;**

6. 다음 커맨드를 사용해서 성능 스키마 테이블을 화면에 보여준다.

   **SHOW TABLES;**

성능 스키마는 저장 엔진처럼 제공된다. 그렇기 때문에 SHOW ENGINES; 커맨드를 사용했을 때, 다른 저장 엔진 옆에 나타나는 것이다. 하지만 성능 스키마는 데이터를 저장하는 저장 엔진이 아니다. 이 도구의 목적은 서버 성능을 모니터할 수 있도록 도와주는 것이며, 활성화됐을 때 성능 스키마는 특수한 performance_schema 데이터베이스를 생성한다. 이 데이터베이스에는 서버 성능을 모니터링할 수 있게 쿼리할 수 있는 몇 가지 테이블이 포함된다.

성능 스키마를 엔진으로 취급하고 테이블을 생성하려 한다면 다음과 같은 에러가 발생한다.

```
ERROR 1005 (HY000): Can't create table 'test'.'t1' (errno: 131 "Command not supported by database")
```

## 참고 사항

▶ 성능 스키마에 대한 전체 문서는 https://mariadb.com/kb/en/performance-schema/에서 확인 가능하다.

## 성능 스키마 사용

성능 스키마를 사용하는 것은 하나 이상의 테이블을 쿼리하는 것과 유사하다.

## 준비

8장 앞부분의 '성능 스키마 활성화' 레시피에서 설명한대로 성능 스키마를 활성화한다.

## 예제 구현

1. mysql 커맨드라인 클라이언트를 사용해서 MariaDB에 연결한다. 계정의 현재 접속 수와 여태까지의 전체 접속 수를 나열한다(이 테이블에 데이터를 추가하기 위해 계정이 여러 차례 접속했을 수도 있다).

   ```
   SELECT * FROM performance_schema.users;
   ```

   위의 커맨드는 다음 화면과 유사한 출력 결과를 보여준다.

2. 현재 실행되고 있는 모든 사용자 접속 스레드에 대한 자세한 정보를 찾아본다.

```
SELECT * FROM performance_schema.threads
    WHERE type="foreground"\G
```

위의 커맨드는 다음 화면과 유사한 출력 결과를 보여준다.

3. my.cnf 파일이나 my.ini 파일의 [mysqld] 절에 다음 코드를 추가한 다음 사용자 접속 통계 수집을 비활성화하기 위해 MariaDB를 다시 실행한다.

```
performance_schema_users_size=0
```

**4.** 여러 계정(실제이든 예제이든 상관없이)으로 로그인과 로그아웃을 여러 차례 반복한 다음 사용자 접속 통계를 보기 위해 실행했던 2단계의 커맨드를 다시 실행한다. 수집 기능을 비활성화했기 때문에, 이 정보의 출력 결과는 다음 화면과 유사하다.

**5.** my.cnf 파일이나 my.ini 파일에 추가했던 `performance_schema_users_size=0` 라인을 제거한 다음 MariaDB를 다시 실행한다.

**6.** 사용자 접속 통계들이 다시 수집되는지 확인하기 위해 2단계의 커맨드를 다시 실행시킨다(MariaDB를 지금 막 실행시켰기 때문에 출력 결과가 아주 많지는 않을 것이다).

## 예제 분석

성능 스키마의 데이터를 찾아보는 것은 다른 데이터베이스 테이블의 데이터를 찾아보는 것과 같다. 관심있는 정보를 얻기 위해 성능 스키마를 쿼리하려면 그저 SELECT 문을 사용한다.

성능 스키마 변수들은 동적이지 않다. 즉, MariaDB가 실행되는 동안에 설정할 수 없다는 것이다. 그러므로, 언제라도 성능 스키마 변수를 추가하거나 변경하고 싶다면, my.cnf 파일이나 my.ini 파일의 [mysqld] 절에 이 내용을 추가한 다음 MariaDB를 다시 실행시켜야 한다.

## 부연 설명

성능 스키마 변수를 설정하는 또 다른 방법은 MariaDB를 시작할 때 커맨드라인에 이를 명시하는 것이다. 예를 들면, 커맨드라인에서 사용자 접속 통계 수집 기능을 비활성화시키고 싶다면 mysqld 서버를 시작하는 커맨드에 다음 라인을 추가하면 된다.

```
--performance_schema_users_size=0
```

유효한 방법이지만, 설정하고자 하는 변수를 설정 파일에 그냥 추가하는 것이 더 쉽고 좋다.

## 참고 사항

▶ 성능 스키마에 대한 전체 문서는 https://mariadb.com/kb/en/performance-schema/에서 확인 가능하다.

▶ 모든 성능 스키마 테이블의 전체 목록과 각각과 연관된 상세 정보에 대한 링크는 https://mariadb.com/kb/en/list-of-performance-schema-tables/에서 확인 가능하다.

# 9 Sphinx로 하는 데이터 검색

9장에서 다루는 레시피는 다음과 같다.

▶ MariaDB에 SphinxSE 설치

▶ 리눅스에서 Sphinx 데몬 설치

▶ 윈도우에서 Sphinx 데몬 설치

▶ Sphinx 데몬 설정

▶ Sphinx 데몬과 SphinxSE를 사용한 검색

## 소개

데이터베이스가 증가 또는 발달함에 따라 MariaDB에 내장된 풀 텍스트 검색 기능의 한계가 편리하기보다 저해 요인이 되기 시작할 것이다. 그 시점에서, 본문의 데이터를 효율적으로 인덱스하고 검색할 수 있는 다른 방법이 필요하다. 그것이 바로 Sphinx이다.

Sphinx에는 실제로 두 개의 파트로 나뉜다. 데이터를 검색할 때 사용하는 검색 인덱스를 만들고 유지하는 작업을 하는 Sphinx라 불리는 외부 데몬과 이 데몬이 MariaDB와 대화할 때 사용하는 MariaDB의 일부인 SphinxSE라 불리는 저장 엔진 컴포넌트이다. 9장의 레시피에서는 이 둘을 설정하고 사용하는 방법에 대해 다룬다.

## MariaDB에 SphinxSE 설치

Sphinx를 사용하기 전에 MariaDB의 SphinxSE를 활성화시켜야 한다.

## 예제 구현

1. mysql 커맨드라인 클라이언트를 열고 SUPER 권한을 갖고 있는 계정으로 데이터베이스 서버에 접속한다.

2. SphinxSE를 설치 위해 다음 커맨드를 실행한다.

   `INSTALL SONAME 'ha_sphinx';`

3. 다음과 같이 볼 수 있듯이 Sphinx 저장 엔진(SphinxSE, Sphinx Storage Engine)이 활성화됐는지 확인하기 위해 다음 커맨드를 실행시킨다(Support 칼럼에서 YES라고 쓰여질 것이다).

   `SHOW storage engines;`

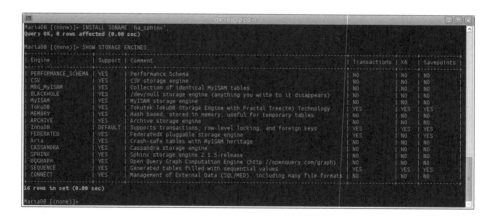

4. SphinxSE 상태 변수를 보기 위해 다음 커맨드를 실행한다(상태 변수들은 비어 있을 것이다).

   `SHOW STATUS LIKE 'sphinx_%';`

206

## 예제 분석

SphinxSE는 MariaDB에 포함되어 있지만, 디폴트로 비활성화되어 있다. 활성화시키려면, 플러그인의 이름(ha_sphinx)과 함께 INSTALL SONAME 커맨드를 실행시킨다. 한 번만 하면 되는 작업이다.

이런 방식으로 SphinxSE가 활성화되고 외부 Sphinx 데몬이 설치되고 실행 중이라면, Sphinx를 사용해 데이터를 검색할 수 있다. 이는 다음 두 레시피의 주제다.

## 부연 설명

다음은 SphinxSE로 작업할 때 알아두면 도움이 될 두 가지 사항이다.

### SphinxSE vs Sphinx

SphinxSE는 이름에 저장 엔진이 들어감에도 불구하고 실제로 데이터를 저장하지 않는다. 저장 엔진이라고 불리는 이유는 MariaDB의 나머지 부분과 통신할 때 저장 엔진 API를 사용하기 때문이다. 실제로, SphinxSE는 외부에서 실행되고 있는 인덱싱과 검색 프로그램(또는 데몬)인 Sphinx와 대화하는 클라이언트다.

## SphinxSE 상태 얻기

SphinxSE 상태를 얻는 또 다른 방법은 다음 커맨드를 사용하는 것이다.

**SHOW ENGINE SPHINX STATUS;**

SHOW STATUS 커맨드의 경우 Sphinx를 실제로 사용하고 있지 않다면 출력해야 할 상태가 없을 것이다. 다른 점은 SHOW ENGINE SPHINX STATUS;의 경우 출력할 상태가 없을 경우 아무것도 출력되지 않는다는 것이다. 위 쿼리 결과는 다음과 같다.

그러므로, SHOW STATUS 커맨드의 경우 모든 상태 변수가 표시할 값이 없어도 출력되고, SHOW ENGINE SPHINX STATUS 커맨드는 값이 있는 상태 변수만 출력된다.

## 참고 사항

▶ SphinxSE에 대한 전체 문서는 https://mariadb.com/kb/en/sphinx-storage-engine/에서 확인 가능하다.

## 리눅스에서 Sphinx 데몬 설치

SphinxSE와 Sphinx를 사용하려면, 반드시 서버에 데몬을 설치해야 한다. 이 레시피는 우분투, 데비안, 레드햇, 페도라, CentOS를 실행하는 리눅스 서버를 위한 과정을 다룬다.

1. 레드햇, CentOS, 우분투, 또는 데비안의 경우 Sphinx 다운로드 사이트인 http://sphinxsearch.com/downloads/release/에서 가장 최신의 리눅스 배포판용 Sphinx 패키지를 내려받는다.

2. 데비안이나 우분투 서버의 경우 Sphinx 데몬을 설치하기 위해 다음 커맨드를 실행시킨다.

```
sudo apt-get install unixodbc libpq5 mariadb-client
sudo dpkg -i sphinxsearch*.deb
```

3. 레드햇과 CentOs의 경우 Sphinx 데몬을 설치하기 위해 다음 커맨드를 실행시킨다.

```
sudo yum install postgresql-libs unixODBC
sudo rpm -Uhv sphinx*.rpm
```

4. 페도라의 경우 Sphinx를 설치하기 위해 다음 커맨드를 실행시킨다.

```
sudo yum install sphinx
```

5. 모든 서버 타입의 경우 8장의 'Sphinx 데몬 설정' 레시피에서 설명한 대로 Sphinx 데몬을 설정한다.

6. 우분투와 데비안의 경우 /etc/default/sphinxsearch 파일을 열고 START=yes로 변경한다. 그런 다음 다음 커맨드를 실행해 Sphinx 데몬을 시작한다.

```
sudo service sphinxsearch start
```

7. 페도라, CentOS, 또는 레드햇의 경우 Sphinx 데몬을 실행시키기 위해 다음 커맨드를 실행시킨다.

```
sudo service searchd start
```

8. Sphinx 데몬을 정지시키려면 service 커맨드를 다시 실행시키는데, 이때 start 대신 stop을 쓴다.

Sphinx 데몬은 CentOS, 레드햇, 페도라, 우분투, 데비안의 패키지 저장소에 있다. 하지만 보통 공식 Sphinx 웹사이트에 있는 버전보다 오래된 버전이다. 패키지 저장소에 있는 버전은 애플리케이션에 Sphinx를 이용한 검색 기능을 쉽게 통합시킬 수 있게 해주는 API 파일 또한 갖고 있지 않다. 이러한 파일은 때때로 따로 패키지 형태로 제공되기도 하지만 항상 그렇지 않기 때문에 필요한 모든 파일을 얻을 수 있는 공식 사이트에서 바로 Sphinx를 내려받는 것이 좋다.

데비안과 우분투에서는 Sphinx 패키지와 데몬은 sphinxsearch라고 한다. 레드햇, 페도라, CentOS에서 패키지는 sphinx라고 하고 데몬은 serachd라고 한다.

## 참고 사항

▶ Sphinx를 설치하고 사용하는 모든 내용에 대한 문서는 Sphinx 웹사이트인 http://sphinxsearch.com/docs/current.html에서 확인 가능하다.

## 윈도우에서 Sphinx 데몬 설치

Sphinx를 사용하려면, 반드시 서버에 데몬을 설치해야 한다. 이 레시피는 윈도우 버전의 Sphinx 데몬을 설치하는 것에 대한 내용이다.

## 예제 구현

1. http://sphinxsearch.com/downloads/release/에서 윈도우 버전에 따라 64비트 또는 32비트의 MySQL용 Sphinx 최신 버전을 내려받는다. 이 레시피에서는 64비트 윈도우를 실행시키고 있다고 가정한다.

2. 다운로드 폴더로 이동한 다음 ZIP 파일의 압축을 푼다.

3. 편한 위치에 파일 압축을 푼다. 이 레시피에서는 파일을 Sphinx 문서에서 권장하듯이 C:\Sphinx에 파일 압축을 풀었다고 가정한다.

4. 압축을 푸는 중 C:\Sphinx에 Sphinx 하위 폴더(예를 들면, sphinx-2.1.3-release-win64)가 생성된다면 다음 커맨드로 하위 디렉토리의 내용을 C:\Sphinx 폴더로 옮긴 후 빈 디렉토리를 삭제한다.

```
cd C:\Sphinx
mv .\sphinx-2.1.3-release-win64\* .\
rmdir sphinx-2.1.3-release-win64
```

5. 8장의 'Sphinx 데몬 설정' 레시피에서 설명한 것과 같이 Sphinx를 설정한다.

6. 9장의 'Sphinx 데몬과 SphinxSE를 사용한 검색' 레시피의 준비 단계를 마친 다음 다음 커맨드를 실행시킨다.

```
C:\Sphinx\bin\indexer --all
```

7. 다음 커맨드로 PowerShell이나 터미널 창을 열고 윈도우 서비스로 Sphinx searchd 프로그램을 설치한다.

```
cd C:\Sphinx
C:\Sphinx\bin\searchd --install ?config C:\Sphinx\sphinx.conf --servicename SphinxSearch
```

8. 위에 단계의 출력 결과는 다음 화면과 유사하다.

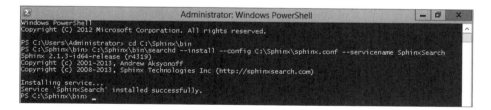

9. 윈도우 관리자 콘솔(서버 관리자의 도구 메뉴 아래에 컴퓨터 관리라고도 불린다)을 열고 서비스 및 애플리케이션을 클릭한 다음 서비스를 클릭한다.

10. 서비스 리스트에서 SphinxSearch를 찾는다. 다음 화면처럼 마우스 오른쪽 버튼을 클릭한 후 Start를 선택한다.

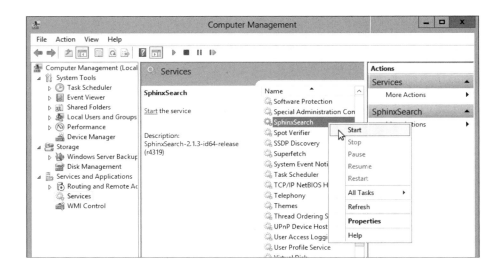

Sphinx 개발자들은 MariaDB 개발자들과 달리 윈도우용 MSI 인스톨 패키지를 제공 하지 않는다. 대신, Sphinx를 수동으로 설치하기 위해 내려받고 사용할 수 있는 ZIP 파일을 제공한다.

내려받을 수 있는 여러 버전의 Sphinx가 있다. MySQL이 쓰여 있는 것이라면 모두 괜찮다. 또한 원한다면 PostgreSQL과 PgSQL 지원 또한 포함하는 버전을 내려받아도 된다. 하지만 해당 버전들은 MariaDB뿐만 아니라 해당 데이터베이스를 사용할 경우에만 필요하다.

파일 압축을 풀 때, 기억하기 쉽고 사용하기 쉬운 위치에 두는 것이 좋다. 그러므로 이 레시피에서는 C:\Sphinx\를 사용한다. 성공적으로 Sphinx 서비스를 시작하려면, documents 테이블을 생성하고 데이터를 추가함으로써 검색 데이터베이스를 부트스트랩해야 하고, 그런 후에 초기 검색 인덱스를 생성하기 위해 인덱서 프로그램을 사용해야 한다. 이 과정을 완료하고 나면 SphinxSearch 서비스를 설치하는 커맨드를 실행시킬 수 있고, 그런 다음 실행시킬 수 있다.

윈도우 서비스를 원하는 대로 명명할 수 있다. Sphinx 문서는 SphinxSearch라는 이름을 사용할 것을 권장한다. 많이 선택하는 다른 이름은 CentOS, 레드햇, 페도라 리눅스에서 사용했던 searchd이다.

## 참고 사항

▶ 다양한 Sphinx 설정 옵션에 대한 전체 문서는 Sphinx 웹사이트인 http://sphinxsearch.com/docs/current.html에서 확인 가능하다.

## Sphinx 데몬 설정

Sphinx를 사용하려면 계정을 MariaDB 데이터베이스에 추가하고, 원하는 내용을 인덱스할 수 있도록 Sphinx 데몬을 설정해야 한다.

## 준비

9장의 'MariaDB에 SphinxSE 설치' 레시피에서 설명한 대로 SphinxSE를 설치한다. Sphinx 데몬은 사용하는 운영체제에 따라 9장에 있는 '리눅스에서 Sphinx 데몬 설치' 레시피나 '윈도우에서 Sphinx 데몬 설치'에서 설명한 대로 따라 설치한다.

## 예제 구현

1. mysql 커맨드라인 클라이언트를 열고, 다음 커맨드를 이용해서 Sphinx 데몬으로 인덱스하고자 하는 데이터베이스의 테이블에 대한 SELECT 권한을 갖고 있는 계정을 생성한다.

```
CREATE USER 'sphinx'@localhost
```

```
    IDENTIFIED BY 'sphinxsecretpassword';
GRANT SELECT on test.* to 'sphinx'@localhost;
```

2. 디폴트 sphinx.conf 파일을 방해되지 않게 옮긴다. 예를 들면, 다음 커맨드는 리눅스에 적용된다.

```
sudo mv -vi sphinx.conf sphinx.conf.dist
```

3. 텍스트 편집기(리눅스라면 빔, 지에디트[gedit], 플루마[pluma]를, 윈도우라면 노트패드)에서 다음 커맨드로 sphinx.conf 파일을 새로 생성한다.

```
#-----------------------------------------------------------------
#  Example data source and index config
#-----------------------------------------------------------------
source docstbl {
    type = mysql
    sql_host = localhost
    sql_user = sphinx
    sql_pass = sphinxsecretpassword sql_db    = test
    sql_port = 3306
    sql_attr_timestamp = date_added
    sql_query = \
        SELECT id, UNIX_TIMESTAMP(date_added) AS date_added, \
        title, content FROM documents
        sql_query_info = SELECT * FROM documents WHERE id=$id
}

index docsidx {
    source = docstbl
    path = /tmp/docsidx
    dict = keywords
}

indexer {
    mem_limit = 32M
}

searchd {
```

```
        pid_file = /var/run/sphinxsearch/searchd.pid
    }
```

4. 윈도우의 경우 pid_file과 path 라인을 유효한 경로로 변경해야 한다. 다음과 같다.

```
path = C:\Sphinx\docsidx
pid_file = C:\Sphinx\sphinx.pid
```

## 예제 분석

Sphinx 데몬은 지정한 테이블의 SELECT 권한을 갖고 있는 데이터베이스 계정을 사용해서 데이터를 인덱싱한다. 기존 계정을 사용할 수 있지만, 접근하고자 하는 특정 데이터베이스와 테이블의 SELECT 권한만 갖고 있는, Sphinx 데몬에만 사용 가능한 계정을 생성하는 것이 훨씬 더 좋다. 이 레시피의 경우 sphinx라는 이름의 계정을 생성하고 test 데이터베이스의 모든 테이블에 대한 SELECT 권한을 수여한다.

계정을 생성한 다음 해당 계정의 이름과 패스워드, 접속하려는 데이터베이스, 인덱스를 생성할 때 사용할 쿼리를 Sphinx 데몬에게 알려줘야 한다. Sphinx 데몬의 설정 파일은 sphinx.conf라고 하며, 운영체제에 따라 다른 경로에 위치할 것이다. 실제 설정 파일들은 굉장히 유사하지만, 가장 큰 차이점은 경로다. 이는 운영체제에 따라 어디에 위치하느냐에 따라 달라진다.

윈도우의 경우 sphinx.conf 파일은 파일의 압축을 푼 곳에 위치한다. 흔히 경로는 C:\Sphinx\sphinx.conf이다. 레드햇, 페도라, CentOs의 경우 sphinx.conf 파일은 /etc/sphinx/sphinx.conf에 위치할 것이다. 우분투와 데비안의 sphinx.conf는 /etc/sphinxsearch/sphinx.conf에 위치한다.

디폴트 설정 파일은 가능한 모든 옵션의 예시들을 짧은 설명과 함께 포함하고 있다. 대부분은 필요하지 않기 때문에 주석처리되어 있다.

설정해야 하는 실제 변수들은 아주 극소수다. 이를 쉽게 하기 위해 책의 웹사이트에 레시피의 설정이 있는 4399OS_09_sphinx.conf 파일을 올려 두었다. 일일이 입력하지 말고 간단히 이 파일의 내용을 로컬 sphinx.conf 파일에 추가하면 된다.

한 가지 중요한 점은 예제 파일에서 인덱스의 경로가 /tmp/docsidx로 설정됐다는 것이다. 실제로는 절대 인덱스를 /tmp/ 디렉토리에 저장하지 않아야 한다. 하지만 테스트하기 위한 인덱스에는 이 위치가 나쁘진 않다. 리눅스에서 더 좋은 위치는 /var/lib/ 아래일 것이다. 예를 들면, 우분투와 데비안에서 인덱스 파일의 디폴트 위치는 /var/lib/sphinxsearch/data/docsidx이다.

이 예제 설정 파일의 설명은 보통 불확실한 변수가 무엇을 하는지 이해하는 데에는 충분하므로 이 책을 모두 살펴볼 필요는 없다. 설정 파일의 주요 목적은 source{} 절에 데이터의 위치를 정의하고, 해당 데이터의 위치에 첨부되거나 기반으로 둔 인덱스들을 index{} 절에 정의하고, Sphinx 데몬의 두 가지 주요 파트인 Sphinx 인덱서와 searchd의 옵션을 설정하는 것이다. Sphinx 인덱서와 searchd는 각각 데이터를 인덱싱하고 검색하는 작업을 한다.

## 부연 설명

Sphinx를 설정할 때 기억해야 하는 사항이 몇 가지 있다. 다음 절에서 설명한다.

### 서로 다른 호스트의 Sphinx 데몬과 MariaDB

먼저 Sphinx 데몬은 MariaDB가 실행되고 있는 서버에서 동작하지 않아도 된다. 다른 MariaDB 클라이언트가 그러하듯 네트워크 연결을 통해서 데이터베이스와 통신할 수 있다. 그런 경우 sql_host 옵션을 MariaDB 서버의 호스트명이나 IP 주소로 설정하고 그 외에 모든 것들은 마치 두 프로그램이 동일 서버에서 동작하듯이 설정하면 된다. 기억해야 하는 것은 생성한 계정은 반드시 Sphinx가 실행되고 있는 서버에서 로그인해야 한다는 것이다.

### Sphinx 쿼리

예제 설정 파일을 살펴볼 때 알아야 할 또 다른 한 가지는 데이터 위치를 설정할 때 해야 하는 작업은 sql_query 변수로 쿼리를 선언하는 것이다. 이 쿼리는 다음 코드와 같이 단순한 것일 수 있다.

```
SELECT id, data FROM documents
```

또는, 이 레시피에서 사용한 것처럼 좀 더 복잡할 수도 있다.

```
sql_query = \

  SELECT id, group_id, \
  UNIX_TIMESTAMP(date_added) AS date_added, \
  title, content \
```

```
FROM documents
```

어떤 상황이든 간에 제일 처음 칼럼은 반드시 정수여야 한다. 이 첫 번째 칼럼은 Sphinx의 문서 ID이며, 필수이다. 두 번째, 검색 가능한 모든 데이터는 반드시 이 쿼리(또는 다른 데이터 위치절의 쿼리 부분)에 의해 반환되어야 한다. 그렇지 않을 경우, Sphinx는 이를 알 수 없기 때문에 검색할 수 없게 된다.

일부 데이터는 검색되지 않기 바라는 경우도 있기 때문에 두 가지 방법이 가능하다. 이 경우에는 `sql_query`에 포함시키지 않으면 Sphinx는 참조조차 하지 않을 것이다.

Sphinx 데몬을 설정했으니, 이제 데이터를 검색해 테스트할 수 있다. 이는 다음 레시피의 주제다.

## 참고 사항

▶ Sphinx 설정하는 것에 대한 상세한 문서는 Sphinx 웹사이트인 http://sphinxsearch.com/docs/current.html에서 확인 가능하다.

## Sphinx 데몬과 SphinxSE를 사용한 검색

이 레시피는 9장의 다른 레시피들을 마치고 난 후 Sphinx가 실제로 무언가 하는 것을 확인하는 레시피다.

이 레시피에서는 SphinxSE와 Sphinx 데몬을 설치하고 설정되어 있어야 한다. 방법은 9장의 앞 레시피에서 확인한다.

이전 레시피에서는 이 test 데이터베이스에서 documents라 불리는 테이블을 인덱싱하고 검색하는 Sphinx 데몬을 설정하였다. 이 레시피의 목적과 이전 레시피를 일치시키기 위해, 다음 CREATE TABLE 커맨드로 이 테이블을 생성해야 한다.

```
CREATE TABLE documents (
    id SERIAL PRIMARY KEY,
    date_added TIMESTAMP,
    title VARCHAR(256),
    content TEXT
);
```

또한 테이블에 몇몇 예제 데이터를 추가해야 한다. 이 책의 웹사이트에서 제공하는 4399OS_09_documents.sql 파일은 테이블을 생성하고 몇몇 예제 데이터를 추가할 것이다. 다음 커맨드를 사용해서 파일을 로드한다.

```
mysql -u user -p test < 4399OS_09_documents.sql
```

프롬프트를 실행할 때 계정을 유효한 계정 이름으로 변경하고 유효한 패스워드를 제공해야 한다.

1. 터미널 창에서 Sphinx 데몬이 실행되고 있다면 중지시키고 다시 실행시킨다.

2. 다음 indexer 커맨드를 실행시킨다.

```
indexer --rotate -al
```

```
daniel@pippin: ~
daniel@pippin:~$ sudo service sphinxsearch stop
sphinxsearch stop/waiting
daniel@pippin:~$ sudo service sphinxsearch start
sphinxsearch start/running, process 22304
daniel@pippin:~$ sudo indexer --rotate --all
Sphinx 2.1.3-id64-dev (r4319)
Copyright (c) 2001-2013, Andrew Aksyonoff
Copyright (c) 2008-2013, Sphinx Technologies Inc (http://sphinxsearch.com)

using config file '/etc/sphinxsearch/sphinx.conf'...
indexing index 'docsidx'...
collected 13 docs, 0.0 MB
sorted 0.0 Mhits, 100.0% done
total 13 docs, 9257 bytes
total 0.003 sec, 2398807 bytes/sec, 3368.74 docs/sec
total 4 reads, 0.000 sec, 3.7 kb/call avg, 0.0 msec/call avg
total 11 writes, 0.000 sec, 2.3 kb/call avg, 0.0 msec/call avg
rotating indices: successfully sent SIGHUP to searchd (pid=22304)
daniel@pippin:~$
```

**3.** 다음 search 커맨드를 실행시킨다.

**search -q nosql**

```
daniel@pippin: ~
daniel@pippin:~$ search -q nosql
Sphinx 2.1.3-id64-dev (r4319)
Copyright (c) 2001-2013, Andrew Aksyonoff
Copyright (c) 2008-2013, Sphinx Technologies Inc (http://sphinxsearch.com)

using config file '/etc/sphinxsearch/sphinx.conf'...
index 'docsidx': query 'nosql ': returned 3 matches of 3 total in 0.000 sec

displaying matches:
1. document=10, weight=2675, date_added=Fri Feb 13 18:33:00 2009
2. document=11, weight=2675, date_added=Fri Feb 13 18:33:10 2009
3. document=12, weight=1611, date_added=Fri Feb 13 18:33:20 2009

words:
1. 'nosql': 3 documents, 7 hits

daniel@pippin:~$
```

**4.** mysql 커맨드라인 클라이언트를 열고, test 데이터베이스에 접속한 후 로컬 Sphinx 데몬에 연결된 SphinxSE 테이블을 생성한다.

```
CREATE TABLE documents_search (
    id BIGINT UNSIGNED NOT NULL,
    weight INT NOT NULL,
    query VARCHAR(3072) NOT NULL,
    INDEX(query)
)   ENGINE=SPHINX;
```

**5.** 다음과 같은 몇몇 쿼리를 실행해 `documents_search` 테이블을 테스트한다.

```
SELECT * FROM documents_search WHERE query='nosql';
SELECT * FROM documents_search WHERE query='sphinx';
```

**6.** mysql 커맨드라인 클라이언트를 종료하고, MariaDB를 정지시킨 다음 Sphinx 데몬에 직접 연결해서 mysql 커맨드라인 클라이언트를 재실행시킨다. 그리고 다음 쿼리를 실행한다.

```
mysql -u root -h 0 -P 9306
SELECT * FROM docsidx WHERE MATCH('syntax diagrams');
SELECT * FROM docsidx WHERE MATCH('diving');
SELECT * FROM docsidx WHERE MATCH('tokudb|cassandra');
```

## 예제 분석

SphinxSE와 Sphinx 데몬을 이용해서 데이터를 검색하는 방법에는 여러 가지가 있다. 하지만 검색하기 전에 indexer 커맨드를 사용해서 데이터를 인덱싱해야 한다. 그러므로 가장 먼저 이 작업을 한다.

Sphinx 데몬은 search라고 불리는 커맨드라인 유틸리티와 함께 제공되는데, 인덱스들을 직접 검색하는 데에 사용할 수 있다. 이는 데이터가 제대로 인덱스됐는지 테스트하는 데에 유용하며 셸 스크립트에 있다.

데이터를 검색하는 두 번째 방법은 SphinxSE로 하는 것이다. 저장 엔진으로서 SphinxSE를 사용하려면 테이블을 생성해야 한다. 이 테이블을 일반적인 테이블처럼 보이지만, 실제로 생성할 때 Sphinx 데몬에 대한 접속을 선언하는 것과 같다. 이 테이블은 세 개의 칼럼과 하나의 인덱스를 갖고 있다. 원하는 이름을 사용할 수 있지만 데이터 타입들은 SphinxSE와 Sphinx 데몬이 요구하는 이름과 일치해야 한다. 첫 번째 칼럼은 documents의 id이다. 반드시 BIGINT로 선언되어야 하며 자연적으로 이름은 id이다. 두 번째 칼럼은 weight이다. 이 칼럼은 정수를 보여줄 것이다. 숫자가 클수록 해당 document가 쿼리와 일치할 확률이 높다. 이 레시피에서, 이 칼럼을 query라고 부르지만 흔히 사용하는 또 다른 이름은 q이다.

SphinxSE 테이블 정의의 마지막 부분은 테이블의 ENGINE을 SPHINX로 설정하는 것이다. CONNECTION 파라미터도 설정할 수 있는데, 이는 다음과 같은 형태를 갖고 있다.

```
CONNECTION="sphinx://HOST:PORT/INDEXNAME"
```

이 파라미터를 테이블 정의에서 삭제한다면 SphinxSE는 다음과 같은 디폴트 값을 갖게 된다.

```
CONNECTION="sphinx://localhost:9312/*"
```

SphinxSE 테이블을 설정하면, 간단한 WHERE 절 안에 쿼리가 있는 SELECT 문을 사용해서 데이터를 검색할 수 있다. SphinxSE는 일치하는 documents의 ID를 세 가지 칼럼과 함께 출력한다. 첫 번째는 일치하는 documents의 ID를 포함한 id 칼럼일 것이다. wieght라는 이름의 두 번째 칼럼에는 정수가 포함돼 있다. 이 숫자가 클수록 쿼리와 더욱 일치한다. 세 번째 칼럼에는 실제 쿼리가 포함된다.

마지막으로, 이 레시피에서 재미를 위해 Sphinx 데몬을 직접 연결해본다. 이를 할 수 있는 이유는 MariaDB 바이너리 네트워크 프로토콜을 사용하기 때문이다. 어쨌든 MariaDB는 종료시켰기 때문에 실제로 MariaDB에 연결하는 것이 아니다. 여기서는 mysql 커맨드라인 클라이언트를 사용했지만 MariaDB와 호환되는 클라이언트라면 아무거나 사용할 수 있다.

이 특별한 모드를 이용해서 쿼리에 사용한 SQL은 실제로는 SphinxQL이라고 불리는 Sphinx에 한정된 변종이다. 일반적인 SQL의 일부분이며 커맨드라인(또는 다른) 클라이언트의 Sphinx 쿼리를 위해 특별히 사용된다.

SphinxSE와 Sphinx 데몬을 최대한 활용하려면, 아마도 Sphinx API를 이용하고 싶을 것이다.

이 책에서는 Sphinx가 지원하는 다양한 프로그래밍 언어를 위한 Sphinx API를 사용하는 방법을 다룰 시간이 없다. 다행스럽게도, Sphinx 데몬에 예제 테스트 프로그램이 있다.

윈도우의 경우 C:\Sphinx에 Sphinx를 압축 해제를 했다면 C:\Sphinx\api 폴더에서 찾을 수 있다. 리눅스의 경우 일반적으로 .deb 패키지 또는 .rpm 패키지를 사용하느냐에 따라 /usr/share/sphinxsearch/api/나 /usr/share/sphinx/api/에서 예제를 찾을 수 있다.

## 참고 사항

▶ SphinxQL에 대한 전체 문서는 http://sphinxsearch.com/docs/current. html#sphinxql-reference에서 확인 가능하다.

▶ rt 인덱스에 대한 전체 문서는 http://sphinxsearch.com/docs/current.html#rt-indexes에서 확인 가능하다.

▶ SphinxQL를 사용했을 때와 API를 사용했을 때의 차이점을 보여주는 몇 가지 예제는 http://sphinxsearch.com/blog/2013/07/23/from-api-to-sphinxql-and-back-again/에서 확인 가능하다.

# 10

# MariaDB의 동적, 가상 칼럼 탐색

10장에서 다루는 레시피는 다음과 같다.

▶ 동적 칼럼이 있는 테이블 생성

▶ 동적 칼럼 데이터의 삽입, 업데이트, 삭제

▶ 동적 칼럼으로부터 데이터 읽기

▶ 가상 칼럼 사용

## 소개

데이터베이스 세상의 최신 트렌드 중 하나가 NoSQL 데이터베이스 개발과 사용이다. 이 트렌드는 MariaDB와 같이 SQL을 사용하는 관계형 데이터베이스 서버가 항상 작업에 적합한 도구가 아니라는 것을 깨닫기 시작하면서부터 시작되었다. 때때로 비관계형의 특수화되었고, 확장이 용이하며 클러스터된 키 값을 갖는 데이터베이스가 특정 작업에 더 적합하다.

또 다른 트렌드는 데이터베이스에 가상 칼럼이 추가됐다는 점이다. 이러한 칼럼은 동적 칼럼처럼 데이터에 접근하는 방식이 바뀌지 않는다. 가상 칼럼은 해당 칼럼의 데이터가 저장되는 방식을 바꾼다. 요컨대 스프레드시트와 유사하게 행에 있는 다른 칼럼들의 값으로부터 데이터를 얻는다.

MariaDB 개발자들은 이러한 종래와는 다른 데이터베이스 기능으로 값을 보고, 데이터베이스 서버를 가능한 한 유연하고 많은 것을 할 수 있도록 만들기 위해 MariaDB에 이러한 기능들을 구현하였다.

10장 뒤에 오는 두 장에서는 MariaDB의 추가적인 NoSQL 기능 두 가지 HandlerSocket과 카산드라 저장 엔진을 차례대로 살펴본다.

 10장은 몇 가지 구문 도표와 데이터 타입 정의를 포함한다. 꺾쇠 괄호 {} 안의 도표와 정의 부분은 옵션 사항이다. 또한, 연속적인 세 개의 점 ...(생략 부호라고도 불린다)은 꺾쇠 괄호의 이전 부분이 반복될 수 있음을 의미한다.

## 동적 칼럼이 있는 테이블 생성

동적 칼럼이 있는 테이블은 일반적인 테이블과 유사하지만 완전히 동일하지는 않다. 일반 테이블과 비슷하게 칼럼과 행이 있다. 다른 점은 각 행이 데이터를 저장하는 칼럼의 수와 해당 행에 적합한 데이터 타입이 다를 수 있다는 것이다.

## 예제 구현

1. mysql 커맨드라인 클라이언트를 실행시키고 MariaDB 서버에 접속한다.

2. test 데이터베이스를 생성하고 다음 커맨드를 이용해서 데이터베이스를 사용한다.

```
CREATE DATABASE IF NOT EXISTS test;
USE test;
```

3. 일반 PRIMARY KEY 칼럼과 BLOB 칼럼이 있는 테이블을 다음 커맨드로 생성한다.

```
CREATE TABLE dyn_example (
  id SERIAL PRIMARY KEY,
  dyn_cols BLOB
);
```

MariaDB의 동적 칼럼 기능은 테이블 설정을 변경하지 않고도 행별로 필요한 칼럼의 수와 데이터 타입들을 정의하고 재정의할 수 있는 특별한 기능이다. 이런 특별한 칼럼이 있으며, 이 레시피의 CREATE TABLE 커맨드에서 일반적인 BLOB 칼럼으로 정의되었다. 하지만 일반적인 BLOB 칼럼과 달리, 몇 가지 특별한 동적 칼럼 헬퍼 함수helper function들을 이용해서 이 칼럼과 대화한다. 이 헬퍼 함수들은 10장의 '동적 칼럼 데이터의 삽입, 업데이트, 삭제' 레시피와 동적 칼럼으로부터 데이터 읽기 레시피에서 다룬다.

동적 칼럼이 있는 테이블이 필요로 하는 두 가지는 PRIMARY KEY를 위한 id 칼럼(또는 유사한 것)과 BLOB 타입의 칼럼이다. 다른 칼럼들은 정의의 한 부분이 될 수 있지만 앞에 언급한 두 가지는 반드시 필요한 것들이다.

## 부연 설명

동적 칼럼을 사용할 때, 두 가지 제약 사항들을 알아야 한다. 첫 번째는 단일 동적 칼럼 BLOB 안에 정의할 수 있는 동적 칼럼의 최대 수는 65,535이다. 두 번째는, 꽉 찬 동적 BLOB 칼럼의 전체 길이는 max_allowed_packet 크기 변수가 무엇으로 설정되었든 간에 상관없이 1GB이다.

보통, 서버가 동적 칼럼과의 모든 대화를 처리하고 클라이언트는 오로지 다양한 동적 칼럼 함수를 호출한다. 하지만 클라이언트가 직접적으로 API를 이용해서 동적 칼럼을 다루고 대화할 수 있다. API는 libmysql 클라이언트 라이브러리의 일부이다.

## 참고 사항

▶ 동적 칼럼에 대한 전체 문서는 https://mariadb.com/kb/en/dynamic-columns/과 https://mariadb.com/kb/en/dynamic-columns-in-mariadb-10/에서 확인 가능하다.

▶ 동적 칼럼 API에 대한 문서는 https://mariadb.com/kb/en/dynamic-columns-api/에서 확인 가능하다.

▶ 10장의 '동적 칼럼 데이터의 삽입, 업데이트, 삭제' 레시피와 '동적 칼럼으로부터 데이터 읽기' 레시피를 참고한다.

## 동적 칼럼 데이터의 삽입, 업데이트, 삭제

동적 칼럼에 새 데이터를 삽입하고 기존 데이터를 업데이트하는 것은 기존 칼럼과 동일하지 않다. 특별한 동적 칼럼 함수들의 도움이 없다면 일반 MariaDB의 INSERT, UPDATE, DELETE 문들은 동적 칼럼이나 동적 칼럼에 저장된 데이터로 작업하는 방법을 이해하지 못한다. 동적 칼럼을 BLOB 칼럼으로만 인식할 것이다. 이 레시피는 동적 칼럼과 작업할 때 사용되는 기본 함수들을 소개하고 보여준다.

## 준비

먼저 동적 칼럼이 있는 테이블 생성 레시피를 마친다.

## 예제 구현

1. mysql 커맨드라인 클라이언트를 실행시키고 MariaDB 서버의 test 데이터베이스에 접속한다.

2. 앞서 생성했던 dyn_example 테이블에 몇몇 값들을 삽입한다.

```
INSERT INTO dyn_example (dyn_cols) VALUES
  (COLUMN_CREATE('name','t-shirt', 'color','blue'
    AS CHAR, 'size','XL' AS CHAR)),
  (COLUMN_CREATE('name','t-shirt', 'color','blue'
    AS CHAR, 'size','L' AS CHAR)),
  (COLUMN_CREATE('name','t-shirt', 'color','black'
    AS CHAR, 'size','M' AS CHAR)),
  (COLUMN_CREATE('name','flashlight', 'color','black'
```

```
         AS CHAR, 'size','AAA' AS CHAR, 'num', 2 AS INT)),
    (COLUMN_CREATE('name','shovel', 'length','5'));
```

3. 다음 커맨드를 사용해서 단일 행에 있는 동적 칼럼을 업데이트한다.

```
UPDATE dyn_example SET
  dyn_cols=COLUMN_ADD(dyn_cols, 'name', 'torch')
WHERE COLUMN_GET(dyn_cols, 'name' AS CHAR) = 'flashlight';
```

4. 다음 커맨드를 사용해서 단일 행에 동적 칼럼을 추가한다.

```
UPDATE dyn_example SET
  dyn_cols=COLUMN_ADD(dyn_cols,'length', 6)
WHERE COLUMN_GET(dyn_cols, 'name' AS CHAR) = 'torch';
```

5. 다음 커맨드를 사용해서 단일 행으로부터 칼럼을 삭제한다.

```
UPDATE dyn_example SET
  dyn_cols=COLUMN_DELETE(dyn_cols,'length')
WHERE COLUMN_GET(dyn_cols, 'name' AS CHAR) = 'shovel';
```

## 예제 분석

일반 SQL의 INSERT, UPDATE, DELETE 문은 동적 칼럼에서는 예상한 대로 동작하지 않는다. 이러한 쿼리들은 동적 칼럼을 일반적인 BLOB 칼럼으로 보기 때문이며, 바로 삽입 또는 업데이트하려고 할 경우, 행에 오류가 발생할 것이다. 이 칼럼과 제대로 대화하려면, 특수한 동적 칼럼 함수를 사용해야 한다. 데이터를 삽입, 업데이트, 삭제 함수는 COLUMN_CREATE, COLUMN_ADD, COLUMN_DELETE이다.

행의 각 동적 칼럼은 서로 다른 수의 칼럼을 가질 수 있으며, 각각의 동적으로 선언된 칼럼들은 다음의 서로 다른 데이터 타입을 가질 수 있다.

| 타입 | 설명 |
| --- | --- |
| BINARY[(N)] | 가변 길이의 바이너리 문자열 |
| CHAR[(N)] | 가변 길이의 문자열 |
| DATE | 3바이트 길이의 날짜 |
| DATETIME[(D)] | 9바이트 길이의 날짜와 시간. 마이크로초를 지원 |
| DECIMAL[(M[,D])] | 가변 길이의 바이너리 십진수 |
| INTEGER | 가변 길이의(최대 64비트 길이의) 부호 있는 정수 |
| SIGNED [INTEGER] | 가변 길이의(최대 64비트 길이의) 부호 있는 정수 |
| TIME[(D)] | 6바이트 길이의 시간. 마이크로초를 지원하며 음수도 허용 |
| UNSIGNED [INTEGER] | 가변 길이의(최대 64비트 길이의) 부호 없는 정수 |

동적 칼럼을 새로 생성하거나 기존의 동적 칼럼을 업데이트할 때 데이터 타입을 선언하는 것은 옵션 항목이다. 하지만 동적 칼럼으로부터 데이터를 읽을 때는 데이터 타입을 반드시 명시해야 한다.

COLUMN_CREATE 함수는 새로운 행을 추가하고 해당 행에 동적 칼럼을 선언하기 위해 INSERT 문의 일부로 사용된다. COLUMN_ADD 함수와 COLUMN_DELETE 함수와 달리, COLUMN_CREATE 함수에서, 함수 내부에 BLOB 칼럼 이름을 동적 칼럼으로 지정하는 경우, 이 함수의 일부인 INSERT 문에 의해 처리된다. 이 함수의 문법은 다음과 같다.

```
COLUMN_CREATE(column_name, value [AS type][, column_name,
    value [AS type]]...);
```

COLUMN_ADD 함수는 기존의 하나 이상의 행에 기존 동적 칼럼을 업데이트하거나 새로운 칼럼을 추가할 때 UPDATE 문의 일부로 사용된다. 이 함수의 문법은 다음과 같다.

```
COLUMN_ADD(dyncol_blob_name, column_name, value [AS type][, column_name,
    value [AS type]]...);
```

COLUMN_DELETE 함수는 명시한 동적 칼럼을 삭제하기 위해 UPDATE 문의 일부로 사용된다. 이 함수의 문법은 다음과 같다.

```
COLUMN_DELETE(dyncol_blob_name, column_name[, column_name]...);
```

## 부연 설명

MariaDB 5.3에 소개되었던 동적 칼럼 기능의 첫 번째 버전은 번호로 된 칼럼들만 허용하였다. MariaDB 10.0은 이름이 있는 동적 칼럼을 지원하는 첫 번째 버전이었다. 그러므로 MariaDB 5.3과 MariaDB 5.5의 경우, 현재는 칼럼 이름을 명시하는 곳에 숫자를 대신 입력할 것이다. 원래 동적 칼럼의 첫 번째 버전을 위해 개발된 코드로 작업할 경우, 칼럼 이름 대신 숫자들을 보게 될 것이다.

MariaDB 10.0과 그 이후 버전은 코드가 일관성 있게 칼럼을 번호로 참조하는 동안만은 예전 스타일의 동적 칼럼을 지원한다. 이름을 사용하기 시작하고 나면, 동적 칼럼은 자동으로 동적 칼럼의 새 형태로 업그레이드되고 숫자들을 계속 사용할 수 없게될 것이다.

### 동적 칼럼 중첩하기

동적 칼럼은 동적 칼럼 함수 안에 또 다른 동적 칼럼 함수를 넣을 경우, 중첩될 수 있다. 예를 들면, 다음 쿼리를 수행할 수 있다.

```
INSERT INTO dyn_example (dyn_cols) VALUES
  (COLUMN_CREATE('type','parent', 'name', 'Mary',
    'child1', COLUMN_CREATE('name', 'Sue', 'eyes','brown'),
    'child2', COLUMN_CREATE('name', 'Bob',
  'grandchild', COLUMN_CREATE('name', 'baby'))
));
```

이 INSERT 문은 내부에 두 개의 중첩된 동적 칼럼이 있는 동적 칼럼을 생성하는데, 두 개의 동적 칼럼 중 하나는 자신 안에 중첩된 동적 칼럼을 하나 더 갖고 있다. 동적 칼럼의 각 칼럼 이름들은 반드시 유일해야 하지만, 해당 칼럼이 자기 자신의 중첩된 동적 칼럼 안에 위치할 경우 이름을 중복해서 사용할 수 있다.

10장의 '동적 칼럼으로부터 데이터 읽기' 레시피 중 '중첩된 동적 칼럼 읽기' 절에서 중첩된 동적 칼럼의 데이터를 쿼리하고 읽는 방법에 대해 설명한다.

## 참고 사항

▶ 동적 칼럼에 대한 전체 문서는 https://mariadb.com/kb/en/dynamic-columns/와 https://mariadb.com/kb/en/dynamic-columns-in-mariadb-10/에서 확인 가능하다.
▶ 10장의 '동적 칼럼이 있는 테이블 생성' 레시피와 '동적 칼럼으로부터 데이터 읽기' 레시피를 참고한다.

## 동적 칼럼으로부터 데이터 읽기

동적 칼럼으로부터 데이터를 읽는 것은 기존 칼럼과 동일하지 않다. 특별한 동적 칼럼 함수들의 도움이 없다면 일반 MariaDB의 SELECT 문은 동적 칼럼 BLOB에 저장된 데이터를 제대로 읽는 법을 이해하지 못할 것이다. 동적 칼럼을 BLOB 칼럼으로만 인식하고 다른 BLOB과 동일하게 다룬다. 이 레시피는 동적 칼럼을 읽을 때 사용하는 기본 함수들을 소개하고 보여준다.

## 준비

10장의 '동적 칼럼이 있는 테이블 생성' 레시피와 '동적 칼럼 데이터의 삽입, 업데이트, 삭제' 레시피를 마친다.

## 예제 구현

1. mysql 커맨드라인 클라이언트를 실행시킨다. MariaDB 서버와 test 데이터베이스에 연결한다.

**2.** 데이터에서 칼럼들을 확인한다.

```
SELECT id, COLUMN_LIST(dyn_cols) FROM dyn_example;
```

다음 화면은 데이터의 칼럼들을 보여준다.

**3.** 다음 커맨드를 사용해서 테이블의 데이터를 읽는다.

```
SELECT id,
    COLUMN_GET(dyn_cols, 'name' AS CHAR) AS 'name',
    COLUMN_GET(dyn_cols, 'color' AS CHAR) AS 'color',
    COLUMN_GET(dyn_cols, 'size' AS CHAR) AS 'size',
    COLUMN_GET(dyn_cols, 'num' AS INT) AS 'num'
FROM dyn_example;
```

다음 화면은 위의 커맨드를 사용했을 때 선택된 데이터를 출력한다.

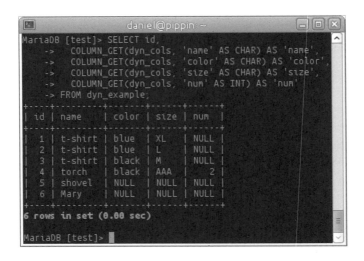

4. 다음 커맨드를 사용해서 테이블에서 모든 데이터를 선택하고 각각의 동적 칼럼 BLOB을 JSON 객체로 출력한다.

```
SELECT id, COLUMN_JSON(dyn_cols) FROM dyn_example;
```

위의 커맨드는 다음과 같은 화면을 출력한다.

5. 각 동적 칼럼 BLOB에 num 칼럼이 존재하는지 확인한다.

```
SELECT id, COLUMN_EXISTS(dyn_cols, 'num')
  FROM dyn_example;
```

위의 커맨드는 다음과 같은 화면을 출력한다.

6. 다음 커맨드를 사용해서 각 행의 동적 칼럼 BLOB 칼럼이 유효한지 확인한다.

```
SELECT id, COLUMN_CHECK(dyn_cols)
  FROM dyn_example;
```

위의 커맨드는 다음과 같은 화면을 출력한다.

동적 칼럼을 읽으려면, 반드시 COLUMN_GET이나 COLUMN_JSON 헬퍼 함수 중 하나를 사용해야 한다. 이러한 함수를 사용하지 않고 일반적인 SELECT 문을 사용하려 한다면, 이해할 수 없는 형태의 데이터를 얻게 될 것이다. 사실, 이것은 동적 칼럼의 API가 이해할 수 있는 바이너리 형식이며, 읽을 수 있지만 SELECT 혼자서는 불가능하다. 이는 음악 프로그램이 바이너리 형태의 MP3 파일을 읽을 수 있지만, 비행기의 3D 모델을 포함하고 있는 파일은 이해할 수 없는 것과 유사한 상황이다.

COLUMN_GET 함수를 사용하려면 동적 칼럼 BLOB 칼럼의 이름과 동적 칼럼의 데이터 타입을 읽고자 하는 blob 안의 동적 칼럼의 이름과 함께 명시해야 한다. 이는 COLUMN_ADD 함수와 COLUMN_CREATE 함수와 대조적이다. 이 두 함수의 경우 데이터 타입을 지정하는 것은 옵션 사항이다. 또한, 이 함수를 찾고자 하는 각각의 개별적인 칼럼에 대해 호출해야 한다. 여러 개의 칼럼을 한번에 명시하는 것을 허용하지 않기 때문이다. COLUMN_GET 함수의 문법은 다음과 같다.

```
COLUMN_GET(dyncol_blob_name, column_name AS type);
```

하나 이상의 행의 주어진 동적 칼럼 BLOB에 어떤 칼럼이 있는지 확인하기 위해 COLUMN_LIST 함수를 사용한다. WHERE 절을 생략한다면, 테이블에 있는 모든 행의 모든 동적 칼럼 BLOB 안의 칼럼 리스트를 얻게 될 것이다. 이 함수의 문법은 다음과 같다.

```
COLUMN_LIST(dyncol_blob_name);
```

COLUMN_EXISTS 함수는 명시된 칼럼이 주어진 행(WHERE 절을 생략할 경우 모든 행)의 주어진 동적 칼럼 BLOB에 존재하는지 확인하는 데에 사용할 수 있다. 칼럼이 존재할 경우 1을 반환하고, 없을 경우 0을 반환한다. 이 함수의 문법은 다음과 같다.

```
COLUMN_EXISTS(dyncol_blob_name, column_name);
```

COLUMN_JSON 함수는 쉽게 동적 칼럼 BLOB의 모든 칼럼들을 얻고 일반 JSON 객체문으로 출력할 수 있게 한다. 이 함수는 모든 동적 칼럼들을 출력하기 때문에 선택한 행에 무슨 칼럼이 있는지 명시하거나 알아야 필요가 없다. 이 함수의 문법은 다음과 같다.

```
COLUMN_JSON(dyncol_blob_name);
```

COLUMN_CHECK 함수는 주어진 동적 칼럼 BLOB이 유효한지, 그리고 오류가 없는지 검증하는 데에 사용된다. 이 함수의 문법은 다음과 같다.

```
COLUMN_CHECK(dyncol_blob_name);
```

## 부연 설명

MariaDB 5.3과 MariaDB 5.5에 포함된 동적 칼럼의 첫 번째 버전은 칼럼 이름을 허용하지 않았다. 대신 칼럼은 숫자로 참조되었다. 이러한 예전 스타일의 동적 칼럼들은 MariaDB 10.0 이상의 버전에서 여전히 지원되고 있지만, 출력 결과는 약간 다르다. 예를 들면, COLUMN_LIST 함수가 예전 스타일의 동적 칼럼 BLOB을 쿼리하기 위해 사용될 경우 콤마로 분리된 칼럼 이름 리스트 대신 콤마로 분리된 칼럼 번호 리스트를 반환할 것이다.

### 중첩된 동적 칼럼 읽기

중첩된 동적 칼럼은 데이터를 읽고 싶을 때 까다로운 도전이 된다. 예를 들면, '동적 칼럼 데이터의 삽입, 업데이트, 삭제' 레시피의 중첩된 동적 칼럼 절에서 보여줬듯이 예제의 중첩된 동적 칼럼을 입력하고, 다음과 같이 COLUMN_GET 함수를 사용해서 데이터를 얻으려고 시도한다면, 결과는 이해하기 힘든 형태로 출력된다.

```
SELECT
  COLUMN_GET(dyn_cols, 'child1' AS CHAR) as 'child1',
  COLUMN_GET(dyn_cols, 'child2' AS CHAR) as 'child2'
FROM dyn_example WHERE
  COLUMN_GET(dyn_cols, 'type' AS CHAR) = 'parent';
```

출력 결과는 다음 화면과 같다.

대신, 중첩된 동적 칼럼 데이터를 제대로 선택하려면 다음 커맨드와 같이 반드시 COLUMN_JSON 함수를 사용해야 한다.

```
SELECT COLUMN_JSON(dyn_cols)
FROM dyn_example WHERE
  COLUMN_GET(dyn_cols, 'type' AS CHAR) = 'parent';
```

위의 커맨드는 출력 결과는 다음 화면과 같다.

## 참고 사항

▸ 동적 칼럼의 전체 문서는 https://mariadb.com/kb/en/dynamic-columns/와 https://mariadb.com/kb/en/dynamic-columns-in-mariadb-10/에서 확인 가능하다.

▸ 10장의 '동적 칼럼이 있는 테이블 생성' 레시피와 '동적 칼럼으로부터 데이터 읽기' 레시피를 참고한다.

## 가상 칼럼 사용

MariaDB의 가상 칼럼 기능은 미리 계산되거나 실시간으로 계산된 값들을 포함하는 칼럼들을 생성할 수 있도록 허용한다.

## 예제 구현

1. mysql 커맨드라인 클라이언트를 실행시키고 MariaDB 데이터베이스에 연결한다.

2. 다음 커맨드를 사용해서 test 데이터베이스를 생성하고 해당 데이터베이스로 전환한다.

```
CREATE DATABASE IF NOT EXISTS test;
USE test;
```

3. 다음 커맨드를 사용해서 가상 칼럼이 있는 테이블을 생성한다.

```
CREATE TABLE virt_cols (
  id SERIAL PRIMARY KEY,
  surname VARCHAR(64),
  givenname VARCHAR(64),
  uid INT AS (id + 1000) VIRTUAL,
  username VARCHAR(6) AS
    (LOWER(CONCAT(LEFT(givenname,1),(LEFT(surname,5))))) PERSISTENT);
```

4. 다음 커맨드를 사용해서 테이블의 구조를 살펴본다.

```
DESCRIBE virt_cols;
```

DESCRIBE 커맨드는 다음 화면과 같이 테이블의 구조를 출력한다.

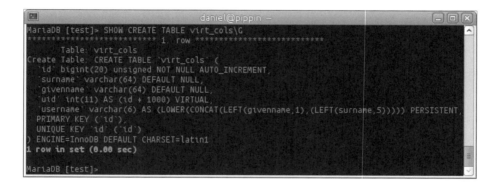

5. 가상 테이블을 포함한 정확한 테이블을 다시 생성할 CREATE TABLE 커맨드를 출력한다.

```
SHOW CREATE TABLE virt_cols\G
```

위 커맨드의 출력 결과는 다음 같다.

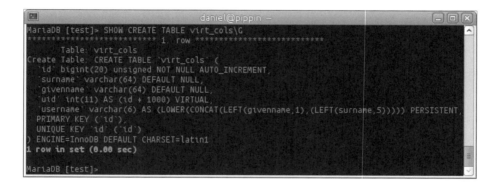

6. 다음과 같은 몇몇 데이터를 삽입한다.

```
INSERT INTO virt_cols (surname,givenname) VALUES
    ('Packer','Boyd'),('Uchtdorf','Dieter'),
    ('Ballard','Russell'),('Holland','Jeffrey'),
    ('Cook','Quentin'),('Bednar','David');
INSERT INTO virt_cols (surname,givenname,uid,username) VALUES
    ('Christofferson','Todd', DEFAULT, DEFAULT),
    ('Andersen','Neil', DEFAULT, DEFAULT);
```

**7.** 다음 커맨드를 사용해서 `virt_cols` 테이블로부터 데이터를 선택한다.

```
SELECT * FROM virt_cols;
```

위의 커맨드는 다음과 같은 결과를 출력한다.

```
daniel@pippin ~
MariaDB [test]> SELECT * FROM virt_cols;
+----+---------------+-----------+------+----------+
| id | surname       | givenname | uid  | username |
+----+---------------+-----------+------+----------+
|  1 | Packer        | Boyd      | 1001 | bpacke   |
|  2 | Uchtdorf      | Dieter    | 1002 | duchtd   |
|  3 | Ballard       | Russell   | 1003 | rballa   |
|  4 | Holland       | Jeffrey   | 1004 | jholla   |
|  5 | Cook          | Quentin   | 1005 | qcook    |
|  6 | Bednar        | David     | 1006 | dbedna   |
|  7 | Christofferson| Todd      | 1007 | tchris   |
|  8 | Andersen      | Neil      | 1008 | nander   |
+----+---------------+-----------+------+----------+
8 rows in set (0.00 sec)

MariaDB [test]>
```

## 예제 분석

MariaDB의 가상 칼럼 기능은 함수(또는 여러 함수의 조합)의 출력 결과에 기반한 값을 계산한 테이블의 특수 칼럼들을 생성 가능하게 한다. 이러한 값들은 데이터베이스에 저장되고 행이 업데이트될 때만 업데이트 되는 값임을 의미하는 PERSISTENT이거나, 행을 읽을 때마다 계산되는 값임을 의미하는 VIRTUAL일 수 있다.

가상 칼럼이 있는 테이블의 구조를 살펴보기 위해 일반 DESCRIBE 문을 사용하면, 출력 결과의 EXTRA 칼럼은 가상 칼럼의 타입을 식별하기 위한 VIRTUAL, 또는 PERSISTENT이 나타나느냐 나타나지 않느냐에 따라 칼럼이 가상인지 아닌지를 알려 줄 것이다. DESCRIBE 문은 가상 칼럼의 값을 결정하는 함수 또는 함수의 조합들과 연산자를 보여주지는 않는다. 그런 경우를 위해, SHOW CREATE TABLE 문을 사용해야 한다.

가상 칼럼이 있는 테이블에 데이터를 삽입하거나 업데이트할 때, SQL 문에 칼럼을 지정하지 않거나 지정할 경우에는 값을 제공하지 않고 DEFAULT 키워드를 사용해야 한다. 이 레시피에서는 두 가지 동작 다 수행하였다.

가상 칼럼이 있는 테이블에서 데이터를 선택하는 것은 가상 칼럼이 없는 테이블에서 선택하는 것과 같다. 유일하게 다른 점은 VIRTUAL 칼럼의 값을 계산하는 함수가 실행될 때 오래 걸릴 경우일 것이다. PERSISTENT 가상 칼럼은 계산된 값이 데이터베이스에 저장되기 때문에 테이블의 일반 칼럼만큼 빠르게 결과를 반환할 것이다. 하지만 VIRTUAL 칼럼의 값은 테이블이 쿼리될 때마다 계산된다.

## 부연 설명

가상 칼럼들은 몇 가지 제약 사항이 있다. 우선 첫째로, InnoDB, XtraDB, Aria, MyISAM 테이블로만 사용될 수 있다.

또한, 인덱스는 가상 칼럼을 위해 부분적으로만 지원된다. 가상 칼럼이 기본 키를 지원하지 않기 때문이다. PERSISTENT 가상 칼럼에 대한 인덱스를 가질 수는 있지만, 설령 그렇다 하더라도 UPDATE CASCADE, ON UPDATE SET NULL, ON DELETE SET NULL과 같은 쿼리에는 허용되지 않는다.

그렇긴 하지만, 트리거와 저장 프로시저와 같은 것들을 가상 칼럼에 의해 완벽하게 지원된다.

## 참고 사항

▶ MariaDB의 가상 칼럼에 대한 전체 문서는 https://mariadb.com/kb/en/virtual-columns/에서 확인 가능하다.

# 11

# HandlerSocket을 사용한
# NoSQL 지원

11장에서는 다음 15개의 레시피를 다룬다.

- ▶ HandlerSocket 설치와 설정
- ▶ libhsclient 라이브러리 설치
- ▶ HandlerSocket 펄 클라이언트 라이브러리 설치
- ▶ HandlerSocket과 펄을 사용한 데이터 읽기
- ▶ HandlerSocket과 펄을 사용한 데이터 추가
- ▶ HandlerSocket과 펄을 사용한 데이터 업데이트와 삭제
- ▶ HandlerSocket 파이썬 클라이언트 라이브러리 설치
- ▶ HandlerSocket과 파이썬을 사용한 데이터 읽기
- ▶ HandlerSocket과 파이썬을 사용한 데이터 추가
- ▶ HandlerSocket과 파이썬을 사용한 데이터 업데이트와 삭제
- ▶ HandlerSocket 루비 클라이언트 라이브러리 설치
- ▶ HandlerSocket과 루비를 사용한 데이터 읽기
- ▶ HandlerSocket과 Ruby를 사용한 데이터 추가
- ▶ HandlerSocket과 Ruby를 사용한 데이터 업데이트와 삭제
- ▶ 텔넷<sup>Telnet</sup>으로 HandlerSocket 직접 사용

11장에서는 MariaDB의 NoSQL 인터페이스 HandlerSocket을 사용하여 설치하고 설정하는 모든 내용을 다룬다. MariaDB를 위한 HandlerSocket 플러그인을 설치하고 설정하며, HandlerSocket을 통해 MariaDB 데이터베이스를 여러 언어로 직접 통신하려면 libhsclient 라이브러리 컴파일과 설치가 필요하다.

인기 높은 3개의 스크립트 언어인 펄PERL, 파이썬Python, 루비Ruby를 사용하여 동일한 기본 레시피를 사용할 수 있다. 3개의 언어를 사용해 클라이언트 라이브러리를 설치한 후 데이터 읽기, 추가, 업데이트, 삭제를 할 수 있다. HandlerSocket 플러그인을 설치한 다음에 선호하는 언어를 선택해 사용한다. 11장이 끝날 때는 텔넷Telnet을 사용하여 직접 HandlerSocket으로 연동하는 법을 파악하게 된다.

## HandlerSocket 설치와 설정

HandlerSocket 플러그인은 MariaDB에 포함되어 있지만, 다른 선택 플러그인처럼 디폴트로 비활성화, 미설정 상태다.

## 예제 구현

1. mysql 커맨드라인 클라이언트를 실행하고, MariaDB 데이터베이스에 연결한다.

2. 다음 명령어를 사용하여 HandlerSocket 플러그인을 설치한다.

```
INSTALL SONAME 'handlersocket';
```

3. my.cnf 또는 my.ini 파일을 열고, [mysqld] 절에 다음 명령을 추가한다.

```
#
 * HandlerSocket
#
handlersocket_address="127.0.0.1"
handlersocket_port="9998"
handlersocket_port_wr="9999"
```

**4.** MariaDB를 정지 후 다시 시작한다.

**5.** mysql 커맨드라인 클라이언트를 사용하여 MariaDB 다시 연결하고, 다음 문장을 사용하여 HandlerSocket 워커 스레드를 살펴본다.

```
SHOW PROCESSLIST;..
```

## 예제 분석

HandlerSocket 플러그인은 MariaDB의 SQL 레이어를 완벽하게 바이패스하도록 해준다. 이런 동작을 통해서 간단한 동작에 대해 놀랄 만한 정도의 처리 속도를 제공한다. 단점은 HandlerSocket은 단순한 동작만을 처리한다는 점이다. 기본적인 SELECT, INSERT, UPDATE, DELETE 문 외에는 처리 불가능하다. 기본 키primary key 또는 색인된 키에서 탐색만 가능하다.

HandlerSocket 플러그인은 MariaDB에 포함되어 제공되지만, 다른 선택 플러그인과 마찬가지로 디폴트로 활성화되지 않는다. 따라서 활성화하려면 INSTALL SONAME 명령어를 사용해야 한다. 한 번만 사용 가능한 명령어다.

INSTALL 명령 사용 이후에, HandlerSocket 동작이 제대로 이뤄지도록 하기 위해서 로컬 파일 my.cnf에 추가해야 할 몇 가지 설정 값이 있다. 플러그인 설치 이후에 주 설정 파일에 추가해야 한다.

handlersocket_address 설정은 플러그인이 요청에 대한 대기를 하기 위해서 사용하는 IP 주소 값이다. 변수 handlersocket_port는 읽기 전용 요청을 연결할 때 사용하는 포트 번호다. 변수 handlersocket_port는 추가, 업데이트 동작과 쓰기 동작을 필요로 하는 다른 동작을 위해서 사용하는 포트 번호다.

 HandlerSocket을 설치하고 설정할 때, my.cnf 파일에 설정을 추가하기 전에 INSTALL SONAME 명령어를 실행해야 한다. HandlerSocket 설정 옵션은 플러그인이 설치될 때만 유효하다. HandlerSocket 플러그인이 설치되지 않고, 설정 파일에 옵션이 있으면 에러가 발생하고, MariaDB는 시작하지 못한다.

HandlerSocket이 설정되고, 동작하기 시작하면, 여러 개의 워커 스레드를 생성한다. 이러한 스레드들은 애플리케이션으로부터의 요청들을 처리한다. HandlerSocket이 동작할 때 워커 스레드에 대한 모니터링은 HandlerSocket이 제대로 설치, 설정됐는지를 확인하는 데 좋은 방법이 될 수 있다. HandlerSocket이 동작할 때, SHOW PROCESSLIST; 커맨드 출력 결과는 다음 화면과 같다.

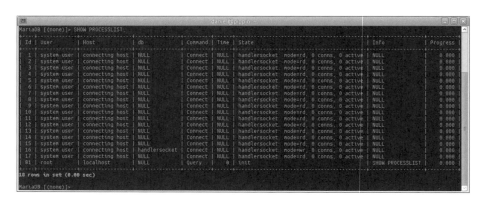

HandlerSocket 플러그인을 제거하려면 UNINSTALL SONAME 커맨드를 사용한다. 플러그인을 삭제하려고 UNINSTALL을 선택했다면, 플러그인 설치 이후에 추가된 설정들도 삭제해야 한다.

## 부연 설명

HandlerSocket 플러그인은 디폴트로 16개의 읽기 스레드와 1개의 쓰기 스레드를 사용한다. 모든 스레드는 다음 변수를 my.cnf 파일의 [mysqld] 절에 추가함으로써 제어할 수 있다.

**HandlerSocket Read Threads:**
**handlersocket_threads     = 16**

**HandlerSocket Write Threads:**
**handlersocket_threads_wr = 1**

각각에 대해 허용될 수 있는 최대 값은 3000이며, 그보다 더 높은 값으로 설정하는 것은 추천되지 않는다. 쓰기 스레드 수는 1을 추천하고, 읽기 스레드 수는 서버 CPU 코어 수의 두 배를 권장한다.

HandlerSocket에 연결할 때 사용할 수 있는 클라이언트용 평문 암호를 설정할 수 있다. MariaDB SQL 레이어 바이패스<sup>bypass</sup>처럼 HandlerSocket도 MariaDB 보안<sup>security</sup> 레이어를 바이패스한다. HandlerSocket 플러그인을 사용하면, 누락된 보안을 다시 추가 할 수 있다. 읽기 전용, 쓰기 포트에 대해 둘 다 암호 분리 설정이 가능하다. 다음 두 변수를 살펴보자.

```
handlersocket_plain_secret = 'readSocketPassword'
handlersocket_plain_secret_wr = 'writeSocketPassword'
```

## 참고사항

▶ HandlerSocket 플러그인에 대한 전체 문서는 https://mariadb.com/kb/en/handlersocket/에서 확인 가능하다.

▶ 다양한 HandlerSocket 설정 옵션에 대한 내용은 https://mariadb.com/kb/en/handlersocket-configuration-options/에서 확인 가능하다.

▶ HandlerSocket 프로토콜은 https://github.com/DeNA/HandlerSocket-Plugin-for-MySQL/blob/master/docs-en/protocol.en.txt에서 확인 가능하다.

## libhsclient 라이브러리 설치

libhsclient 라이브러리는 HandlerSocket과 통신하기 위한 클라이언트 라이브러리다. MariaDB에 포함되어 있지 않으므로, 리눅스 배포판의 패키지 저장소로부터 설치하거나, 스스로 찾아서 설치<sup>Install</sup>해야 한다.

HandlerSocket 플러그인의 설치와 설정은 11장 앞부분의 HandlerSocket 설치 및 설정 레시피에서 나타내었다. libhsclient 라이브러리를 빌드하려면 몇 가지 개발 툴과 패키지 설치가 필요하다. 레드햇, 페도라, CentOS에선 필요한 툴을 설치하기 위해 다음 명령어를 실행한다.

```
sudo yum install make gcc-c++
```

데비안이나 우분투에서는 필요한 툴 설치를 위해 다음 명령어를 실행하자.

```
sudo apt-get install make g++
```

이젠 libhsclient 라이브러리를 빌드하고 설치할 준비가 되었다.

1. 최신 HandlerSocket 소스 파일을 다음과 같이 내려받는다.

```
wget \
https://github.com/DeNA/HandlerSocket-Plugin-for-MySQL/archive/ master.
tar.gz
```

2. 디렉터리를 /usr/local/src로 바꾸고, 내려받은 압축 파일을 푼다(untar).

```
cd /usr/local/src/
sudo tar -zxvf /path/to/master*
```

3. 디렉터리를 libhsclient/로 바꾸고, Makefile.plain 파일을 Makefile 파일로 이름 변경한다.

```
cd HandlerSocket-Plugin-for-MySQL-master/libhsclient
sudo mv -vi Makefile.plain Makefile
```

4. libhsclient를 컴파일하고 다음과 같이 설치한다.

```
sudo make
sudo mkdir -vp /usr/local/include/handlersocket
sudo install -vm 644 *.hpp /usr/local/include/handlersocket
```

```
sudo install -vm 644 libhsclient.a /usr/local/lib

cd /usr/local/include/
sudo ln -vs handlersocket/*.hpp ./
```

## 예제 분석

libhsclient 라이브러리를 컴파일하고 설치하는 것은 다른 소프트웨어 소스를 리눅스에서 컴파일하고 설치하는 것과 동일하다. 주된 차이점은 HandlerSocket 플러그인 소스 패키지의 일부이고, MariaDB 플러그인 일부이기 때문에(MariaDB 내부에 이미 존재), 다른 소스코드를 사용할 때 일반적으로 사용하는 `./configure && make && sudo make install`이라는 3단계 동작을 하지 않는다. 대신 libhsclient/ 하위 디렉터리로 가서 기본 `Makefile`을 사용하여 `make` 프로세스를 수행한다.

라이브러리는 그다지 크지 않기 때문에 `make` 프로세스 의 동작은 오래 걸리지 않는다. 프로세스가 완료되면, libhsclient/ 디렉터리 밑에 .hpp 확장자로 끝나는 파일들을 가지게 된다. 이러한 파일들은 클라이언트 라이브러리가 볼 수 있는 위치로 옮겨지고, 4단계의 마지막 몇 개 커맨드들과 같이 사용된다.

## HandlerSocket 펄 클라이언트 라이브러리 설치

펄용 HandlerSocket 클라이언트 라이브러리들은 HandlerSocket 소스코드에 포함되어 있다. 이 레시피에서는 컴파일과 설치를 다룬다.

## 준비

HandlerSocket 펄 클라이언트 라이브러리를 빌드하려면 몇 가지 개발 툴과 패키지를 설치해야 한다. 무엇보다도 11장의 앞부분에서 이미 설명한 libhsclient 라이브러리 설치 레시피에서 나타낸 libhsclient 라이브러리 설치가 필요하다. 그 후, 몇 개의 펄 개발 툴을 설치해야 한다.

레드햇, 페도라, CentOS에선 다음 커맨드를 실행한다.

```
sudo yum install perl-devel perl-Test-Simple
```

데비안과 우분투에 필요한 패키지를 설치하려면 다음 커맨드를 실행한다.

```
sudo apt-get install libperl-dev
```

이제 HandlerSocket 펄 클라이언트 라이브러리를 설치할 준비가 되었다.

## 예제 구현

1. 커맨드라인 윈도우를 연다.

2. HandlerSocket 소스 디렉터리의 perl-Net-HandlerSocket 디렉터리를 변경한다.

   ```
   cd /usr/local/src/HandlerSocket-Plugin-for-MySQL-master/
   cd perl-Net-HandlerSocket/
   ```

3. HandlerSocket 펄 클라이언트 라이브러리를 설치하는 명령을 수행한다.

   ```
   sudo perl Makefile.PL
   sudo make
   sudo make test
   sudo make install
   ```

## 예제 분석

HandlerSocket 플러그인 소스 코드는 펄 클라이언트 라이브러리를 포함하지만, HandlerSocket 라이브러리는 MariaDB 바이너리엔 포함되지 않는다. 따라서, 수동으로 설치해야만 한다. libhsclient 라이브러리를 설치하기 위한 레시피로부터 HandlerSocket 소스코드를 이미 가지고 있기 때문에 다시 내려받을 필요는 없다.

실제로 라이브러리를 컴파일하고 설치하는 작업은 매우 쉽다. make test를 수행할 때 출력에서 다음 텍스트가 마지막 라인에 나오면 된다.

```
Result: PASS
```

# HandlerSocket과 펄을 사용한 데이터 읽기

이 레시피에서는 HandlerSocket을 사용해 데이터를 읽는 간단한 펄 스크립트를 만든다.

## 준비

앞의 'HandlerSocket 펄 클라이언트 라이브러리 설치' 레시피의 HandlerSocket 펄 클라이언트 라이브러리를 설치한다.

이를 위해서 mysql 커맨드라인 클라이언트를 실행하고, 다음 커맨드를 실행하여 약간의 데이터를 포함한 테스트 테이블을 생성한다.

```
CREATE DATABASE IF NOT EXISTS test;
USE test;
DROP TABLE IF EXISTS hs_test;
CREATE TABLE hs_test (
    id SERIAL PRIMARY KEY,
    givenname varchar(64),
    surname varchar(64)
);
INSERT INTO hs_test VALUES
    (1,"William","Hartnell"), (2,"Patrick","Troughton"),
    (3,"John","Pertwee"), (4,"Tom","Baker"),
    (5,"Peter","Davison"), (6,"Colin","Baker");
```

샘플 데이터는 이 책의 웹사이트에서 받을 수 있는 hs_sample_data.sql 파일에 있다.

## 예제 구현

1. 다음 컨텐츠를 가지고 hs_read_test.pl 파일을 만든다.

```
#!/usr/bin/perl
use strict;
use warnings;
```

```perl
use Net::HandlerSocket;
my $read_args = { host => 'localhost', port => 9998 };
my $hs = new Net::HandlerSocket($read_args);

my $res = $hs->open_index(0, 'test', 'hs_test', 'PRIMARY',
'id,givenname,surname');
    die $hs->get_error() if $res != 0;

my $pk = 1;

$res = $hs->execute_single(0, '=', [ "$pk" ], 10, 0);
    die $hs->get_error() if $res->[0] != 0;
shift(@$res);

while ( $res->[0] ) {
    printf("%s\t%s\t%s\n",$res->[0],$res->[1],$res->[2]);
    $pk++;
    $res = $hs->execute_single(0, '=', [ "$pk" ], 20, 0);
        die $hs->get_error() if $res->[0] != 0;
    shift(@$res);
}

$hs->close();
```

2. 다음 커맨드로 파일을 실행한다.

```
perl hs_read_test.pl
```

 perl hs_read_test.pl 파일은 이 책의 웹사이트에서 내려받을 수 있다.

## 예제 분석

HandlerSocket 펄 라이브러리를 사용하여 데이터를 읽으려면, 먼저
Net::HandlerSocket 오브젝트를 생성해야 한다. 호스트와 포트 정보를 제공하는
use Net::HandlerSocket 라인과 2개의 추가 라인들에 대한 레시피에서 다룬다.

오브젝트를 생성하고, open_index 메소드를 사용하여 특정 테이블 연결이 가능하다. 연결 시, 연결을 위한 번호로 레시피에서는 0을 사용하고, 접근을 위한 데이터베이스(test)와 테이블(hs_test), 오픈하고 싶은 인덱스(레시피에서는 PRIMARY를 사용하며, 기본 키를 의미한다)를 지정한다. 그리고, 읽어야 할 콤마로 구분된 칼럼 리스트를 지정한다(id, givenname, surname).

단일 읽기 동작을 수행하려면 execute_single 메소드를 사용한다. 이 메소드는 5개의 인자를 가진다. 첫 번째는 연결 번호(0)며, open_index 메소드를 호출할 때 설정한다. 두 번째는 검색 연산자(=)다. 연산자는 =, >=, <=, >, <를 포함한다. 세 번째는 찾고자 하는 키의 배열이다. 배열은 찾고자 하는 키에 대한 칼럼 수와 동일한 수의 요소 개수를 가져야만 한다. 레시피에선 기본 키$^{primary\ key}$를 검색할 때, 단일 칼럼과 하나의 요소만을 가지는 배열을 찾을 수 있다. 네 번째와 다섯 번째 인자는 추출해야 할 최대 레코드 수와 추출 전에 건너 뛴 칼럼 수(이 레시피에서는 +10과 0)다.

이를 통해서 얻는 결과는 open_index 호출 정의에 의한 칼럼에 대응되는 요소를 포함한 배열이다. 터미널에 출력하려면 printf를 사용한다.

테스트 데이터베이스의 모든 레코드를 사용하려면 레코드를 못 찾을 때까지 $pk 변수를 증가시키기 위한 while 루프를 사용한다.

연결을 종료시키기 위해선, close 메소드를 호출한다. 스크립트 출력 결과는 다음 화면과 같다.

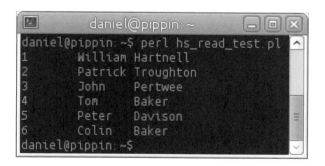

하나의 동작으로 여러 질의를 실행할 때는 execute_multi 메소드를 사용한다. 이 메소드는 여러 개의 인자들을 하나의 셋으로 구성해 사용하기보다는 배열 형태로 구성한다. 배열의 각 엔트리는 execute_single 메소드에서 사용되는 5개의 인자들로 구성된다. 예를 들어 다음 문장을 살펴보자.

```perl
my $mres = $hs->execute_multi([
    [0, '=', [ "1" ], 1, 0],
    [0, '>', [ "3" ], 5, 0],
    [0, '>=', [ "5" ], 2, 0],
    [0, '<', [ "6" ], 4, 3]
]);
```

다중 요청 시, for 루프에서의 오류 핸들링은 다음과 같다.

```perl
for my $res (@$mres) {
    die $hs->get_error() if $res->[0] != 0;
    shift(@$res);
    # 그 외 추가 ...
}
```

▶ PERL 클라이언트 라이브러리에 대한 문서는 https://github.com/DeNA/ HandlerSocket-Plugin-for-MySQL/blob/master/docs-en/ perl-client.en.txt 에서 확인 가능하다.

## HandlerSocket과 펄을 사용한 데이터 추가

HandlerSocket을 이용해 데이터를 추가하려면 다른 포트를 사용해야 하고, 별도 옵션으로 execute_single 커맨드를 사용한다.

이 레시피를 시작하기 전에 'HandlerSocket과 펄을 사용한 데이터 읽기' 레시피를 먼저 끝낸다.

1. 다음 컨텐츠를 이용해 hs_insert_test.pl 파일을 생성한다(스크립트는 이 책의 웹사이트에서 내려받을 수 있다).

```perl
#!/usr/bin/perl
use strict;
use warnings;

use Net::HandlerSocket;
my $write_args = { host => 'localhost', port => 9999 }; my $hsw = new
Net::HandlerSocket($write_args);

my $resw = $hsw->open_index(1, 'test', 'hs_test', 'PRIMARY',
'id,givenname,surname');
    die $hsw->get_error() if $resw != 0;

$resw = $hsw->execute_single(1, '+', [ '7', 'Sylvester', 'McCoy' ],0,0);
    die $hsw->get_error() if $resw->[0] != 0;

$resw = $hsw->execute_single(1, '+', [ '8', 'Paul', 'McGann' ],0,0);
    die $hsw->get_error() if $resw->[0] != 0;

$hsw->close();
```

2. 다음 커맨드로 파일을 실행한다.

```
perl hs_insert_test.pl
```

3. hs_read_test.pl 스크립트를 실행해 추가 동작이 제대로 됐는지를 확인한다.

```
perl hs_read_test.pl
```

Net::HandlerSocket 오브젝트를 생성하고, 연결하는 동작은 읽기 전용 연결 동작과 매우 유사하다. 다만, 읽기 전용 포트(9998)보다는 쓰기 포트(9999)를 지정하는 것이 주된 차이점이다. 인덱스 오픈은 읽기 전용 연결과 동일하다.

추가 동작 시에는 다르다. 메소드 execute_single을 사용하지만, 비교 연산자를 사용하는 대신에 데이터를 읽으며, 새로운 행을 추가할 때는 + 연산자를 사용한다.

메소드 execute_single의 세 번째 인자도 다르다. 무엇을 검색할지 지정하는 대신에, 추가할 데이터를 넣는다. 이러한 값들은 open_index 호출에서 지정한 칼럼에 대응된다. 메소드 execute_single의 네 번째와 다섯 번째 인자는 데이터 추가 시엔 사용되지 않고 둘 다 0으로 채워진다. 스크립트 hs_insert_test.pl은 어떠한 출력도 내지 않으며, 실행 이후에 hs_read_test.pl 스크립트를 다시 실행해야 한다. 이 스크립트는 'HandlerSocket과 펄을 사용한 데이터 읽기' 레시피에서 만들어졌다. 이러한 방식을 사용함으로써 데이터가 추가된 것을 알 수 있고, 출력 결과는 다음 화면과 같다.

▶ 펄 클라이언트 라이브러리에 대한 문서는 https://github.com/DeNA/HandlerSocket-Plugin-for-MySQL/blob/master/docs-en/perl-client.en.txt 에서 확인할 수 있다.

## HandlerSocket과 펄을 사용한 데이터 업데이트와 삭제

데이터 읽기와 추가와 더불어 업데이트와 삭제는 HandlerSocket의 주요 기능이다.

### 준비

이 레시피를 시작하기 전에 'HandlerSocket과 펄을 사용한 데이터 추가' 레시피를 끝낸다.

### 예제 구현

1. 다음 컨텐츠를 사용하여 hs_update_test.pl 파일을 생성한다(스크립트는 이 책의 웹사이트에서 내려받을 수 있다).

```perl
#!/usr/bin/perl
use strict;
use warnings;

use Net::HandlerSocket;
my $update_args = { host => 'localhost', port => 9999 };
my $hsu = new Net::HandlerSocket($update_args);

my $resu = $hsu->open_index(2, 'test', 'hs_test', 'PRIMARY',
'givenname');
    die $hsu->get_error() if $resu != 0;

$resu = $hsu->execute_single(2, '=', [ '3' ],1,0, 'U', [ 'Jon' ]);
    die $hsu->get_error() if $resu->[0] != 0;
printf("Number of Updated Rows:\t%s\n",$resu->[1]);

$hsu->close();
```

2. 다음 컨텐츠를 사용하여 hs_delete_test.pl 파일을 생성한다(스크립트는 이 책의 웹사이트에서 내려받을 수 있다).

```perl
#!/usr/bin/perl
use strict;
use warnings;

use Net::HandlerSocket;
my $delete_args = { host => 'localhost', port => 9999 };
my $hsd = new Net::HandlerSocket($delete_args);

my $resd = $hsd->open_index(3, 'test', 'hs_test', 'PRIMARY',
'id,givenname,surname');
    die $hsd->get_error() if $resd != 0;

$resd = $hsd->execute_single(3, '+', [ '101', 'Junk', 'Entry' ],1,0);
    die $hsd->get_error() if $resd->[0] != 0;

$resd = $hsd->execute_single(3, '+', [ '102', 'Junk', 'Entry' ],1,0);
    die $hsd->get_error() if $resd->[0] != 0;

$resd = $hsd->execute_single(3, '+', [ '103', 'Junk', 'Entry' ],1,0);
    die $hsd->get_error() if $resd->[0] != 0;

$resd = $hsd->execute_single(3, '>', [ '100' ],10,0, 'D');
    die $hsd->get_error() if $resd->[0] != 0;

printf("Number of Deleted Rows:\t%s\n",$resd->[1]);

$hsd->close();
```

3. 다음 명령어를 사용하여 파일을 실행한다.

```
perl hs_update_test.pl
perl hs_delete_test.pl
```

4. hs_read_test.pl 스크립트를 실행해 update와 delete 커맨드가 제대로 동작했
   는지를 확인한다.

```
perl hs_read_test.pl
```

데이터 업데이트와 삭제를 위해서는 execute_single 메소드를 사용할 수 있지만, 추가 인자를 사용해야 한다. 데이터 업데이트를 위해서는 두 가지 종류의 추가 인자가 필요하다. 첫 번째 5개는 행을 읽기 위해서 사용된다. 그리고 여섯 번째는 업데이트를 위해서 사용된다. 일곱 번째는 업데이트를 원하는 값들을 가진다. 이러한 인자들은 open_index 호출에서 지정된 칼럼들에 대응된다.

이 레시피에서는 givenname 칼럼을 정하고, 유일 값으로 사용한다. 기본 키 3에 대한 검색을 수행하고, 키 Jon에 해당하는 행의 givenname 칼럼을 업데이트한다. 주어진 이름의 철자가 실제로 어떻게 되는지를 알 수 있다.

마지막으로 업데이트 스크립트에서 execute_single 메소드에 의한 결과는 업데이트된 행의 개수다. 따라서, 좀 더 편하게 사용하고자 한다면 값을 출력한다. 출력 결과는 다음과 같다.

```
Number of Updated Rows:  1
```

삭제 스크립트에서 여러 호출은 데이터를 업데이트하는 것보다 더 간단하다. 삭제를 하기에 앞서 몇 가지 데이터를 입력한다(여러 번 스크립트를 실행할 때, 삭제할 세 개의 행이 있어야 한다).

3개의 정크 행을 추가한 이후에 삭제를 의미하는 D, 비교 연산자(>), 레코드 한계 값 10을 가지고 execute_single을 호출한다. 호출로 인해 방금 추가한 레코드들은 삭제된다. 수행 후 출력은 다음과 같다.

```
Number of Deleted Rows:  3
```

'HandlerSocket과 펄을 사용한 데이터 읽기' 레시피에서 만든 hs_read_test.pl 스크립트를 수행하면 주어진 이름이 제대로 업데이트됨을 알 수 있다(잘못이 없으면, 삭제된 행들은 출력에 나타나지 않는다).

출력 결과는 다음 화면과 같다.

```
daniel@pippin ~$ perl hs_update_test.pl
Number of Updated Rows: 1
daniel@pippin ~$ perl hs_delete_test.pl
Number of Deleted Rows: 3
daniel@pippin ~$ perl hs_read_test.pl
1          William Hartnell
2          Patrick Troughton
3          Jon        Pertwee
4          Tom        Baker
5          Peter      Davison
6          Colin      Baker
7          Sylvester          McCoy
8          Paul       McGann
daniel@pippin ~$
```

## 참고 사항

▶ 펄 클라이언트 라이브러리에 대한 문서는 https://github.com/DeNA/ HandlerSocket-Plugin-for-MySQL/blob/master/docs-en/ perl-client.en.txt 에서 확인 가능하다.

## HandlerSocket 파이썬 클라이언트 라이브러리 설치

파이썬도 인기 있는 스크립트 언어 중 하나다. 이번 레시피에서는 HandlerSocket을 위한 파이썬 pyhs 클라이언트 라이브러리 설치 방법에 대해 살펴보고 스크립트에서 사용해본다.

## 준비

11장의 앞쪽 'libhsclient 라이브러리 설치' 레시피에서와 같이 libhsclient 라이브러리를 설치한다.

또한, mercurial과 python-setuptools 패키지들을 설치하고, pyhs 소스 코드 최신본을 받아서 설치한다.

레드햇, 페도라, CentOS에서는 다음과 같이 커맨드를 실행한다.

```
sudo yum install mercurial python-setuptools
```

데비안, 우분투에서는 다음 명령어를 실행한다.

```
sudo apt-get install mercurial python-setuptools
```

이제 파이썬용 HandlerSocket 클라이언트 라이브러리를 설치할 준비가 되었다.

## 예제 구현

1. 다음과 같이 pyhs 소스코드를 복사한다.

   ```
   cd /usr/local/src/
   sudo hg clone http://bitbucket.org/excieve/pyhs
   ```

2. pyhs 디렉터리로 변경하고, setup.py 파일 상단의 4개의 from...과 DistutilsPlatformError 라인 이후에 다음 라인을 추가하여 수정한다.

   ```
   ext_errors = (CCompilerError, DistutilsExecError,
   DistutilsPlatformError)
   ```

3. 다음과 같이 setup.py 스크립트를 실행해 pyhs을 설치한다.

   ```
   sudo python setup.py install
   ```

## 예제 분석

파이썬용 HandlerSocket 라이브러리가 여러 가지 있다. 여기서 설치한 것은 pyhs 이며, 소스코드는 bitbucket.org에서 관리되고, 버전 컨트롤을 위해서 mercurial 을 사용한다. 실제로 체크 아웃하고, 라이브러리 설치과정은 매우 간단하다. 그렇지만 실제로 설치하기 전에 파일에 버그가 있으면, 이를 수정해야 한다. 버그는 https://bitbucket.org/excieve/pyhs/issue/11/setuppy-error-ext_errors-not-defined에 나와 있으며, 사실 pyhs 최신 버전에는 수정되어 제공된다. 그렇더라도 수정하기 전에 한번 체크해봐야 한다.

만약에 문제없이 잘되면, 설치 과정의 마지막 출력 라인에 다음과 같은 것을 발견할 수 있다.

**Success**

## 참고 사항

▸ pyhs 라이브러리 문서는 http://python-handler-socket.readthedocs.org/en/latest/에서 확인할 수 있다.

## HandlerSocket과 파이썬을 사용한 데이터 읽기

pyhs을 설치했으니, 데이터베이스에서 데이터를 읽어보자.

## 준비

'HandlerSocket 펄 클라이언트 라이브러리 설치' 레시피에서 나타낸 것처럼 HandlerSocket 펄 클라이언트 라이브러리를 설치한다.

mysql 커맨드라인 클라이언트를 실행하고, 'HandlerSocket과 펄을 사용한 데이터 읽기' 레시피의 '준비' 절에서 제공한 SQL 커맨드를 실행한다. SQL 커맨드를 사용하여 읽을 수 있는 샘플 데이터를 얻을 수 있다(펄이나 루비를 사용할 경우 SQL 커맨드를 실행하면 샘플 데이터가 디폴트 상태로 리셋된다).

## 예제 구현

1. 터미널 윈도우에서 다음과 같이 파이썬 인터프리터를 실행한다.

   ```
   python
   ```

2. 인터프리터에서 다음 커맨드를 실행한다.

   ```
   from pyhs import Manager
   hs = Manager()
   ```

```
data = hs.get('test', 'hs_test', ['id', 'givenname', 'surname'], '5')
print dict(data)
```

3. 다음과 같이 커맨드를 실행한다.

```
from pyhs.sockets import ReadSocket
hsr = ReadSocket([('inet', '127.0.0.1', 9998)])

r_id = hsr.get_index_id('test', 'hs_test', ['id', 'givenname',
'surname'])

hsr.find(r_id, '=', ['5'])
hsr.find(r_id, '=', ['6'])
hsr.find(r_id, '>=', ['1'],20)
```

4. 파이썬 인터프리터를 빠져나오려면 Ctrl + D를 누른다.

## 예제 분석

pyhs 라이브러리는 데이터를 얻기 위한 상위 레벨과 하위 레벨 방법을 제공한다. 이 레시피에선 먼저 상위 레벨 방법을 사용한다.

시작 시에는 상위 레벨 매니저 오브젝트를 부르면서 시작한다. 그리고, 오브젝트를 변수에 할당하고, 데이터베이스내 행 검색을 위해 get 메소드를 사용한다. 이 메소드는 4개의 인자를 가진다. 첫 번째는 데이터베이스명, 두 번째는 테이블 명, 세 번째는 칼럼 배열, 마지막은 검색을 위한 기본 키 값이다. 결과가 변수에 할당된 이후에 print dict()를 사용해 화면 출력할 수 있다. print dict(data) 라인의 출력 결과는 다음과 같다.

```
{'givenname': 'Peter', 'surname': 'Davison', 'id': '5'}
```

하위 레벨 ReadSocket 오브젝트를 불러보는 동작에 대해서 살펴본다. Manager 오브젝트를 사용하여 한번에 원하는 것을 모두 얻을 수 있지만, ReadSocket을 사용할 때는 그렇지 않다. 대신에 ReadSocket을 사용할 땐, HandlerSocket 읽기 전용 포트로 첫 번째 연결이 가능하다. 그런 다음 데이터베이스, 테이블, 칼럼을 정의하기 위한 get_index_id 메소드를 호출한다. 이 메소드는 데이터베이스명, 테이블명, 칼럼 배열 등 3개의 인자를 가진다.

find 메소드를 사용해서는 데이터 읽기가 가능하다. 이는 3개의 인자를 가진다. 첫 번째는 get_index_id 호출 시에 사용되는 변수다. 두 번째는 비교 연산자다. 지원되는 연산자는 =, 〉, 〈, 〉=, 〈=다. 세 번째 인자는 검색할 키 값이다. 옵션으로 네 번째와 다섯 번째 인자들이 있다. 여기선 반환할 행 최대 값을 설정하고, 레코드 추출 전 건너뛰어도 될 레코드 수를 다룬다. 특별히 지정되지 않는다면, find 메소드는 이 인자들 모두를 0으로 간주한다.

find 메소드의 사용 결과는 배열로 반환된다. 레시피에선 이 메소드에 대한 3가지 호출 형태를 다룬다. 처음 2개는 단일 행을 반환하고, 마지막에서는 example 테이블의 모든 레코드를 반환한다. 파이썬 인터프리터에서 반환되는 값은 다음과 같다.

```
[('5', 'Peter', 'Davison')]
```

```
[('6', 'Colin', 'Baker')]
```

```
[('1', 'William', 'Hartnell'), ('2', 'Patrick', 'Troughton'), ('3', 'John',
'Pertwee'), ('4', 'Tom', 'Baker'), ('5', 'Peter', 'Davison'), ('6', 'Colin',
'Baker')]
```

레시피의 최종 출력 결과는 다음 화면과 같다.

▶ pyhs 라이브러리에 대한 문서는 http://python-handler-socket.readthedocs. org/en/latest/에서 확인할 수 있다.

## HandlerSocket과 파이썬을 사용한 데이터 추가

파이썬을 사용한 데이터 추가는 다른 언어의 경우와 유사하다. 하지만 파이썬이 좀 더 낫다.

### 준비

이 레시피를 시작하기 전에 11장 앞쪽에서 살펴본 'HandlerSocket과 파이썬을 사용한 데이터 읽기' 레시피를 끝낸다.

### 예제 구현

1. 터미널 윈도우에서 파이썬 인터프리터를 실행한다.

```
python
```

2. 파이썬 인터프리터에서 다음 커맨드를 실행한다.

```
from pyhs import Manager
hs = Manager()
hs.insert('test', 'hs_test', [('id', '7'), ('givenname', 'Sylvester'),
('surname', 'McCoy')])
```

3. 마지막으로 인터프리터에서 다음 명령을 실행한다.

```
from pyhs.sockets import WriteSocket
hsw = WriteSocket([('inet', '127.0.0.1', 9999)])
w_id = hsw.get_index_id('test', 'hs_test', ['id', 'givenname',
'surname'])

hsw.insert(w_id, ['8','Paul','McGann'])
```

데이터 읽기와 마찬가지로 pyhs를 가지고 데이터 추가 시에 두 가지 방법이 있다. 첫 번째는 Manager 오브젝트를 사용한 상위 레벨이고, 두 번째는 WriteSocket 오브젝트를 사용한 하위 레벨이다.

Manager 오브젝트의 insert 메소드는 3개 인자를 가진다. 첫 번째는 데이터베이스 명이고, 그다음은 테이블명이다. 마지막은 칼럼명과 추가할 값을 포함하는 변수다.

WriteSocket 오브젝트를 사용하여 HandlerSocket 쓰기 포트에 대한 연결을 오픈 한다. 그리고는 데이터베이스, 테이블, 추가할 칼럼들을 정의하기 위한 get_index_id 메소드를 호출한다.

이러한 동작 이후에 insert 메소드를 이용해 데이터를 추가할 수 있다. 메소드 insert는 2개의 인자를 가진다. 첫 번째는 get_index_id(레시피 내에선 w_id을 사용) 호출 시 사용할 변수다. 두 번째는 추가할 변수 배열이다. 성공적으로 추가하면, insert 메소드는 결과로 True를 반환한다.

WriteSocket 오브젝트는 find 메소드를 가지지 않는다. 입력한 데이터를 다시 읽고 자 할 땐, 11장 앞부분에서 설명한 'HandlerSocket과 파이썬을 사용한 데이터 읽기' 레시피의 ReadSocket 오브젝트를 사용한다.

레시피내 커맨드의 사용 결과는 다음 화면과 같다.

▶ pyhs 라이브러리에 대한 문서는 http://python-handler-socket.readthedocs.
   org/en/latest/에서 확인할 수 있다.

## HandlerSocket과 파이썬을 사용한 데이터 업데이트와 삭제

데이터 업데이트와 삭제는 데이터 추가와 유사하지만 완전히 같진 않다.

## 준비

'HandlerSocket과 파이썬을 사용한 데이터 추가'를 먼저 끝내도록 한다.

## 예제 구현

1. 터미널 윈도우에서 파이썬 인터프리터를 실행한다.

   ```
   python
   ```

2. 파이썬 인터프리터에서 다음 커맨드를 실행한다.

   ```
   from pyhs.sockets import WriteSocket
   hsu = WriteSocket([('inet', '127.0.0.1', 9999)])
   u_id = hsu.get_index_id('test', 'hs_test', ['givenname'])
   hsu.find_modify(u_id, '=', ['3'],'U',['Jon'],10,0)
   ```

3. 그런 다음 test 테이블에 새 읽기, 쓰기 연결을 오픈하기 위해 파이썬 인터프리터
   에서 다음 커맨드를 실행한다.

   ```
   from pyhs.sockets import ReadSocket
   hsr = ReadSocket([('inet', '127.0.0.1', 9998)])
   r_id = hsr.get_index_id('test', 'hs_test', ['id', 'givenname',
   'surname'])

   from pyhs.sockets import WriteSocket
   hsd = WriteSocket([('inet', '127.0.0.1', 9999)])
   ```

```
d_id = hsd.get_index_id('test', 'hs_test', ['id', 'givenname',
'surname'])
```

**4.** 다음 커맨드를 실행해 데이터 삭제 프로세스를 테스트한다.

```
hsr.find(r_id, '>=', ['1'],20)
hsd.insert(d_id, ['101','Junk','Entry'])
hsd.insert(d_id, ['102','Junk','Entry'])
hsd.insert(d_id, ['103','Junk','Entry'])
hsr.find(r_id, '>=', ['1'],20)
hsd.find_modify(d_id, '>', ['100'],'D','',10)
hsr.find(r_id, '>=', ['1'],20)
```

## 예제 분석

데이터 업데이트를 위해 pyhs 라이브러리의 WriteSocket 오브젝트를 사용한다. 먼저 HandlerSocket 쓰기 포트에 연결하고, 데이터베이스, 테이블, 업데이트해야 할 칼럼 정의를 위한 get_index_id 메소드를 호출한다. 2단계에서는 givenname 칼럼을 업데이트한다.

데이터 업데이트를 위해 find_modify 메소드를 사용한다. 메소드는 7개의 인자를 가진다. 첫 번째는 get_index_id(레시피에선 u_id를 사용)이며, 호출 시 사용하는 변수다. 두 번째는 업데이트할 값을 찾기 위해 사용하는 비교 연산자다. 지원되는 연산자는 =, 〉, 〈, 〉=, 〈=다. 세 번째 인자는 검색할 키 값이다(레시피에선 3을 사용). 네 번째 인자는 업데이트를 수행할 메소임을 알려주기 위한 문자 U다. 다섯 번째는 업데이트할 값의 변수다. 이 변수는 get_index_id 메소드 호출시에 지정되는 칼럼들에 대응되고, givenname 칼럼을 채운다. 여섯 번째와 일곱 번째 인자는 각각 업데이트 할 행의 최대 값을 설정하고, 레코드 검색 전 건너 뛸 레코드 수를 나타낸다. 이 레시피에선 각각 10과 0으로 설정한다.

업데이트 성공 시 find_modify 메소드는 업데이트된 행의 수를 배열로 반환한다. 파이썬 인터프리터에서 반환되는 값은 다음과 같다.

```
[('1',)]
```

레시피를 완료했을 때의 결과는 다음 화면과 같다.

WriteSocket 오브젝트는 find 메소드를 가지지 않는다. 입력한 데이터를 다시 읽고자 할 땐, 11장 앞부분에서 설명한 'HandlerSocket과 파이썬을 사용한 데이터 읽기' 레시피의 ReadSocket 오브젝트를 사용한다.

레시피의 3단계와 4단계의 데이터 삭제를 테스트하려면 'HandlerSocket과 파이썬을 사용한 데이터 읽기' 레시피에서와 마찬가지로 3단계에서 ReadSocket 오브젝트를 먼저 불러온다. 따라서, 칼럼 상태 전후를 알고자 할 때, 쉽게 데이터를 읽을 수 있다. 그런 다음 새 WriteSocket 오브젝트를 오픈하고, givenname 칼럼 대신에 테이블의 모든 칼럼들을 정의한다.

4단계에서는 데이터를 실제로 추가, 삭제, 그리고 각 단계의 전후로 테이블의 데이터를 읽어서 코드를 테스트한다. 레시피에서 행을 삭제할 때 6개의 인자를 가지는 find_modify 메소드를 사용한다. 첫 번째는 get_index_id(레시피에서는 d_id를 사용)를 호출할 때 사용하는 변수이고, 두 번째는 삭제할 행을 찾기 위해 사용하는 비교 연산자(레시피에서는 >)다. 세 번째 인자는 검색할 키 값이다(레시피에서는 100). 네 번째 인자는 삭제 동작을 할 것이라는 것을 알리는 문자 D다. find_modify 메소드의 다섯 번째 인자는 업데이트하길 원하는 값의 배열이다. 이는 행을 업데이트할 때만 사용된다. 여기서는 사용되지 않기 때문에 빈 값으로 처리된다. 여섯 번째 인자를 지정할 수 있는데, 수정할 행의 한계 값을 나타낸다. 특별히 정해지지 않는다면, 메소드는 디폴트로 한 개의 행만을 삭제한다. 레시피에선 100보다 큰 id를 가지는 모든 행을 삭제하려 했기 때문에, 이를 10으로 설정했다(매칭되는 것이 단지 3이므로, 3으로 설정할 수 있다. 하지만, 경우에 따라서는 삭제해야 할 정확한 행의 개수를 알기 어렵고, 모두를 삭제할 수도 있다. 따라서 값을 필요한 수보다 더 많은 값으로 설정한다). 동작 결과로 삭제할 행의 수와 동일한 값을 포함하는 배열을 얻는다. 레시피에선 example 테이블의 데이터를 두 번 출력한다. 한 번은 삭제 전에, 다른 한 번은 삭제 후다. find_modify 메소드가 삭제될 행의 수를 반환하는 사이에 키 출력이 나온다. 레시피에서 출력은 다음과 같다.

```
[('3',)]
```

3단계와 4단계의 최종 출력 결과는 다음 화면과 같다.

```
daniel@pippin:~$ python
Python 2.7.5+ (default, Sep 19 2013, 13:48:49)
[GCC 4.8.1] on linux2
Type "help", "copyright", "credits" or "license" for more information.
>>> from pyhs.sockets import ReadSocket
>>> hsr = ReadSocket([('inet', '127.0.0.1', 9998)])
>>> r_id = hsr.get_index_id('test', 'hs_test', ['id', 'givenname', 'surname'])
>>> from pyhs.sockets import WriteSocket
>>> hsd = WriteSocket([('inet', '127.0.0.1', 9999)])
>>> d_id = hsd.get_index_id('test', 'hs_test', ['id', 'givenname', 'surname'])
>>> hsr.find(r_id, '>=', ['1'],20)
[('1', 'William', 'Hartnell'), ('2', 'Patrick', 'Troughton'), ('3', 'Jon', 'Pertw
ee'), ('4', 'Tom', 'Baker'), ('5', 'Peter', 'Davison'), ('6', 'Colin', 'Baker'),
('7', 'Sylvester', 'McCoy'), ('8', 'Paul', 'McGann')]
>>> hsd.insert(d_id, ['101','Junk','Entry'])
True
>>> hsd.insert(d_id, ['102','Junk','Entry'])
True
>>> hsd.insert(d_id, ['103','Junk','Entry'])
True
>>> hsr.find(r_id, '>=', ['1'],20)
[('1', 'William', 'Hartnell'), ('2', 'Patrick', 'Troughton'), ('3', 'Jon', 'Pertw
ee'), ('4', 'Tom', 'Baker'), ('5', 'Peter', 'Davison'), ('6', 'Colin', 'Baker'),
('7', 'Sylvester', 'McCoy'), ('8', 'Paul', 'McGann'), ('101', 'Junk', 'Entry'), (
'102', 'Junk', 'Entry'), ('103', 'Junk', 'Entry')]
>>> hsd.find_modify(d_id, '>', ['100'],'D','',10)
[('3',)]
>>> hsr.find(r_id, '>=', ['1'],20)
[('1', 'William', 'Hartnell'), ('2', 'Patrick', 'Troughton'), ('3', 'Jon', 'Pertw
ee'), ('4', 'Tom', 'Baker'), ('5', 'Peter', 'Davison'), ('6', 'Colin', 'Baker'),
('7', 'Sylvester', 'McCoy'), ('8', 'Paul', 'McGann')]
>>>
```

▶ Pyhs 라이브러리 문서는 http://python-handler-socket.readthedocs.org/en/latest/에서 확인할 수 있다.

## HandlerSocket 루비 클라이언트 라이브러리 설치

루비는 11장에서 HandlerSocket과 호환되는 스크립트 언어 중 마지막 언어다. 이 라이브러리를 설치하고 사용하는 것은 쉽다.

### 준비

11장의 'libhsclient 라이브러리 설치' 레시피에서 나타낸 것처럼 `libhsclient` 라이브러리를 설치한다. HandlerSocket 루비 클라이언트 라이브러리를 빌드하려면 개발 툴과 패키지를 몇 가지 설치해야 한다.

레드햇, 페도라, CentOS에서는 다음과 같은 커맨드를 실행한다.

```
sudo yum install ruby-irb rubygems ruby-rdoc ruby-devel
```

데비안, 우분투에선 다음과 같은 커맨드를 실행한다.

```
sudo apt-get install irb rubygems rdoc ruby-dev
```

루비 클라이언트 라이브러리를 설치하기 위한 준비를 끝마쳤다.

### 예제 구현

1. 터미널 윈도우에서 `handlersocket` gem을 설치하기 위해서 `rubygems`을 사용한다.

   ```
   sudo gem install 'handlersocket'
   ```

2. 루비 인터프리터 `irb`를 실행하고, 다음과 같이 `handlersocket` 라이브러리를 로드한다.

```
irb
require 'rubygems'
require 'handlersocket'
```

RubyGems 패키지 매니저를 이용해 HandlerSocket 루비 라이브러리를 쉽게 설치할
수 있다. irb 루비 인터프리터를 실행하고, require handlersocket 커맨드를 실
행하여 라이브러리가 정확히 설치됐는지를 확인한다. 라이브러리를 불러들이는 것이
제대로 되면, 인터프리터는 다음 출력을 내보낸다.

```
=> true
```

일부 시스템에선 require 'rubygems' 라인이 필요하지 않을 수 있다. 필요하
지 않다면, 커맨드는 false를 반환하며, require 'handlersocket' 라인은
true를 반환한다. 그래서 별 해가 없는 false 리포트는 무시할 수 있고, require
'rubygems' 라인은 생략할 수 있다. 하지만 require 'rubygems' 라인이 필요할
때 irb는 handlersocket 라이브러리를 찾지 못함을 알려준다. rubygems 라이브러
리에서 require 커맨드를 실행하면 handlersocket 라이브러리가 발견될 수 있다.
우분투, 데비안에서 레시피의 출력 값은 다음 화면과 같다.

▶ 예제에서의 루비 `handlersocket` 라이브러리의 소스코드는 https://github.com/miyucy/handlersocket에서 확인할 수 있다.

## HandlerSocket과 루비를 사용한 데이터 읽기

루비 HandlerSocket 클라이언트 라이브러리를 사용하는 방법은 11장 앞부분의 파이썬 HandlerSocket 클라이언트 라이브러리를 사용하는 방법과 거의 동일하다. HandlerSocket에 대한 커맨드는 거의 같고, 주의하지 않으면 놓치기 쉬운 차이점도 있다.

### 준비

'HandlerSocket 루비 클라이언트 라이브러리 설치' 레시피에서 나타낸 HandlerSocket 루비 클라이언트 라이브러리를 설치한다. mysql 커맨드라인 클라이언트를 실행하고, 읽을 샘플 데이터를 준비하기 위해 'HandlerSocket과 펄을 사용한 데이터 읽기' 레시피의 '준비' 절에서 SQL 커맨드를 실행한다(펄이나 파이썬 레시피를 통해서 실행해봤다면, SQL 커맨드를 다시 수행하면 샘플 데이터가 디폴트 상태로 리셋된다).

### 예제 구현

1. 터미널 윈도우에서 루비 인터프리터를 다음과 같이 실행한다.

   ```
   irb
   ```

2. irb 인터프리터에서 데이터베이스로 연결하기 위한 방법은 다음과 같다.

   ```
   require 'rubygems'
   require 'handlersocket'
   hs = HandlerSocket.new(:host => '127.0.0.1',:port => '9998')
   hs.open_index(0,'test','hs_test','PRIMARY','id,givenname,surname')
   ```

**3.** 그런 다음 `irb` 인터프리터에서 데이터를 읽는다.

```
p hs.execute_single(0,'=',[1])
p hs.execute_single(0,'>',[1],2,2)
p hs.execute_single(0,'>=',[1],20)
```

## 예제 분석

데이터를 읽으려면 `HandlerSocket.new` 메소드를 이용해 HandlerSocket 읽기 전용 포트로 연결해야 한다. 이 메소드는 두 인자를 가진다. 연결하고자 하는 IP 주소 또는 도메인명을 가지는 호스트와 포트다. 로컬 호스트와 읽기 전용 포트에 연결하려면 각각 127.0.0.1와 9998를 사용한다. 그리고 데이터베이스, 테이블, 칼럼을 정의하기 위해 `open_index` 메소드를 호출한다. 이 메소드는 5개의 인자를 가진다. 첫 번째는 정수형 구분<sup>identification</sup> 번호, 레시피에선 0을 사용했다. 두 번째와 세 번째는 읽고자 하는 데이터베이스명과 테이블명이다. 네 번째는 검색하고자 하는 키 명이다. `example` 테이블에서 유일한 키는 기본 키이며, 키 워드로 `PRIMARY`를 사용한다. 다섯 번째 인자는 읽고자 하는 콤마로 구분된 칼럼 리스트다. 레시피에선 `example` 테이블의 모든 칼럼을 사용하였다(`id`, `givenname`, `surname`).

데이터를 읽기 위해서 `execute_single` 메소드를 사용한다. 3개의 인자를 가지며, 옵션으로 4, 5번째 인자도 지원한다. 첫 번째는 `open_index` 호출시 사용하는 변수다(레시피에서는 0을 사용). 두 번째는 비교 연산자고, 지원되는 연산자로는 =, 〉, 〈, 〉=, 〈=가 있다. 세 번째 인자는 검색해야 할 키 값이다. 옵션인 네 번째와 다섯 번째는 반환할 행의 최대 수와 레코드 추출 전에 건너 뛸 레코드 수다. 이러한 인자들은 지정되지 않았지만, `execute_single` 메소드를 통해선 0으로 지정되고, 검색 시 처음으로 매칭되는 레코드를 반환하기 위해서 결합될 수 있다. 결과는 배열로 반환된다. 메소드 `execute_single`와 관련된 3개 호출에서 첫 번째로 리턴되는 것은 단일 행 값이고, 두 번째는 2개의 행 값, 마지막으로 `example` 테이블의 모든 레코드다. 전체 결과는 하위 배열 구조 형태의 결과 데이터를 포함하는 다차원 배열로 제공된다. 반환되는 값은 다음과 같다.

```
[0, [["1", "William", "Hartnell"]]]

[0, [["4", "Tom", "Baker"], ["5", "Peter", "Davison"]]]

[0, [["1", "William", "Hartnell"], ["2", "Patrick", "Troughton"], ["3",
"John", "Pertwee"], ["4", "Tom", "Baker"], ["5", "Peter", "Davison"], ["6",
"Colin", "Baker"]]]
```

irb 인터프리터의 최종 출력 결과는 다음 화면과 같다.

## HandlerSocket과 루비를 사용한 데이터 추가

데이터를 읽을 준비가 되었고, 루비를 사용해 데이터 추가를 어떻게 해야 하는지를
알 수 있다.

11장 'HandlerSocket과 루비를 사용한 데이터 읽기' 레시피를 끝내도록 한다.

1. 터미널 윈도우에서 루비 인터프리터를 다음처럼 실행한다.

```
irb
```

2. `irb` 인터프리터에서 데이터베이스를 연결한다.

```
require 'rubygems'
require 'handlersocket'
hsw = HandlerSocket.new(:host => '127.0.0.1',:port => '9999')
hsw.open_index(1,'test','hs_test','PRIMARY','id,givenname,surna me')
```

3. `irb` 인터프리터에서 다음 문장을 사용해 새로운 행을 추가한다.

```
p hsw.execute_single(1,'+',[7,'Sylvester','McCoy'])
p hsw.execute_single(1,'+',[8,'Paul','McGann'])
```

4. `irb` 인터프리터에서 다음 문장을 사용해 행들을 읽는다.

```
p hsw.execute_single(1,'=',[7])
p hsw.execute_single(1,'=',[8])
p hsw.execute_single(1,'>=',[1],20)
```

데이터 읽을 때와 마찬가지로, 데이터 추가할 때 읽기-쓰기 포트(9999)로 HandlerSocket.new를 사용해 연결한다. 그리고 execute_single 메소드를 사용한다. 이 메소드는 3개의 인자가 필요하다. 첫 번째 인자는 open_index 호출시 사용하는 숫자다(레시피에선 1을 사용). 두 번째는 문자 +다. 데이터 추가 메소드를 의미한다. 세 번째 인자는 추가하고자 하는 콤마로 구분된 값들이다. 인자들은 open_index 호출 시 정의된 콤마로 구분된 칼럼 리스트와 대응된다(id, givenname, surname). 추가가 성공된 이후에, execute_single 메소드를 사용하면 0을 가진 배열을 반환한다. irb 인터프리터에서의 다음과 같으며, 이는 true를 의미한다.

[0, [["0"]]]

레시피의 마지막 단계는 행 읽기이며, 테이블의 모든 행들을 읽는다. 반환되는 값은 다음과 같다.

[0, [["7", "Sylvester", "McCoy"]]]


[0, [["8", "Paul", "McGann"]]]


[0, [["1", "William", "Hartnell"], ["2", "Patrick", "Troughton"], ["3", "John", "Pertwee"], ["4", "Tom", "Baker"], ["5", "Peter", "Davison"], ["6", "Colin", "Baker"], ["7", "Sylvester", "McCoy"], ["8", "Paul", "McGann"]]]

irb에서 레시피의 최종 출력 결과는 다음 화면과 같다.

▶ 루비 `handlersocket` 라이브러리의 소스코드와 예제는 https://github.com/ miyucy/handlersocket에서 확인할 수 있다.

## HandlerSocket과 루비를 사용한 데이터 업데이트와 삭제

데이터 업데이트와 삭제는 데이터 추가와 거의 유사하지만, 완전히 동일하지는 않다. 이 레시피에서는 데이터 업데이트와 삭제를 위해 루비와 HandlerSocket을 사용한다.

### 준비

이 레시피를 시작하기 전에 'HandlerSocket과 루비를 사용한 데이터 추가'를 먼저 끝낸다.

### 예제 구현

1. 터미널 윈도우에서 루비 인터프리터를 다음처럼 실행한다.

   ```
   irb
   ```

2. 다음 커맨드를 실행하여 `irb` 인터프리터에서 test 데이터베이스, hs_test 테이블 대상으로 HandlerSocket을 연결한다.

   ```
   require 'rubygems'
   require 'handlersocket'
   hsu = HandlerSocket.new(:host => '127.0.0.1',:port => '9999') hsu.open_
   index(2,'test','hs_test','PRIMARY','givenname')
   ```

3. 그런 다음 인터프리터에서 다음 문장을 사용하여 행을 업데이트한다.

   ```
   p hsu.execute_single(2,'=',[3],1,0,'U',['Jon'])
   ```

4. 다음 문장으로 데이터가 업데이트되었음을 확인하기 위해 `irb`에서 업데이트한 칼럼 값을 읽는다.

```
p hsu.execute_single(2,'=',[3])
```

5. 데이터 삭제를 위해 다음 문장들을 사용하여 연결한다.

```
hsd = HandlerSocket.new(:host => '127.0.0.1',:port => '9999')
hsd.open_index(3,'test','hs_test','PRIMARY','id,givenname,surna me')
```

6. 삭제를 위한 일부 정크 데이터를 추가한다.

```
p hsd.execute_single(3,'+',[101,'Junk','Entry'])
p hsd.execute_single(3,'+',[102,'Junk','Entry'])
p hsd.execute_single(3,'+',[103,'Junk','Entry'])
```

7. 테이블 내 모든 데이터를 읽고, 정크 데이터를 삭제하고, 다시 삭제가 제대로 됐는지를 확인하기 위해서 테이블을 읽는다.

```
p hsd.execute_single(3,'>=',[1],20)
p hsd.execute_single(3,'>',[100],10,0,'D')
p hsd.execute_single(3,'>=',[1],20)
```

## 예제 분석

데이터 업데이트를 위해, 데이터 추가할 때와 동일한 방법으로 연결한다. 레시피에선 단일 칼럼 업데이트를 한다. 따라서, open_index 메소드를 호출할 때, givenname 칼럼만 사용한다.

execute_single 메소드를 사용하여 3단계에서 데이터를 업데이트할 때, 데이터 읽기, 추가시보다 더 많은 인자를 사용한다. 첫 번째는 open_index를 사용할 때 사용하는 숫자다(레시피에선 2를 사용). 두 번째는 업데이트할 때 검색을 위해 필요한 비교 연산자다. 지원하는 연산자로는 =, 〉, 〈, 〉=, 〈=가 있다. 세 번째 인자는 검색할 키값이다(레시피에선 3). 네 번째와 다섯 번째 인자는 업데이트할 행 최대 수와 레코드 매칭 전에 건너뛸 행의 수다. 레시피에선 각각 10과 0을 사용하였다.

여섯 번째 인자는 문자 U다. 이는 업데이트를 위한 메소드임을 나타낸다. 일곱 번째는 행 업데이트를 위한 값의 배열이다. 배열은 open_index 메소드 호출 시 지정된 칼럼에 대응된다. 레시피에선 givenname 칼럼이다. 여섯 번째와 일곱 번째는 업데이트할 행의 최대 값과 레코드 검색 전 건너뛸 레코드 수다. 레시피에선 각각 10과 0을 사용한다. 업데이트가 성공적으로 끝나면, execute_single 메소드를 사용해 커맨드가 성공적으로 수행되었음을 나타낸 0을 가지는 콤마로 구분된 리스트를 반환한다. 그리고 행들은 업데이트된다. irb의 결과는 다음과 같다.

```
[0, [["1"]]]
```

4단계에서 방금 업데이트된 칼럼을 읽기 위해서 execute_single 메소드를 사용한다. 이때 irb의 결과는 다음과 같다.

```
[0, [["Jon"]]]
```

1단계부터 5단계까지의 결과는 irb에선 다음의 화면과 같이 얻을 수 있다.

```
daniel@pippin: ~
daniel@pippin:~$ irb
irb(main):001:0> require 'rubygems'
=> false
irb(main):002:0> require 'handlersocket'
=> true
irb(main):003:0> hsu = HandlerSocket.new(:host => '127.0.0.1', :port => '9999')
=> #<HandlerSocket:0x00000000eb1ce8>
irb(main):004:0> hsu.open_index(2,'test','hs_test','PRIMARY','givenname')
=> 0
irb(main):005:0> p hsu.execute_single(2,'=',[3],1,0,'U',['Jon'])
[0, [["1"]]]
=> [0, [["1"]]]
irb(main):006:0> p hsu.execute_single(2,'=',[3])
[0, [["Jon"]]]
=> [0, [["Jon"]]]
```

데이터 삭제 처리를 테스트하기 위해서, 5단계에서 HandlerSocket.new를 다시 호출한다. 이때 givenname 칼럼을 대신해 테이블의 모든 칼럼을 정의한다. 업데이트 시 사용한 연결(2)와 구분짓기 위해서 새로운 정수형 구분identification 번호(3)을 사용하여 연결한다.

6단계에서는 일련의 정크 데이터를 추가한다. 그리고, 7단계에서는 테이블을 읽고, 6단계에서 입력한 행을 삭제한다. 삭제가 제대로 됐는지를 확인하기 위해서 다시 테이블을 읽어본다.

레시피에서 행을 삭제하였을 때, 6개의 인자를 가지는 execute_single 메소드를 사용한다. 첫 번째는 open_index 호출 시 사용한 변수(레시피에선 3을 사용)이며, 두 번째는 삭제를 위한 행 탐색용 비교 연산자다(레시피에선 >사용). 세 번째 인자는 검색을 위한 키 값(레시피에선 100 사용)이다. 네 번째와 다섯 번째 인자는 삭제할 행의 최대 수와 레코드 매칭 전 건너 뛸 행의 수다. 레시피에선 각각 10과 0을 사용한다. 여섯 번째 인자는 문자 D이며, 이는 삭제 동작이 이루어질 것임을 알려준다. 성공적으로 삭제가 이루어지면, execute_single 메소드를 사용하여 콤마로 구분된 리스트를 얻을 수 있다. 이는 커맨드가 성공적으로 실행되면 0을 포함한다. 그리고 다수의 행은 삭제된다. 3개의 행이 삭제되고, 삭제 동작 결과는 다음과 같다.

```
[0, [["3"]]]
```

5단계부터 7단계에서 irb의 결과는 다음 화면과 같다.

▶ 루비 `handlersocket` 라이브러리의 소스와 예제는 https://github.com/miyucy/handlersocket에서 확인할 수 있다.

## 텔넷으로 HandlerSocket 직접 사용

클라이언트에서 HandlerSocket은 9998와 9999의 두 포트를 사용하여 대기한다. 이는 텔넷을 사용하여 직접 연동이 가능함을 나타낸다.

## 준비

11장의 초반부 'HandlerSocket 설치와 설정'에서 설명한 HandlerSocket 플러그인을 설치하고 설정한다. mysql 커맨드라인 클라이언트를 실행하고, 'HandlerSocket과 펄을 사용한 데이터 읽기' 레시피 '준비' 절의 SQL 문을 실행한다. 이를 통해서 읽어야 할 샘플 데이터를 알 수 있다(펄, 파이썬, 루비를 통해서 사용했다면, SQL 커맨드를 다시 실행해 샘플 데이터가 디폴트 상태로 리셋된다).

텔넷 클라이언트를 설치해야 한다. 대부분의 리눅스 배포판은 디폴트로 설치됐거나, 시스템 패키지 저장소를 사용하여 쉽게 설치 가능하다.

## 예제 구현

1. 커맨드라인 윈도우에서 `telnet`을 실행하고, HandlerSocket 읽기 포트로 연결한다.

   ```
   telnet 127.0.0.1 9998
   ```

2. 다음 명령어를 입력한다(다음 코드에서 스페이스는 모두 탭으로 구분).

   ```
   P   0   test   hs_test   PRIMARY   id,givenname,surname
   0 =   1   1
   0 >   1   2   2
   0 >=   1   1   20
   ```

**3.** Ctrl + ] 을 입력하여 연결을 끊고, 종료한다.

**4.** 새로운 텔넷을 실행하고, 다음 커맨드를 사용하여 쓰기 포트로 연결한다.

```
telnet 127.0.0.1 9999
```

**5.** 다음 커맨드를 실행한다(모든 스페이스에 대해 탭을 사용).

```
P  1  test  hs_test  PRIMARY  id,givenname,surname
1  +  3  7  Sylvester  McCoy
1  +  3  8  Paul  McGann
1  >=  1  1  20
```

**6.** 동일 텔넷 세션에서 다음 커맨드 실행한다.

```
P  2  test  hs_test  PRIMARY  givenname
2  =  1  3  1  0  U  Jon
1  =  1  3
```

**7.** 최종으로 동일 텔넷 세션에서 다음 커맨드를 실행한다.

```
P  3  test  hs_test  PRIMARY  id,givenname,surname
3  +  3  101  Junk  Entry
3  +  3  102  Junk  Entry
3  +  3  103  Junk  Entry
1  >=  1  1  20
3  >  1  100  10  0  D
1  >=  1  1  20
```

## 예제 분석

데이터를 읽기 위해, 텔넷 클라이언트를 사용하여 먼저 연결하고, 연결할 때 읽기 전용 포트로 9998을 사용한다.

2단계로, 연결하고자 하는 데이터베이스와 테이블, 관심있는 칼럼에 대해 HandlerSocket을 사용한다. 이 커맨드는 키 문자 P로 시작하고, 연결을 구분하기 위한 숫자를 사용한다. 숫자는 양의 숫자이며, 간단히 0을 사용한다. 그리고, 데이터베이스(test)와 테이블(hs_test)을 명명한다. 그리고 나서, 검색하기 위한 키를 지정한다. 예제 테이블에서 유일한 키는 기본키이며, 키워드로 PRIMARY를 사용한다. 여섯 번째 인자는 읽고자 하는 콤마로 구분된 칼럼 리스트다. 레시피에서 예제 테이블의 모든 칼럼을 지정한다(`id`, `givenname`, `surname`). 모든 인자들은 스페이스가 아닌 탭으로 구분된다.

연결이 되면 데이터를 읽을 수 있다. 이를 위해 커맨드의 기본 형태는 적어도 4개의 인자를 가지고 옵션으로 다섯 번째 인자를 가진다. 첫 번째 인자는 연결시 구분을 위한 번호를 나타낸다. 두 번째는 비교 연산자로 지원되는 것은 =, >, <, >=, <=다. 세 번째 인자는 탐색하고자 하는 인덱스 칼럼 수다. 인자는 정의하는 인덱스 칼럼 수보다 같거나 작다. 1개의 인덱스 칼럼을 지정(`PRIMARY` 키워드를 사용하는 기본 키)하며, 여기선 1을 사용한다. 네 번째 인자는 탐색을 위한 인덱스 값이다. 레시피에서 검색 커맨드을 사용하여 id가 1인 행을 얻는다. 결과는 다음과 같다.

```
0   3   1   William   Hartnell
```

결과에서 첫 번째 필드는 성공을 나타내는 0이다. 그다음은 반환되는 각 레코드다. 연결 시 칼럼 3개를 지정했기 때문에, 여기서 숫자 3을 얻는다. 따라서 3개 필드를 가지는 레코드가 있다. id가 1인 모든 레코드에 대한 검색으로 매칭되는 1개의 레코드를 얻었다.

2단계의 두 번째, 세 번째 검색 커맨드는 옵션인 다섯 번째 인자를 사용한다. 다섯 번째 인자를 사용해 추출할 레코드 한계 값을 설정한다. 디폴트로 인자가 설정 안 되었을 경우엔, HandlerSocket은 단 1개의 레코드만을 반환한다. 두 번째 검색을 통해선 id가 2보다 큰 레코드만을 얻는다. 여기선 많은 레코드가 매칭되겠지만, 27로 한정되어 있다. 이것의 의미는 3 또는 4만큼 뒤로 돌아감을 나타낸다. 결과는 다음과 같다.

```
0   3   3   John   Pertwee   4   Tom   Baker
```

HandlerSocket을 사용하여 결과를 얻을 때, 하나의 긴 문자열이 될 수 있다. 그래서 우리에게 여러 개 중 하나의 결과를 얻기 위한 동작이 완료될 때, 바로 두 번째 등을 얻을 수 있다. 결과에서 2번째 필드가 3임으로서 알 수 있는 것은 첫 번째 3개 필드가 첫 번째 결과로 얻고, 그다음 3개 필드가 두 번째 결과라는 점이다.

3번째 검색으로 id가 1보다 크거나 동일한 20 레코드를 얻게 된다. 테이블은 6개의 행을 가지고, 이번 검색을 통해서 모든 레코드를 얻게 되었다. 언뜻 보기에, 출력은 조금 뒤죽박죽 보이지만, 무엇을 찾아야 하는지 알고 나면, 구문 분석하기 쉽다.

3단계에서 연결을 종료했고, 쓰기 포트로 다시 연결한다. 1단계부터 3단계까지의 전체 입력과 출력 결과는 다음 화면과 같다.

```
daniel@pippin ~
daniel@pippin:~$ telnet 127.0.0.1 9998
Trying 127.0.0.1...
Connected to 127.0.0.1.
Escape character is '^]'.
P       0       test    hs_test PRIMARY id,givenname,surname
0       1
0       =       1       1
0       3       1       William Hartnell
0       >       1       2       2
0       3       3       John    Pertwee 4       Tom     Baker
0       >=      1       1       20
0       3       1       William Hartnell        2       Patrick Troughton
3       John    Pertwee 4       Tom     Baker   5       Peter   Davison 6
Colin   Baker
^]quit

telnet> quit
Connection closed.
daniel@pippin:~$
```

4단계에선 읽기-쓰기 포트 9999로 재연결한다. 따라서, 레코드의 추가, 업데이트, 삭제가 가능하다. 5단계에서는 몇 개의 새로운 행들을 입력한다. 연결 정의 시에, 숫자 1을 가지고 연결하였다.

입력을 위한 커맨드에서는 3개의 인자와 추가할 데이터를 가진다. 첫 번째 인자는 연결 구분identification 숫자다. 두 번째는 데이터 추가를 나타내는 문자 +다. 세 번째는 연결 정의를 위한 필드 값이다(레시피에선 3을 사용). 레시피에선 2개의 행을 추가한다. 추가가 성공되면, HandlerSocket은 다음 결과를 얻는다.

```
0  1  0
```

첫 번째 값은 에러 코드다. 값 0은 에러가 발생하지 않음을 나타낸다. 두 번째 필드는 결과 세트의 칼럼 수다. 세 번째 필드는 실제 결과다. 추가할 때, 성공적인 단일 칼럼 추가의 결과로 0을 얻는다.

6단계에선 행을 업데이트한다. 데이터베이스 연결 정의 시, 칼럼이 업데이트 중이므로, givenname 칼럼을 지정만 할 수 있다. 업데이트문에서의 필드는 다음과 같다. 첫 번째는 연결 구분 번호, 두 번째는 비교 연산자다. 레시피에선 정확한 매칭을 위해서 =을 사용한다. 세 번째는 테이블내에서 업데이트할 칼럼 수다. 네 번째는 탐색시 사용할 기본 키다. 다섯 번째는 수정할 행의 한계 값이다. 여섯 번째는 테이블 탐색 폼에서 첫 번째 행으로부터의 옵셋 값이다. 일곱 번째는 키 문자 U다. 이는 업데이트를 나타낸다. 여덟 번째는 새로운 값 또는 레시피에서 사용한 값이다. 모두 종합하면 다음과 같다.

```
2 = 1 3 1 0 U  Jon
```

결과는 다음과 같다.

```
0 1 1
```

데이터 추가 동작 시, 첫 번째 값은 에러 코드다. 0은 성공을 의미한다. 두 번째 값은 칼럼 수다. 업데이트 시에 이 값은 1이다. 세 번째 칼럼은 변경되는 행의 수다. 레시피에선 1이다.

4단계부터 6단계까지의 최종 결과는 다음 화면과 같다.

7단계에서 먼저 몇 개의 정크 행들을 입력하고, 그리고 나서 삭제한다. 추가 동작은 이전과 동일하다. 삭제문의 문법은 업데이트문의 문법과 유사하다. 하지만, 삭제 시, 최종 단에 새로운 값을 넣을 필요가 없다는 점이 차이점이다. 그리고, U 대신에 D를 사용한다. 따라서, 이를 통해 HandlerSocket이 삭제 할 수 있다. 삭제문은 다음과 같다.

```
3  >  1  100  10  0  D
```

이 문장을 사용하여 10개의 레코드 검색이 가능하다. 이를 위해 id 값은 100보다 크도록 했으며, 검색된 값이 삭제된다.

7단계의 최종 결과는 다음 화면과 같다.

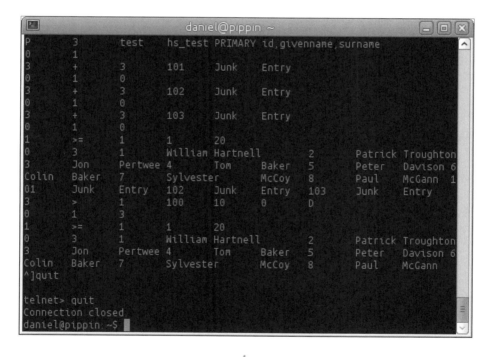

HandlerSocket 프로토콜에 대한 문서는 https://github.com/DeNA/ HandlerSocket-Plugin-for-MySQL/blob/master/docs-en/ protocol.en.txt에서 볼 수 있다.

# 12

# 카산드라 저장 엔진을 사용한
# NoSQL 지원

12장에서 다루는 레시피는 다음과 같다.

- ▶ 카산드라 저장 엔진 설치
- ▶ MariaDB와 카산드라간의 데이터 매핑
- ▶ 카산드라 저장 엔진을 이용한 INSERT, UPDATE, DELETE
- ▶ 카산드라 저장 엔진을 이용한 SELECT

## 소개

MariaDB의 독특한 특징 하나는 바로 카산드라 저장 엔진 지원이다. 이는 5장, "CONNECT 저장 엔진"에서 나온 연결 저장 엔진과 유사한 저장 엔진이다. 연결 저장 엔진과 마찬가지로 MariaDB 외부에 저장된 데이터에 대한 액세스를 허용한다. 카산드라 저장 엔진의 차이는 특정 타입 데이터만 허용한다는 점이다. 그리고 MariaDB와 카산드라 클러스터에 대한 연결을 지원한다.

12장에서는 카산드라 저장 엔진을 설치, 설정하는 방법에 대한 레시피를 제공하며, 저장 엔진을 통해 데이터 추가, 업데이트, 삭제, 질의를 사용하여 테이블을 정의하는 법에 대해서도 다룬다.

MariaDB에서의 카산드라 저장 엔진은 리눅스 기반 운영체제에 대해서만 빌드되고 패키지되어 제공된다. 따라서, 이 장의 레시피들은 다양한 형태의 리눅스를 사용하는 것을 가정으로 진행된다.

## 카산드라 저장 엔진 설치

카산드라 저장 엔진을 사용하기 전에, 먼저 활성화부터 해야 한다.

## 예제 구현

1. 레드햇, CentOS, 페도라 배포 버전에서는 다음 명령어를 사용하여 별도의 카산 드라 저장 엔진 패키지를 설치할 수 있다.

   ```
   sudo yum install MariaDB-cassandra-engine
   ```

2. mysql 커맨드라인 클라이언트를 실행해 SUPER 권한으로 MariaDB 서버에 접속 한다. 그리고 다음 커맨드를 실행한다.

   ```
   INSTALL SONAME 'ha_cassandra';
   ```

3. MariaDB 서버에 연결한 상태에서 다음 커맨드를 실행한다.

   ```
   SHOW VARIABLES LIKE "Cassandra%";
   ```

4. my.cnf 파일의 [mysqld] 절에 다음 코드를 추가한다.

   ```
   optimizer_switch = 'join_cache_hashed=on'
   join_cache_level = 7
   ```

## 예제 분석

카산드라 저장 엔진은 MariaDB에 포함되지만, 디폴트로 활성화되어 있지는 않다. 따라서, 활성화하려면 INSTALL SONAME 커맨드를 실행해야 하고, 한 번만 하면 된다.

SHOW VARIABLES 커맨드의 출력 결과는 다음 화면과 같다.

이 변수들은 다른 MariaDB 변수와 마찬가지로 설정되며, 카산드라 저장 엔진이 설치된 이후에만 존재 가능하다. 따라서, 저장 엔진이 활성화되기 전까지는 my.cnf 파일에 이 변수들을 추가해서는 안 된다. `INSTALL SONAME` 커맨드를 실행하기 이전에 추가했다면 MariaDB 시작하지 않는다.

카산드라가 비연결 모드[no-association mode]에서 일괄처리 키 액세스를 지원하기 때문에, 레시피에서는 my.cnf 파일 대상의 두 가지 추가사항을 제공한다. SQL 레이어에선 키-해싱을 수행한다. 추가 설정이 필요하다.

## 부연 설명

카산드라 저장 엔진을 활성화한 이후에 질의 가능한 다양한 상태 변수들이 있다. 카산드라 저장 엔진 변수와 마찬가지로 모두 `cassandra_`로 시작하며, 다음 커맨드로 해당하는 모든 변수를 찾을 수 있다.

**SHOW STATUS LIKE "Cassandra%";**

명령어의 수행 결과는 얼마나 많이 카산드라 저장 엔진을 사용했는지에 따라 다르다. 예를 들면, 처음으로 설치한 이후 값은 다음 화면처럼 0이다.

```
daniel@pippin: ~
MariaDB [test]> SHOW STATUS LIKE "Cassandra%";
+-----------------------------------+-------+
| Variable_name                     | Value |
+-----------------------------------+-------+
| Cassandra_row_inserts             | 0     |
| Cassandra_row_insert_batches      | 0     |
| Cassandra_multiget_keys_scanned   | 0     |
| Cassandra_multiget_reads          | 0     |
| Cassandra_multiget_rows_read      | 0     |
| Cassandra_network_exceptions      | 0     |
| Cassandra_timeout_exceptions      | 0     |
| Cassandra_unavailable_exceptions  | 0     |
+-----------------------------------+-------+
8 rows in set (0.00 sec)

MariaDB [test]>
```

## 참고 사항

▶ 카산드라 저장 엔진에 대한 전체 문서는 https://mariadb.com/kb/en/cassandra-storage-engine/에서 확인할 수 있다.

▶ 카산드라에 대한 전체 문서는 http://cassandra.apache.org/에서 확인할 수 있다.

## MariaDB와 카산드라간의 데이터 매핑

MariaDB에서 카산드라 클러스터로 저장된 데이터에 액세스하기 위해서는 연결하려는 카산드라 클러스터가 위치한 곳의 특정 테이블을 생성해야 한다. 그리고 데이터 저장이 MariaDB에서 어떻게 처리되는지를 정의해야 한다.

## 준비

이번 레시피를 시작하기 전에 '카산드라 저장 엔진 설치' 레시피를 끝내야 한다.

또한, 레시피 완료 전에 MariaDB 서버와 연결할 수 있는 카산드라 설치를 해야 한다. 다음은 MariaDB가 동작하는 동일한 호스트에서 싱글 노드 카산드라 인스턴스 설치를 위한 명령들이다.

카산드라 저장 엔진의 연동은 카산드라 데이터 모델 변경과 암호 기반 인증 도입으로 카산드라 버전 2.0 및 이후 버전보다는 카산드라 버전 1.x이 더 추천된다. 변경사항은 카산드라 저장 엔진 업데이트 시에 알 수 있다.

레드햇, CentOS, 페도라에서는 자바 6 또는 자바 7이 설치되어 있어야 한다. 자바 JRE의 다운로드와 설치에 대해서는 http://www.datastax.com/documentation/cassandra/1.2/webhelp/cassandra/install/installJreRHEL.html을 참고한다.

제대로 설치되면 java -version 커맨드는 다음 화면과 같다(버전과 빌드 번호에 따라, 비슷하지만 약간 다르게 나올 수 있다).

자바 설치 이후, /etc/yum.repos.d/ 디렉터리에 datastax.repo 파일을 만들고, 다음 코드를 추가한다.

```
[datastax]
name = DataStax Repo for Apache Cassandra
baseurl = http://rpm.datastax.com/community
enabled = 1
gpgcheck = 0
```

다음 커맨드를 사용하여 카산드라를 설치한다.

**sudo yum install cassandra12**

설치 이후에, 다음 커맨드를 사용하여 카산드라를 실행한다.

**sudo service cassandra start**

우분투와 데비안에선, 사인된 키<sup>signing key</sup>와 카산드라 저장소를 추가하려면 다음과 같은 두 개의 커맨드를 실행한다.

```
sudo apt-key adv --recv-keys \
   --keyserver pgp.mit.edu 4BD736A82B5C1B00
sudo add-apt-repository \
   'deb http://www.apache.org/dist/cassandra/debian 11x main'
```

다음 두 커맨드를 실행해 APT로 업데이트하고, 카산드라를 설치한다.

```
sudo apt-get update
sudo apt-get install cassandra
```

레시피를 위한 준비가 완료됐다.

## 예제 구현

1. Cassandra 1.1을 사용하고 있다면 cqlsh 커맨드를 실행하고, 다음 커맨드로 카산드라 키스페이스 casstest를 만든다.

    ```
    CREATE KEYSPACE casstest WITH
        strategy_class = 'org.apache.cassandra.locator.SimpleStrategy'
        AND strategy_options:replication_factor='1';
    ```

2. Cassandra 1.2를 사용하고 있다면 cqlsh 커맨드를 실행하고, 다음 커맨드로 카산드라 키스페이스 casstest를 만든다.

    ```
    CREATE KEYSPACE casstest
        WITH REPLICATION = {'class' : 'SimpleStrategy',
            'replication_factor': 1};
    ```

3. 아직 다른데 나가지 말고 cqlsh에서, casstest 키스페이스에서 카산드라 칼럼 패밀리 test를 만들기 위해 다음 커맨드를 입력한다.

    ```
    USE casstest;
    CREATE columnfamily test01 (
        pk varchar primary key,
        data1 varchar,
        data2 bigint);
    ```

**4.** 다음 커맨드를 입력해 cqlsh에서, 추가 카산드라 칼럼 패밀리 notes를 만든다.

```
CREATE columnfamily notes (
    note_id int primary key,
    note_note text
); Java support.exit
```

**5.** mysql 커맨드라인 클라이언트를 열고, MariaDB 데이터베이스 서버에 연결하여, test 베이스에 연결한다(필요 시엔, 먼저 만들어야 한다).

```
CREATE DATABASE IF NOT EXISTS test;
USE test;
```

**6.** 3단계에서 만든 test01 칼럼 패밀리에 매핑된 test 데이터베이스에 테이블 생성을 위해 다음 커맨드를 실행한다.

```
CREATE TABLE test01_cass (
    pk VARCHAR(36) PRIMARY KEY,
    data1 VARCHAR(60), Java support.
    data2 BIGINT
) ENGINE=cassandra
    THRIFT_HOST='localhost'
    KEYSPACE='casstest'
    COLUMN_FAMILY='test01';
```

**7.** 다음 커맨드를 실행하여 4단계에서 만든 칼럼 패밀리 notes에 매핑되는 테이블을 생성한다.

```
CREATE TABLE notes_cass (
    note_id INT PRIMARY KEY,
    note_note mediumtext
) ENGINE=cassandra
    DEFAULT CHARSET=utf8
    THRIFT_HOST='localhost'
    KEYSPACE='casstest'
    COLUMN_FAMILY='notes';
```

MariaDB의 테이블과 카산드라에 대응되는 칼럼 패밀리 매핑용 두 가지를 소개한다.

첫 번째는 칼럼에 대한 실제 정의 사항이며, 이러한 칼럼들은 카산드라의 명명된 것과 동일해야 하고, 데이터 타입은 호환되어야 한다.

두 번째 파트는 테이블 정의 이후에 위치한다. 카산드라 저장 엔진과 연결[connection] 파라미터를 사용하기 위한 위치 지정이다. 로컬 서버에 위치한 카산드라 인스턴스에 연결해야 하기 때문에 THRIFT_HOST 파라미터의 localhost를 지정해야 한다. 그 외의 다른 파라미터는 KEYSPACE와 COLUMN_FAMILY 파라미터다. 그 값은 각각 casstest와 test01이다.

카산드라 인스턴스가 비표준 포트로 설정되면, 설정을 위해선 THRIFT_PORT 파라미터를 사용한다.

my.cnf 파일의 [mysqld] 절에서 cassandra_default_thrift_host 변수를 설정하면 THRIFT_HOST 파라미터를 지정할 필요 없다(물론 다른 호스트에 연결하지 않는다는 가정이다).

카산드라와 MariaDB의 일부 데이터 타입은 동등한 직접 매핑이 이루어질 수 없다. MariaDB에 매핑되는 카산드라 데이터 타입 리스트는 다음과 같다.

| 카산드라 | MariaDB |
| --- | --- |
| ascii | BLOB, VARCHAR(n), CHARSET=latin1 |
| bigint | BIGINT, TINY, SHORT (카산드라의 실제 데이터와 맞는 것을 사용) |
| blob | BLOB, VARBINARY(n) |
| boolean | BOOL |
| counter | BIGINT (MariaDB에서는 읽기 전용이다.) |
| decimal | VARBINARY(n) |

(이어서)

| 카산드라 | MariaDB |
|----------|---------|
| double | DOUBLE |
| float | FLOAT |
| int | INT |
| text | BLOB, VARCHAR(n), CHARSET=utf8 |
| timestamp | TIMESTAMP (초 정밀도), TIMESTAMP(6) (마이크로초 정밀도), BIGINT (실제 64-bit 카산드라의 타임스탬프(timestamp)) |
| uuid | CHAR(36) (MariaDB에선 텍스트로 표현된 카산드라 UUID 값) |
| varint | VARBINARY(n) |

카산드라에서의 크기 제한은 MariaDB에서보다 더 유연하다. VARBINARY(n) 값을 가지는 테이블의 지정 MariaDB 데이터 타입에 대해, n 값은 카산드라 데이터베이스 내에서 사용될 수 있는 큰 값을 가진다.

인스턴스는 실행이 불가능한 곳에서도 사용될 수 있다. 예를 들면, 카산드라는 rowkey 길이에서 2기가바이트의 제약을 가진다. MariaDB는 고유 키 길이에 대한 제약으로 1.5킬로바이트를 가진다. 카산드라의 실제 데이터가 MariaDB의 제약사항을 넘는다면, MariaDB에서 액세스하는 것은 불가능해진다.

## 참고 사항

▶ 카산드라 저장 엔진에 대한 전체 문서는 https://mariadb.com/kb/en/cassandra-storage-engine/에서 확인할 수 있다.

▶ 카산드라에 대한 전체 문서는 http://cassandra.apache.org/에서 확인할 수 있다.

## 카산드라 저장 엔진을 이용한 INSERT, UPDATE, DELETE 사용

카산드라 저장 엔진을 사용할 때 테이블은 다른 테이블을 사용할 때와 같겠지만, 몇 가지 차이점이 있다. 이 레시피에서는 이러한 차이점을 설명한다.

이 레시피를 시작하기 전에 'MariaDB와 카산드라 간의 데이터 매핑' 레시피를 먼저 끝내도록 한다. 2장, "MariaDB 깊이 파헤치기"에 있는 'mysqldump에서 내보낸 데이터 가져오기' 레시피에서 나타낸 'isfdb 데이터베이스 가져오기'를 참고하고 사용할 데이터를 준비한다.

1. mysql 커맨드라인 클라이언트를 실행하고, MariaDB 데이터베이스 서버에 연결하고 test 데이터베이스에 연결한다.

2. 다음처럼 test01_cass 테이블에 몇 개의 샘플 데이터를 입력한다.

```
INSERT INTO test01_cass VALUES
    ('rowkey10', 'data1-value', 123456),
    ('rowkey11', 'data1-value2', 34543),
    ('rowkey12', 'data1-value3', 444),
    ('rowkey13', 'data1-value4', 777666555);
```

3. 다음 커맨드를 사용하여 isfdb.notes 테이블의 데이터를 빈 notes_cass 테이블에 채워 넣는다.

```
INSERT INTO notes_cass SELECT * FROM isfdb.notes;
```

4. 다음 커맨드를 사용해 rowkey12의 test01_cass data2 값을 444로 업데이트한다.

```
UPDATE test01_cass SET data2=454 WHERE pk='rowkey12';
```

5. 다음 커맨드로 test01_cass 테이블에서 행을 삭제한다.

```
DELETE FROM test01_cass WHERE pk = 'rowkey13';
```

6. mysql 커맨드라인 클라이언트를 빠져나와서 다음 커맨드를 실행한다.

```
USE casstest;
SELECT * FROM test01;
```

MariaDB에서 카산드라 저장 엔진 테이블을 생성할 때 적절한 동작을 사용하여, 데이터 타입은 (동일하지 않더라도) 호환 가능하다. INSERT와 UPDATE 동작도 가능하다. 그리고, InnoDB, Aria 또는 다른 표준 MariaDB 테이블에서 카산드라 저장 엔진 테이블로 데이터를 옮기기 위한 INSERT INTO ... SELECT FROM ...도 가능하다. 물론 반대도 가능하다.

카산드라 테이블로 값을 추가하는 동작은 INSERT 또는 UPDATE 문과 같다. 카산드라의 데이터 모델 동작 방식에서 지원되기 때문이다. 기본 키가 매칭되면, 행은 겹쳐 쓰기 가능하다. 지금까지의 내용을 통해 카산드라가 어떻게 동작하는지를 알 수 있으며, 에러는 발생하지 않는다. 카산드라 저장 엔진을 사용할 때 주의를 기울여야 한다.

이 레시피의 마지막 부분에선 cqlsh 클라이언트를 통해서 추가할 데이터가 어떻게 카산드라 데이터베이스에 존재하게 되는지를 보여준다. 결과는 다음 화면과 같다.

카산드라는 행들이 자신의 칼럼을 가질 수 있는 기능을 제공한다. 칼럼들은 MariaDB 동적 칼럼을 사용해서 액세스 가능하다. 이를 위해 카산드라 저장 엔진 테이블을 정의할 때 DYNAMIC_COLUMN_STORAGE=yes 특성을 가지는 BLOB 칼럼을 정의한다. 관련된 추가 정보를 위해서는 10장, "MariaDB의 동적, 가상 칼럼 탐색"의 동적 칼럼 관련 레시피를 참고한다.

▶ 카산드라 저장 엔진에 대한 전체 문서는 https://mariadb.com/kb/en/ cassandra-storage-engine/에서 볼 수 있다.

▶ 카산드라에 대한 전체 문서는 http://cassandra.apache.org/에서 볼 수 있다.

## 카산드라 저장 엔진을 이용한 SELECT 사용

앞 레시피처럼 SELECT 문은 카산드라 저장 엔진 테이블을 사용할 때와 동일하다.

## 준비

먼저 카산드라 저장 엔진을 사용한 INSERT, UPDATE, DELETE 레시피를 마쳐야 한다.

## 예제 구현

1. mysql 커맨드라인을 실행하고, MariaDB 데이터베이스와 test 데이터베이스에 연결한다.

2. 다음 커맨드를 사용하여 test01_cass 테이블에서 전체를 선택한다.

```
SELECT * FROM test01_cass;
```

3. 다음 커맨드를 사용하여 notes_cass 테이블에서 10개의 행을 읽는다.

```
SELECT * FROM notes_cass LIMIT 10;
```

4. 다음 커맨드를 사용하여 다중 WHERE 절, ORDER BY 절, LIMIT 절을 사용한다.

```
SELECT * FROM notes_cass
 WHERE note_note IS NOT NULL
   AND note_id < 500
   AND LENGTH(note_note) < 30
 ORDER BY note_id DESC
 LIMIT 10;
```

**5.** test 데이터베이스 notes_cass 테이블을 몇 개의 WHERE 절과 LIMIT 절을 사용하여 isfdb 데이터베이스 publishers 테이블에 조인한다.

```
SELECT publisher_name,publisher_wikipedia,note_note
  FROM isfdb.publishers INNER JOIN notes_cass
 USING (note_id)
 WHERE note_note IS NOT NULL
   AND publisher_wikipedia IS NOT NULL
   AND LENGTH(note_note) < 30
   AND LENGTH(publisher_wikipedia) < 40
LIMIT 10;
```

## 예제 분석

카산드라 저장 엔진을 사용하여 테이블에 SELECT 문을 적용하는 것은 다른 SELECT 와 동일하다. 주된 차이점은 질의가 실제로 실행될 때다. 카산드라 저장 엔진은 카산드라 클러스터에 연결되고, 로컬 파일 시스템의 일반 테이블 대신에 필요한 데이터를 가져온다. 일반 MariaDB 테이블 경우에는 결과 정의를 위해서는 LIMIT, WHERE 등의 절이 필요하고 다른 테이블에 대해서도 조인할 필요도 있다.

이 레시피 5단계의 SELECT 문 수행은 다음 화면과 같다(실제 결과는 사용하는 isfdb 데이터베이스의 버전에 따라서 달라진다).

카산드라와 같은 NoSQL 데이터베이스의 가장 큰 문제점은 JOIN과 같은 관계형 데이터베이스 스타일의 작업을 쉽게 할 수 없다는 점이다. 이를 해결하기 위해 카산드라 저장 엔진이 나오게 된 가장 큰 이유다. 카산드라 저장 엔진을 사용하면, MariaDB에 저장된 데이터와 카산드라 클러스터에 저장된 데이터 사이에서 JOIN을 할 순 없지만, 2개 이상의 카산드라 클러스터, 키스페이스, 칼럼 패밀리 간에는 가능하다.

카산드라 저장 엔진은 카산드라 클러스터에 저장된 많은 데이터에 대한 분석 타입 질의를 하기엔 적합하지 않다. 카산드라에선 정렬 관련 많은 작업을 지원하기 위한 많은 유용한 툴(아파치 하이브^Apache Hive 또는 아파치 피그^Apache Pig)을 가지고 있다. 카산드라 저장 엔진은 SQL 환경(MariaDB)에서 NoSQL 환경(카산드라)으로 갈 때 편리성을 제공한다.

다양 복잡한 SELECT 문을 사용할 때도 주의를 기울여야 한다. 전체 테이블 스캔을 위한 질의는 테이블이 InnoDB 또는 MyISAM 저장 엔진을 사용할 때 유용하다. 그러나, 카산드라 저장 엔진 테이블이 포함되었을 때는 주의를 기울여야 한다(예를 들면, 2장 "MariaDB 깊이 파헤치기"의 'SHOW EXPLAIN을 실행 중인 쿼리와 함께 사용' 레시피 내 복잡한 SELECT 문을 고려한다).

▶ 카산드라 저장 엔진의 전체 문서는 https://mariadb.com/kb/en/cassandra-storage-engine/에서 확인할 수 있다.
▶ 카산드라의 전체 문서는 http://cassandra.apache.org/에서 확인할 수 있다.
▶ 카산드라 저장 엔진이 JOIN을 어떻게 사용하는지에 대해 https://mariadb.com/kb/en/how-are-joins-handled-with-cassandra/에서 확인할 수 있다.

# 13
# MariaDB 보안

13장에서 다루는 레시피는 다음과 같다.

▶ mysql_secure_installation을 사용한 MariaDB 보안

▶ 리눅스에서 MariaDB 파일의 보안

▶ 윈도우에서 MariaDB 파일의 보안

▶ 보호되지 않은 암호를 사용하는 사용자 확인

▶ SSL을 사용한 연결 암호화

▶ 사용자 퍼미션 제어 역할

▶ PAM 인증 플러그인을 사용한 인증

## 소개

보안은 중요하지만, 주어진 데이터베이스의 데이터는 매우 다양하며, 적용해야 할 보안 형태도 매우 많다. 13장의 레시피에서는 MariaDB의 디폴트 보안을 향상시키기 위한 일반적인 방법에 대해서 다룬다. 그렇지만, 토픽을 깊숙이 다룬다기보다는 간략히 살펴보겠다.

MariaDB 설치에서 보안을 강화하는 가장 간단한 방법은 커맨드라인을 최대한 덜 쓰는 것이다.

### 예제 구현

MariaDB의 디폴트 설치 시 보안을 제공하려면 다음과 같은 단계를 거친다.

1. 터미널을 실행하고 다음 명령을 수행한다.

   **mysql_secure_installation**

2. 스크립트에 의해서 프롬프트가 뜬 상태가 되고, 루트 사용자용 암호를 넣고, 원격 루트 로그인은 비허용하고, 익명 사용자는 제거한다.

3. 13장과 다른 장의 다수 레시피에서 test 데이터베이스를 사용해야 하기 때문에, test 데이터베이스는 삭제하지 않는다.

4. 프롬프트 상태에서 권한 테이블을 다시 로드한다.

### 예제 분석

`mysql_secure_installation` 프로그램은 펄로 작성된 스크립트다. 목적은 MariaDB 설치 시 매번 기본 보안 설정을 제공한다. 서버에서 MariaDB를 설치한 이후에 가장 먼저 수행해야 한다. 1분 정도 소모되며, MariaDB를 설치할 때마다 거치는 필수 과정으로 생각하면 된다.

### 부연 설명

윈도우, 우분투, 데비안에서 MariaDB를 설치할 때 루트 암호를 설정한다. 설정한 이후에, 스크립트를 사용할 때는 스크립트가 대신 해주기 때문에, 루트 암호를 넣을 필요가 없다. 레드햇, CentOS, 페도라에서 MariaDB를 설치할 때는 루트 암호를 넣지 않는다. 따라서, 이런 경우엔 `mysql_secure_installation`이 두 배나 더 중요하다.

▸ `mysql_secure_installation` 스크립트에 대한 전체 문서는 https://mariadb. com/kb/en/mysql_secure_installation/에서 확인할 수 있다.

## 리눅스에서 MariaDB 파일의 보안

파일시스템 보안은 데이터베이스 보안 중 중요한 부분을 차지한다. 다른 프로그램 처럼, MariaDB는 데이터를 파일시스템 내에 파일로 관리하기 때문이다. 파일들이 서버에 접속할 수 있는 누구든지에 의해서 읽혀지거나, 복사되면, 파일 복사를 막을 길이 없게 되고, 이를 이용해서 다른 서버에 MariaDB 액세스하는 것도 막지 못한다. 이 레시피에서는 리눅스에서의 파일 보안을 유지하는 방법에 대해서 살펴본다.

## 준비

이 레시피 시작하기 전에 `tree` 프로그램을 설치하기 위해 패키지 매니저를 사용한다.

페도라, 레드햇, CentOS에서 사용하는 명령어다.

```
sudo yum install tree
```

데비안, 우분투에서 사용하는 명령어다.

```
sudo apt-get install tree
```

## 예제 구현

1. 터미널 윈도우에서 다음을 실행한다.

```
sudo tree -puga /usr/lib*/mysql /lib*/mysql \
  /etc/mysql* /etc/my.cnf* /var/lib*/mysql
```

2. MariaDB가 동작 중이면 정지시킨다.

**3.** 루트 또는 mysql 사용자용이 아니면, 모든 파일의 소유권을 디렉터리내 다른 파일들도 사용할 수 있도록 변경한다.

```
sudo chown -v mysql: /var/lib/mysql/flightstats/ontime.frm
```

**4.** /var/lib/mysql/ 디렉터리 하위의 모든 파일과 디렉터리에서 그룹과 다른 사용자들에 대한 읽기/쓰기 퍼미션을 제거한다. /var/lib/mysql 디렉터리와 /var/lib/mysql/mysql.sock 파일(존재할 경우)에 대한 퍼미션은 다르다. 각각 755와 777가 되어야 한다.

```
sudo chmod -vR go-rw /var/lib/mysql/
sudo chmod -v 755 /var/lib/mysql
sudo chmod -v 777 /var/lib/mysql/mysql.sock
```

**5.** MariaDB를 다시 실행한다.

## 예제 분석

이번 레시피에서는 파일시스템에서 여러가지 MariaDB 파일의 소유권과 퍼미션을 보기 위해 `tree` 프로그램을 사용하였다. 동일한 정보는 `find`를 사용하거나, `ls` 프로그램을 통해서도 수집할 수 있다. 그렇지만 `tree` 출력만큼 가독성을 제공하진 못한다.

리눅스에서 가장 취약한 MariaDB 디렉터리는 데이터가 실제로 저장되는 곳이다. 디폴트 디렉터리는 /var/lib/mysql/이며, 다른 위치로 변경도 가능하다. /var/lib/mysql/ 디렉터리 아래에 아무런 데이터가 없으면, my.cnf 파일의 `datadir` 변수를 확인해 보거나, 다음과 같이 mysql 커맨드라인을 사용한다.

```
SHOW VARIABLES LIKE 'datadir';
```

데이터베이스에 다른 사람들이 사용하는 것을 막기 위해서 데이터 디렉터리에 mysql 사용자만이 사용할 수 있도록 제한해야 한다. 그렇지 않으면 다른 사람들도 데이터베이스에 적법하게 액세스할 수 있다. 이 사용자는 MariaDB 패키지 설치시에 자동으로 생성된다.

레시피에선 파일 한 개의 소유권을 변경하기 위해서 `chown` 명령어를 사용한다. 재귀적으로 디렉터리(디렉터리의 하위 디렉터리도 포함) 내 모든 파일의 소유권을 변경할 수도 있다. 이를 위해서 디렉터리에 대해서 -R 플래그와 chown을 다음과 같이 사용한다.

```
sudo chown -Rv mysql: /var/lib/mysql/
```

/var/lib/mysql/ 디렉터리의 모든 파일(디렉터리 자체는 제외)과 mysql.sock 소켓 파일은 mysql 사용자만이 액세스할 수 있도록 설정할 수 있다. 리눅스에선 파일에 대해선 600퍼미션, 디렉터리에 대해선 700퍼미션을 부여한다.

소켓 파일은 전역 읽기, 쓰기 퍼미션을 가져야만, 원격 클라이언트들이 서버에 연결할 수 있다. 몇몇의 리눅스 배포판에서는 /var/run/ 또는 /run/ 디렉터리에서 찾을 수 있다. /var/lib/mysql/ 디렉터리도 더 신경쓰도록 한다. 그 외에도 다른 리눅스 배포판에서는 소켓 파일은 /var/lib/mysql/ 디렉터리에 존재한다. 만약에 디렉터리가 /var/lib/mysql/면, 모든 사용자가 액세스 가능하도록(755퍼미션) 해야 하며, 소켓 파일은 전역 읽기-쓰기 퍼미션(777)을 가진다.

소켓 파일이 /var/lib/mysql/하에 위치한 리눅스 배포판을 사용할 경우에, 선택에 맞추어 새로운 위치를 지정할 수도 있다. 그리고, 데이터 디렉터리를 락다운하여 mysql 사용자만 액세스할 수 있도록 한다(700퍼미션). 이러한 방법을 통해서 데이터 디렉터리에 대해서 읽기 액세스를 부여하여 파일에 대한 권한을 가지지 않더라도 데이터베이스의 모든 파일명은 볼 수 있도록 한다.

또한, 운영체제와 MariaDB에 둘 다 모두에 대해 최근 보안 업데이트를 유지해 서버에 최신 버전을 적용한다.

## 부연 설명

데비안과 우분투 배포판에서는 /etc/mysql/ 디렉터리에 debian.cnf 파일이 존재하며, 이 파일은 남들에게 공유되지 않도록 보안을 유지해야 한다. MariaDB 설치 시에 이 파일은 자동으로 생성된다. 이 예제는 다음 화면과 같다.

2개의 암호 엔트리는 무작위로 생성되고, 상호간에 매칭관계를 가진다. 이 파일은 데비안, 우분투에서 MariaDB를 설치할 때 자동으로 생성되는 debian-sys-maint 사용자로 업데이트 외 루틴 유지보수용으로 운영체제에서 사용된다. 이 데이터베이스 사용자는 데이터베이스 전체 내용에 대해 액세스가 가능하다(만약에 불가능하다면, 작업이 불가능하다). 이 파일은 디폴트로 락다운되어, 시스템 루트 유저(사용자)만이 읽고 쓸 수 있는 액세스 권한을 가진다(퍼미션을 ls -l로 본다면, 600 또는 -rw).

권한은 변경되면 안 되며, 설정 모니터링 툴을 사용할 수 있다면, 파일 퍼미션이 제대로 락다운됐는지를 체크해야 한다.

만약에 외부에서 공격하는 사람이 데이터베이스 서버에 물리적인 액세스를 한다면, 즉 물리적으로 열고, 디스크 드라이브를 제거하면, 데이터베이스 파일에 대한 액세스를 방지하기 위해 전체 디스크를 암호화해야 한다. 그렇지만, 성능저하 또는 다른 이유로 암호화를 사용하지 않는다면, 서버에 대한 물리적 보안은 데이터베이스 내 데이터의 값어치에 비례하여 보장되어야 한다. 보안의 타입, 레벨은 케이스 별로 달라진다.

## 윈도우에서 MariaDB 파일의 보안

파일 시스템 보안은 데이터베이스의 데이터 안전을 유지하기 위해서 중요한 부분이다. 대부분의 프로그램 처럼, MariaDB는 데이터를 파일 시스템의 파일에 저장하기 때문에 더욱더 중요하다. 파일들이 서버에 로그인 가능한 모든 사람들에게 읽혀지고, 복사될 수 있다면, 파일이 복사되고, MariaDB에 액세스되는 것을 막을 방법이 없다. 이 레시피는 윈도우의 파일 보안에 대해서 나타낸다.

## 예제 구현

1. 윈도우 익스플로러에서 MariaDB 설치 디렉터리를 탐색한다(MariaDB 10.0에서 디폴트 위치는 C:\Program Files\MariaDB 10.0\다).

2. 다음 그림에서 보는 바와 같이 디렉터리를 마우스 오른쪽 버튼으로 클릭하고, Properties를 선택한다.

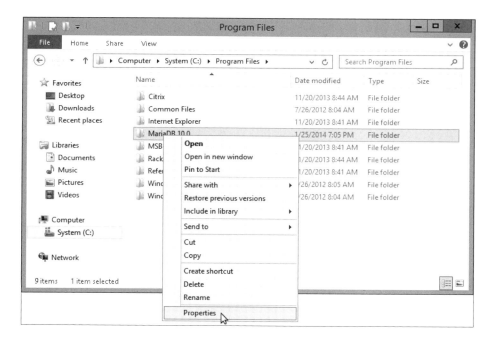

3. Properties 항목에서 Security 탭을 클릭하고 퍼미션을 체크한다. SYSTEM과 Administrator 계정은 디렉터리에 대해 전체 권한을 가지지만, 일반 사용자는 읽기와 실행 권한, 리스트 폴더 컨텐츠 읽기 퍼미션만을 가진다. 다음 화면처럼 쓰기 또는 다른 특별한 퍼미션을 가지지는 않는다.

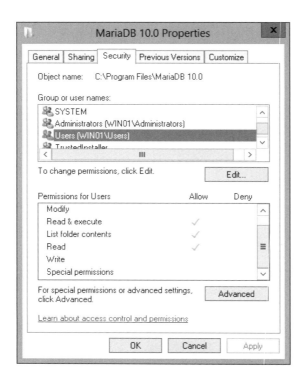

**4.** 필요한 변경사항이 있으면 수행하고, **OK**를 클릭해 **Properties** 창을 닫는다.

## 예제 분석

윈도우용 MariaDB 인스톨러는 적당한 퍼미션을 가지는 설치 디렉터리를 사용한다. 그렇다고 모든 OK를 의미하진 않으며, 주기적으로 퍼미션이 제대로 유지되고 있는 지를 체크할 필요가 없다는 것을 의미하진 않는다. 운영체제와 MariaDB에 둘 다 모두에 대해 최근 보안 업데이트를 유지하여 서버에 최신 버전을 적용해야 한다.

## 부연 설명

만약에 외부에서 공격하는 사람이 데이터베이스 서버에 물리적인 액세스를 한다면, 즉, 물리적으로 서버를 열고, 디스크 드라이브를 제거하면, 이와 같은 데이터베이스 파일에 대한 액세스를 방어하려면 전체 디스크를 암호화해야 한다. 성능저하 또는 다른 이유로 인해 암호화를 사용하지 않는다면, 서버에 대한 물리적 보안은 데이터베이스 내 데이터의 값어치에 비례하여 보장되어야 한다. 보안의 타입이나, 정도는 케이스 별로 달라진다.

## 보호되지 않은 암호를 사용하는 사용자 확인

실제 MariaDB 사용자 암호는 MariaDB의 평문plain text이 보호되지 않기 때문에 여기에 저장되지 않는다. 대신 암호의 수학적인 해시 값으로 저장된다. 연결될 때 MariaDB는 암호를 해시 처리하고, 저장된 해시 값과 비교한다. 만약에 일치하면 통과된다. 그렇지만 MariaDB에선 실제로 두 가지 해시 옵션을 지원한다. 둘 중 하나는 다른 하나보다 더 안정성을 보장한다.

## 예제 구현

MariaDB에 의해서 사용되는 암호 해시 함수를 살펴보고, 서버의 모든 사용자를 대상으로 확인하기 위해서 보안 옵션을 사용한다. 방법은 다음 단계를 거친다.

1. mysql 커맨드라인 클라이언트를 실행하고, SUPER 권한을 가지는 사용자로 접속해서 MariaDB 데이터베이스 서버에 연결한다.

2. 다음 문장을 사용하여 old_passwords 변수 값이 무엇인지를 확인한다.

   **SELECT @@old_passwords;**

3. 값이 0이 아니면, 설정파일, 셋팅 부분을 찾아본다. 발견된 인스턴스들을 삭제(전체 라인)하고 MariaDB를 재시작한다.

4. mysql 커맨드라인 클라이언트로 다시 돌아가서, 다음 문장을 사용하여 mysql.user 테이블의 Host, User, Password 칼럼을 찾는다.

   **SELECT Host,User,Password FROM mysql.user;**

5. 사용자는 short(16개의 문자) 타입을 가지고 Password 칼럼은 빈 값을 가진다.

**6.** 확인된 사용자는 새로운 암호를 설정할 수 있다.

## 예제 분석

이전 MariaDB에서는 해시화된 암호는 16진법으로 16개의 숫자 길이만큼만 생성되었지만, 요즘에 들어서는 더 이상 그 길이로는 만족되지 않는다. 따라서, MariaDB의 암호 해시화는 16진법으로 40개의 숫자 다음에 *를 가지는 형태로 시작한다. 이러한 해시 방법을 사용하면, 더 보안성을 높일 수 있고, 이전의 오래된 해시화된 암호를 가지고 있는 사용자는 이에 맞추어 새로운 스타일로 업그레이드해야 한다.

사용자에게 암호를 변경하라는 것을 이야기 하기 이전에, 새로운 암호로 설정하는 것이 새 암호 해시를 사용하는 것인지를 확인해야 한다. 변수 old_password는 어떤 해시 함수가 사용될 지를 결정한다. 만약에 1로 설정되면, 이전 옛날 버전 해시 함수가 사용된다. 이런 셋팅은 새로운 해시 함수가 도입되고, 예전 클라이언트가 연결되었을 때, 이전 버전과의 하위 호환성을 가져야 한다.

모든 최신의 MariaDB 클라이언트 애플리케이션은 새로운 암호 해시를 지원해야 한다. 따라서, 더 이상 old_password=1가 필요 없을 수 있다. 오래된 예제 설정을 복사, 붙이기하면서 본인도 모르게 설정하고, 깨닫지 못할 수 도 있다.

예전 스타일의 암호 해시를 사용하는 것은 매우 짧기 때문에 위험할 수 있다. 최신 고성능 컴퓨터를 사용해 쉽게 크랙할 수 있기 때문에 예전 버전의 암호해시는 사용하지 말아야 한다.

일단, MariaDB 설정이 old_password=1로 설정되어 있는지를 확인해야 한다. 그리고, 암호를 변경한다. 사용자가 예전 스타일의 암호를 사용하는지를 확인하기 위해서 해시를 살펴볼 수 있다. 다음의 커맨드를 사용하여 mysql.user 테이블에서 살펴본다.

**SELECT User,Password FROM mysql.user;**

결과 출력에선 더 많은 엔트리들을 포함하고 있지만, 다음 화면과 거의 유사하다.

badpass 사용자들은 예전 스타일의 암호 해시를 사용하며, goodpass 사용자들은 현재 스타일의 암호 해시를 사용한다. 사용자를 적합하게 구분하기 위해서 Host 칼럼을 선택해야 하는데, 결과를 읽기 쉽게 하기 위해서 본 시뮬레이션 예제에서는 사용하지 않았다.

참고 사항

▶ PASSWORD() 함수에 대한 문서는 https://mariadb.com/kb/en/password/에서 확인할 수 있다.

▶ SET PASSWORD 커맨드에 대한 문서는 https://mariadb.com/kb/en/set-password/에서 확인할 수 있다.

## SSL을 사용한 연결 암호화

로컬 워크스테이션에서 MariaDB 데이터베이스에 연결할 때는 mysql 클라이언트와 데이터베이스 사이에 트래픽 보안이 유지되는지 아닌지를 살펴볼 필요가 없다. 트래픽은 모두 로컬이고, 단일 머신에 대해서만 한정되어 있기 때문이다.

반대로 클라이언트가 어느 한 서버에서 돌고, 데이터베이스는 세상 저편 또는 동일한 데이터 센터의 다른 서버에서 동작하는 경우에, 양측간의 트래픽 암호화에 대해서 신경 써야 한다.

본 내용은 리눅스에만 해당되는 레시피다. 준비할 때, 한 세트의 SSL 증명서가 필요하다. 신뢰받은 인증 기관에 의해서 서명받은 인증서가 더 선호되며, 물론 자신용 인증서를 스스로 만들수도 있다. 자신이 스스로 서명한 인증서를 만들기 위해서 다음 단계를 거치도록 한다.

1. 임시 디렉터리를 만들고, 다음 문장을 수행한다.

   ```
   mkdir -v ssl-tmp;cd ssl-tmp
   ```

2. 다음 문장을 사용해서 인증 기관의 키 파일을 만든다.

   ```
   openssl genrsa -out mariadb-ca.key 4096
   ```

3. 그런 다음 인증 기관의 인증서를 생성한다.

   ```
   openssl req -x509 -new -nodes -days 9999 \
    -key mariadb-ca.key \
    -out mariadb-ca.pem
   ```

4. 3단계에서 커맨드 실행할 때 묻는 질문에 대해서 디폴트 또는 실제 정보를 사용하여 대답한다. 그리고 그 밑 단계에서 묻는 것에 대해서도 동일하게 수행한다.

5. 아래의 문장 세트로 MariaDB 서버용 키와 인증 파일을 생성한다.

   ```
   openssl genrsa -out mariadb-server.key 4096

   openssl req -new \
     -key mariadb-server.key \
     -out mariadb-server.csr

   openssl x509 -req -set_serial 01 -days 9999 \
      -CA      mariadb-ca.pem \
      -CAkey  mariadb-ca.key \
      -in      mariadb-server.csr \
      -out    mariadb-server.pem
   ```

6. 아래의 문장 세트로 mysql 커맨드라인 클라이언트를 사용하여 키와 인증서 파일을 생성한다.

```
openssl genrsa -out mariadb-client.key 4096

openssl req -new \
  -key      mariadb-client.key \
  -out      mariadb-client.csr

openssl x509 -req -set_serial 02 -days 9999 \
  -CA       mariadb-ca.pem \
  -CAkey    mariadb-ca.key \
  -in       mariadb-client.csr \
  -out      mariadb-client.pem
```

7. 인증서와 키를 MariaDB 데이터 디렉터리로 이동한다.

```
sudo mv -vi mariadb*.pem /var/lib/mysql/
sudo mv -vi mariadb*.key /var/lib/mysql/
```

이제 실제 레시피를 시작할 수 있는 준비가 되었다. 레시피에서 사용한 명칭은 여기서 실제 생성된 인증서와 키의 명칭과 매칭되어야 한다. 대신해서 사용할 인증서와 키를 가진다면, 레시피를 수정한다.

## 예제 구현

1. /etc/mysql/conf.d/ 또는 /etc/ 하위의 my.cnf 파일 또는 ssl.cnf 파일의 아래에 설정을 편집하고, 다음 문장을 추가한다.

```
# mysqld과 mysql 클라이언트용 SSL 설정

[mysqld]

ssl-ca=/var/lib/mysql/mariadb-ca.pem

ssl-key=/var/lib/mysql/mariadb-server.key
```

```
ssl-cert=/var/lib/mysql/mariadb-server.pem
[mysql]

ssl-ca=/var/lib/mysql/mariadb-ca.pem

ssl-key=/var/lib/mysql/mariadb-client.key

ssl-cert=/var/lib/mysql/mariadb-client.pem
```

2. MariaDB를 다시 시작한다.

3. mysql 커맨드라인 클라이언트를 사용하여 MariaDB로 연결한다.

```
STATUS;
SHOW VARIABLES LIKE 'have_ssl';
SHOW STATUS LIKE 'Ssl%';
```

4. SSL이 필요한 사용자를 생성한다.

```
GRANT ALL on test.* TO 'ssluser'@'localhost'
    IDENTIFIED BY 'ssluserpassword'
    REQUIRE SSL;
```

5. 클라이언트에서 나와서 ssluser로 재연결한다(결과는 성공이다).

```
mysql -u ssluser -p test
```

6. 클라이언트에서 나와서, 커맨드라인에서 --skip-ssl 플래그를 사용해 ssluser
   로 재연결한다(이때 결과는 실패다).

```
mysql -u ssluser -p --skip-ssl test
```

7. 클라이언트에서 나와서 다른 사용자로 재연결한다. 이때 --skip-ssl 플래그를
   사용하고, GRANT 문에서 REQUIRE SSL은 사용하지 않는다(이때 결과는 성공이다).

```
mysql -u root -p --skip-ssl
```

SSL은 OpenSSL의 시스템 디폴트 버전이 무엇이든 간에 MariaDB 리눅스 패키지에서 지원된다. SSL 연결을 위한 서버 사이드의 가능한 지원으로 ssl-ca, ssl-key, ssl-cert 변수를 MariaDB 설정의 [mysqld] 절에 추가한다. 클라이언트에서 연결 시마다 다음처럼 매번 정보 선택이 가능하다.

```
mysql -u ssluser .ssl-ca=/var/lib/mysql/mariadb-ca.pem \
  --ssl-key=/var/lib/mysql/mariadb-client.key \
  --ssl-cert=/var/lib/mysql/mariadb-client.pem test
```

그러나 설정 파일의 [mysql] 절에 추가하는 것은 더욱 더 쉽다.

한번 SSL 지원이 활성화되면 STATUS, SHOW VARIABLES LIKE 'have_ssl';를 사용하여 동작 여부를 확인할 수 있다.

STATUS; 커맨드는 SSL 라인을 포함하며, 데이터베이스에 대한 연결을 암호화하기 위해서 사용자에게 SSL 암호화(cipher)를 제공한다. 예제는 다음과 같다.

사용되는 **SSL:** 암호화 방식은 **DHE-RSA-AES256-SHA**다.

STATUS; 커맨드의 출력 값은 다음 화면과 같다.

SSL이 사용되고 활성화되면 SHOW VARIABLES LIKE 'have_ssl'; 커맨드의 출력은 다음 화면과 같다.

MariaDB 설치 시 SSL 지원 준비는 가능하지만 설정은 아니다. have_ssl 변수 값은 비활성화(DISABLED)된 상태다. SSL이 지원되지 않거나 MariaDB 설치 시에 빌트인되면, 변수는 NO로 설정된다.

SHOW STATUS LIKE 'Ssl%'; 커맨드는 다양한 SSL 상태 변수를 보여준다. 전체 출력은 너무 커서 화면에서 보여줄 수 없다. 하지만, 아래의 예제 화면은 Ssl_session% 상태 변수를 보여준다.

사용자 생성 시, `REQUIRE SSL` 옵션을 추가하여 SSL을 사용하여 연결된다. `REQUIRE` 옵션을 가지지 않는 사용자는 SSL을 사용하여 자유롭게 연결 가능하다. SSL을 사용하지 않고 연결하기 위해서는 `--skip-ssl` 옵션을 커맨드라인에 추가해야 한다. 이때, 사용자가 `REQUIRE SSL`를 가지고 있다면, 연결하고자 할 때 다음 화면처럼 에러가 발생한다.

에러는 마치 잘못 타이핑한 암호를 사용한 경우와 같다.

## 부연 설명

필요시에는 특정 인증서와 특정 암호화 방법을 가지는 SSL 연결을 제한할 수 있다. `GRANT` 커맨드에서 사용할 수 있고, `REQUIRE SSL` 대신에 다음과 같이 사용할 수 있다.

```
GRANT ALL on test.* TO 'ssluser'@'localhost'
    IDENTIFIED BY 'ssluserpassword'
    REQUIRE ISSUER '/C=US/ST=NC/L=Raleigh/0=MariaDB'
    AND CIPHER 'ECDHE-RSA-AES256-GCM-SHA384';
```

`REQUIRE ISSUER` 이후의 정보는 실제 인증서와 매칭해야 한다. `CIPHER`는 MariaDB에서 지원되는 방식이어야 한다. `ssl_cipher_list` 상태 변수는 모든 지원 가능한 암호화cipher 방식 리스트를 가진다. 그리고, 암호화 방식을 지정하고, 유효한 X509 인증서를 가져야 한다.

SSL이 활성화된 웹사이트에서 사용되는 경우와 마찬가지로 인증된 써드파티 서명 인증기관에 의해서 서명된 인증서를 받아야 한다. 실제 암호화는 다르며(SSL은 SSL이다), 검증된 인증서는 신뢰 척도로 추가된다.

## 참고 사항

▶ SSL 시스템 변수에 대한 문서는 https://mariadb.com/kb/en/ssl-server-system-variables/에서 확인할 수 있다.

▶ SSL 상태 변수와 다른 상태 변수에 대한 문서는 https://mariadb.com/kb/en/server-status-variables/에서 확인할 수 있다.

▶ GRANT 문의 Per account SSL 옵션에 대한 문서는 https://mariadb.com/kb/en/grant/#per-account-ssl-options에서 확인할 수 있다.

## 사용자 퍼미션 제어 역할

퍼미션을 관리하는 또 다른 역할에 대해서 알아본다. 개별보다는 그룹으로 사용자 퍼미션을 부여한다. 예를 들면, 재무 부서의 모든 사용자는 해야 하는 일에 맞추어 특정 퍼미션을 가지는 재무 역할을 가지도록 할당된다.

역할이 처음 도입된 것은 MariaDB 10.0에서다.

## 예제 구현

역할 예제를 만들고, 어떻게 동작하는지를 살펴보려면 다음 단계를 거친다.

1. mysql 커맨드라인 클라이언트를 실행하고, MariaDB 데이터베이스 서버에 연결한다.

2. 존재하지 않으면, 다음 문장을 사용하여 test 데이터베이스를 생성한다.

```
CREATE DATABASE IF NOT EXISTS test;
```

3. 역할을 생성하기 위해서 다음 커맨드를 실행한다.

```
CREATE ROLE read_only;
```

4. 역할에 퍼미션을 부여한다.

```
GRANT SELECT ON test.* TO read_only;
GRANT USAGE ON test.* TO read_only;
```

**5.** 역할에 부여된 퍼미션을 나타낸다.

```
SHOW GRANTS FOR read_only;
```

지금까지 문장 수행 결과는 다음과 같다.

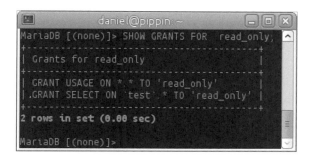

**6.** 다음 문장을 사용하여 테스트 사용자를 만든다.

```
CREATE USER test_user@'localhost'
    IDENTIFIED BY 'testpassword';
```

**7.** test_user에 부여된 퍼미션을 나타낸다.

```
SHOW GRANTS FOR test_user@'localhost';
```

**8.** test_user에 다음처럼 read_only를 할당한다.

```
GRANT read_only TO test_user@'localhost';
```

**9.** 다음 문장을 사용하여 test_user에 부여된 퍼미션을 다시 표시한다(이전에 문장을 실행했을 때와 다른 결과를 얻는다).

```
SHOW GRANTS FOR test_user@'localhost';
```

위 문장의 결과는 다음과 같다.

**10.** MariaDB에서 로그 아웃하고, 다음 문장을 사용하여 test_user로 로그인한다.

```
mysql -u test_user -p
```

**11.** 다음 문장을 사용하여 test 데이터베이스를 사용한다(이때 액세스 거부 에러가 발생한다).

```
USE test;
```

**12.** 역할을 read_only로 설정하고, 다음 문장으로 test 데이터베이스를 사용한다(이때 test 데이터베이스에 액세스할 수 있다).

```
SET ROLE read_only;
USE test;
```

**13.** 현재 역할과 사용자를 나타낸다.

```
SELECT current_role();
SELECT current_user();
```

**14.** 다음 문장을 사용하여 부여된 퍼미션을 나타낸다.

```
SHOW GRANTS;
```

## 예제 분석

역할의 특성은 디폴트로 MariaDB에 포함되고, 활성화된다. 사용 전 해야 할 사항은 없다.

사용자와 동일한 영역에 존재하는 역할을 사용하기 위해 동일한 커맨드를 사용한다(GRANT, REVOKE, SHOW). 그렇지만 사용자를 의미하진 않는다. 예를 들면, 역할은 로그인할 수 없다. 대신, 역할을 사용자에게 부여된 퍼미션의 컬렉션이다.

역할을 사용자에게 부여하는 건 로그인 시마다 자동으로 이뤄지진 않는다. 사용자는 주어진 역할과 역할에 제공하는 퍼미션을 활성화하기 위해서 SET ROLE 커맨드를 사용한다. 현재 활성화된 역할을 살펴보기 위해서 SELECT current_role() 커맨드를 사용한다.

단계 12와 13의 결과는 다음 화면과 같다.

```
                          daniel@pippin ~
MariaDB [(none)]> SET ROLE read_only;
Query OK, 0 rows affected (0.00 sec)

MariaDB [(none)]> USE test;
Reading table information for completion of table and column names
You can turn off this feature to get a quicker startup with -A

Database changed
MariaDB [test]> SELECT current_role();
+----------------+
| current_role() |
+----------------+
| read_only      |
+----------------+
1 row in set (0.00 sec)

MariaDB [test]> SELECT current_user();
+-------------------+
| current_user()    |
+-------------------+
| test_user@localhost |
+-------------------+
1 row in set (0.00 sec)

MariaDB [test]>
```

역할이 활성화될 때, SHOW GRANTS 커맨드는 사용자에게 할당된 기본 GRANT 퍼미션과 현재 적용된 역할에 의해서 제공되는 GRANT 퍼미션을 보여준다. 커맨드 결과는 다음 화면과 같다.

```
                          daniel@pippin ~
MariaDB [test]> SHOW GRANTS;
+------------------------------------------------------------------------------------------------------+
| Grants for test_user@localhost                                                                       |
+------------------------------------------------------------------------------------------------------+
| GRANT read_only TO 'test_user'@'localhost'                                                            |
| GRANT USAGE ON *.* TO 'test_user'@'localhost' IDENTIFIED BY PASSWORD '*9F69E47E519D9CA02116BF5796684F7D0D45F8FA' |
| GRANT USAGE ON *.* TO 'read_only'                                                                     |
| GRANT SELECT ON `test`.* TO 'read_only'                                                               |
+------------------------------------------------------------------------------------------------------+
4 rows in set (0.00 sec)

MariaDB [test]>
```

## 참고 사항

▶ 역할 특성에 대한 전체 문서는 https://mariadb.com/kb/en/roles/에서 확인할 수 있다.

▶ MariaDB의 역할 특성 개발에 대한 정보는 https://mariadb.atlassian.net/browse/MDEV-4397에서 확인할 수 있다.

## PAM 인증 플러그인을 사용한 인증

MariaDB의 빌트인 인증 시스템을 사용하는 것으로만 한정 짓지 않는다. 리눅스의 PAM^Pluggable Authentication Modules 시스템을 사용하여 사용자 인증을 할 수 있다. PAM을 사용하여 인증 구조를 갖추는 것은 MariaDB가 제공하는 것 이상이다. PAM 인증구조는 바이오메트릭 스캐너biometric scanners, 인증자 토큰 스캐너authenticator token generators 등과 결합된다.

### 준비

PAM 인증 플러그인authentication plugin은 리눅스에서만 가능하다. 따라서, 이 레시피의 서버쪽은 리눅스로 한정 짓는다. 윈도우의 mysql 커맨드라인 클라이언트는 리눅스 기반 MariaDB 서버의 PAM 인증 방법을 사용한다. 따라서, 레시피의 일부분은 크로스-플랫폼으로 구성된다.

### 예제 구현

1. 데비안과 우분투 시스템에선, 시스템 mysql 사용자를 다음 커맨드를 사용해 shadow 그룹에 추가한다.

   ```
   sudo adduser mysql shadow
   ```

2. useradd 또는 adduser 커맨드를 사용해 새로운 시스템-로그인 계정 pamuser 을 생성하고, 사용자 암호를 설정한다.

   ```
   sudo adduser pamuser
   sudo passwd pamuser
   ```

3. Mysql 커맨드라인 클라이언트를 실행하고, MariaDB 데이터베이스 서버에 연결한다.

4. 다음 커맨드로 auth_pam 플러그인을 설치한다.

   ```
   INSTALL SONAME 'auth_pam';
   ```

5. 시스템 사용자명과 일치하는 사용자$^{user}$를 생성한다. 그리고 다음과 같은 방법으로 PAM을 사용하여 인증받는다.

```
CREATE USER pamuser@'localhost' IDENTIFIED VIA pam USING 'common-
password';
```

6. test 데이터베이스에 사용자 권한$^{privilege}$을 부여한다.

```
GRANT ALL ON test.* to pamuser@'localhost';
FLUSH PRIVILEGES;
```

7. 새로운 터미널 윈도우를 열고, 서버에 연결하기 위해 pamuser 사용자 계정을 사용하여 mysql 커맨드라인 클라이언트를 사용한다.

```
mysql -u pamuser
```

8. 프롬프트에서 암호를 입력한다. 그리고 pamuser에 부여된 권한을 확인하기 위해 SHOW GRANTS; 커맨드를 사용한다.

## 예제 분석

MariaDB과 같이 제공되는 다른 플러그인과 마찬가지로 PAM 인증 플러그인은 디폴트로 비활성화되어 있다. 이 플러그인은 INSTALL SONAME 명령어를 사용하여 쉽게 활성화될 수 있다. INSTALL PLUGIN 플러그인도 필요 시 사용가능하다. 한번 설치되면, 표준 암호 옵션을 사용하는 대신에, PAM을 통해서 확인된 사용자를 생성가능하다.

이렇게 사용자를 인증할 때, MariaDB에 사용할 PAM 인증 타입을 알려줘야 한다. 따라서, /etc/pam.d/ 디렉터리의 PAM 설정 파일을 정의해야 한다. 레시피에서는 간단히 설명하기 위해서 표준 일반 암호 인증 방식을 사용했다. 입력되는 암호는 shadow 파일에 저장된 암호로 체크된다. PAM이 지원하는 여러 인증 방식 LDAP, 액티브 디렉터리, 스마트 카드, 바이오메트릭 스캐너 중 하나가 사용될 수 있다.

PAM 인증 플러그인은 PAM에서 인증을 처리하도록 하고, 응답을 기다린다. 로그인 후, 커맨드라인에서 -p 옵션을 사용하지도 않았는데도, 프롬프트에서 암호를 대기하는 이유다. PAM이 체크한 이후에, OK 응답을 받으면 사용자는 인증 받은 것이며, 권한이 부여된다. 그렇지 않다면 로그인은 실패한 것이다.

7단계와 8단계에서 암호를 정확히 입력하면 다음과 같은 화면이 나타난다.

## 부연 설명

기존의 설정 파일 또는 사용자 인증을 위해서 PAM을 사용할 때 현 PAM 플러그인에
만 의존해서는 안 된다. 새로운 자신만의 플러그인과 설정을 만들 수 있다. 이와 관련
된 내용은 다음 '참고 사항' 절의 연결된 문서에서 제공한다.

## 참고 사항

▶ PAM 인증 플러그인에 대한 더 많은 내용은 https://mariadb.com/kb/en/pam-authentication-plugin/에서 확인할 수 있다.

▶ 사용자 자신의 PAM 인증 플러그인을 만드는 방법에 대한 훌륭한 블로그 포스팅
은 https://blog.mariadb.org/writing-a-mariadb-pam-authentication-plugin/
에서 확인할 수 있다.

# 찾아보기

**ㄱ**

가상 칼럼  225
가상 칼럼 기능  239
갈레라 위키  185
갈레라 클러스터  176
계정 통계  197
관계형 데이터베이스 서버  225

**ㄷ**

데이터베이스 연결 정의  286
동적 칼럼  232
동적 칼럼 헬퍼 함수  227
디폴트 타임아웃  74

**ㄹ**

레코드  89
레코드 검색  287
레코드 한계 값  284
롱 타임아웃  74
릴레이 로그  159

**ㅁ**

마스터 서버 노드  175
멀티소스 복제  162
모니터링  183

**ㅂ**

바이너리 로그  159
바이오메트릭 스캐너  324
백업 계정  36
버전 컨트롤  261
복제  153
복제 설정  154
복제 컴포넌트  175
분산 XA 트랜잭션  56
브루  30
브루 인스톨러  32
비연결 모드  291

**ㅅ**

삭제 스크립트  259
서명받은 인증서  314
서브쿼리 최적화  87
성능 스키마  187
성능 트렌드  187
세미조인 서브쿼리 최적화  87
세이브포인트  56
소스코드 타르볼  31
숏 타임아웃  74
스레드풀  77
스레드풀 벤치마크  80
시스템 루트 유저  308
싱글 노드 카산드라 인스턴스  292
쓰기 포트  256

**ㅇ**

아파치 피그  302
아파치 하이브  302
암호 엔트리  308
암호 해시 함수  311
엑스코드  30
외부 데몬  205
윈도우 관리 도구  148
의존성(dependency) 파일  31
인덱스  88
인덱스 스캔  196
인증자 토큰 스캐너  324
읽기 전용 포트  256

**ㅈ**

저장소 설정 프로그램  29
저장 엔진 컴포넌트  205
전역 트랜잭션 ID  160
전체 테이블  196
접속 스레드  201
접속 통계 수집  201
정수형 구분  280

**ㅋ**

카산드라 저장소 293
카산드라 저장 엔진 66, 226, 289
크론 스니핏 41

**ㅌ**

태그 속성 135
테이블 압축 116
테이블의 구조 239
텔넷 클라이언트 283
튜닝 66
트랜잭션 56

**ㅍ**

파이썬 260
파일 보안 305
패키지 매니저 305
퍼미션의 컬렉션 322
펄 스크립트 251
풀텍스트 인덱스 93
프랙탈 트리 104
프랙탈 트리 인덱스 103
프록시 테이블 타입 141

**ㅎ**

하드코드 157
행 탐색용 비교 연산 281
확장 키 최적화 72

**A**

ACID 103
ALTER TABLE 36, 61, 90, 113
Apache Hive 302
Apache Pig 302
Aria 61
Audit 플러그인 187
auto_increment 116

**B**

BINARY[(N)] 230
bind-address 155
binglog_format 167
binlog_annotate_row_events 169
BLOB 칼럼 227
brew 30

**C**

Cassandra% 67
casstest 294
CC BY(Creative Commons Attribution) 46
CHANGE MASTER 165
CHANGE MASTER TO 157
COLUMN_ADD 236
COLUMN_CREATE 236
COLUMN_GET 236
COLUMN_JSON 236
complementary 195
cqlsh 294
CREATE INDEX 90, 93
CREATE TABLE 111
CREATE 권한 122
CROSS JOIN 96
CSV(comma separated values) 127
CURRENT_POS 161
CURRENT_TIMESTAMP 99, 101
CURRENT_TIMESTAMP() 102

**D**

datetime 41
DATETIME 97
DATETIME[(D)] 230
deadlock_search_depth_long 74
deadlock_search_depth_short 73
DECIMAL[(M[,D])] 230
default-storage0engine 181
doctor 30
DOCTYPE 58
documents 218
DROP 126
DROP TABLE 120
DYNAMIC 행 80

**E**

ENGINE=CONNECT 123
ENGINE=TokuDB 111
execute_multi 254
execute_single 254, 280
exists_to_in 86, 87
EXISTS 서브쿼리 86, 87
EXPLAIN 51

EXPLAIN EXTENDED  85
extended_keys  71
EXTRA  241

**F**

facts 칼럼  143
FEDERATEDX  138
Feedback 플러그인  26
find_modify  268, 269
FLUSH PRIVILEGES  36
Fractal Tree Indexes  103
fsync  160
FULLTEXT  91
FULLTEXT 인덱스  92

**G**

galera 패키지  176
get_index_id  264
GLOBAL  70, 165
GTID(Global Transaction ID)  160

**H**

HandlerSocket  226
handlersocket_port  245
HandlerSocket 펄 클라이언트 라이브러리  251
hardcode  157
HeidiSQL  26
HeidiSQL과 Feedback 플러그인  26
helper function  227

**I**

IN BOOLEAN MODE  92
INNER JOIN  96
innobackupex  37
innodb-%  181
InnoDB 저장 엔진  34
INSERT  36
INSTALL PLUGIN  56
INSTALL SONAME  55, 56, 57, 207, 245
INTEGER  230
isfdb 데이터베이스  47, 137
ISFDB 데이터베이스  57

**J**

JOIN  97

**K**

key_cache_segments  75, 76
KILL QUERY ID  53

**L**

LEFT JOIN  96
libhsclient  248
LIKE 'Cassandra%'  68
LIMIT ROWS EXAMINED  53, 54
localhost  138
lucid  27

**M**

MAC 테이블 타입  152
make 프로세스  249
MariaDB MSI 패키지  24
MariaDB.repo  28
MariaDB SQL 레이어 바이패스  247
MariaDB 옵티마이저  195
max_allowed_packet  227
Microsoft installer  26
MSI  26
Multi-Range Read  69
mysqlbinlog  169
mysqlcheck  42
mysqldump  35, 39, 46, 47, 113
mytop  43

**O**

OCCUR 테이블 타입  144
old_passwords  311
open_index  279
optimizer_switch  69, 70

**P**

PAM(Pluggable Authentication Modules)  324
Per account SSL 옵션  320
Percona  36
performance_schema  199
PERFORMANCE_SCHEMA  199
perl-Net-HandlerSocket  250
PERSISTENT  241
PgSQL  212
PIVOT 테이블 타입  141
PostgreSQL  212

PowerShell 211
preferably 196
PRIMARY KEY 111
progress_report_time 43
pyhs 클라이언트 260

**Q**

QUERY_ID 50
queue 78
QUOTED 129

**R**

read_only 157
ReadSocket 263
replicate_ignore_db 165
require handlersocket 272
ROW_FORMAT 117
rowkey 297
rt 인덱스 223

**S**

savepoint 56
SEP_CHAR 129
SESSION 165
SHOW ENGINE 34
SHOW ENGINES; 105, 199
SHOW EXPLAIN 47, 51, 52, 53
SHOW EXPLAIN 문 49
SHOW INDEX 90, 93
SHOW MASTER STATUS; 157
SHOW STORAGE ENGINE; 55
SIGNED [INTEGER] 230
site_id 138
snippet 41
SphinxSE 205, 217
SphinxSearch 212
Sphinx 데몬 218
sql_query 217
SUM() 123
super 계정 35
sysuser 42

**T**

thread_pool_idle_timeout 78
thread_pool_min_threads 78

Tidy 59
TIME[(D)] 230
title_relationships 49
TokuDB 103
tokudb_zlib 118
Tokutek 107
trusted_user 193
trusted_user2 193

**U**

UNION ALL 147
UNSIGNED [INTEGER] 230
untrusted_user 192
untrusted_user2 192
use_stat_tables 195, 196

**V**

VARBINARY(n) 297
VARCHAR 90
virt_cols 241
VIRTUAL 241

**W**

WMI Provider 149
WMI 테이블 타입 148
WriteSocket 266
wsrep 181
wsrep_local_state_commnet 183

**X**

XCOL 테이블 타입 139
XtraBackup 35, 36
XtraDB 62
XtraDB 저장 엔진 34, 63

**Y**

yum 29

**기호**

――add-drop-database 40
――add-drop-table 40
――add-locks 40
――disable-progress-reports 43

에이콘출판의 기틀을 마련하신 故 정완재 선생님 (1935-2004)

# MariaDB 구축과 활용

최고의 웹서비스를 제공하는 오픈소스 데이터베이스

인  쇄 | 2015년 10월 16일
발  행 | 2015년 10월 23일

지은이 | 다니엘 바솔로뮤
옮긴이 | 테크 트랜스 그룹 T4

펴낸이 | 권 성 준
엮은이 | 김 희 정
　　　　 이 순 옥
　　　　 전 진 태
표지 디자인 | 한국어판_이승미
본문 디자인 | 이 순 옥

인쇄소 | 한일미디어
지업사 | 신승지류유통(주)

에이콘출판주식회사
경기도 의왕시 계원대학로 38 (내손동 757-3) (16039)
전화 02-2653-7600, 팩스 02-2653-0433
www.acornpub.co.kr / editor@acornpub.co.kr

한국어판 ⓒ 에이콘출판주식회사, 2015, Printed in Korea.
ISBN  978-89-6077-772-9
ISBN  978-89-6077-210-6 (세트)
http://www.acornpub.co.kr/book/mariadb-cookbook

이 도서의 국립중앙도서관 출판시도서목록(CIP)은 서지정보유통지원시스템 홈페이지(http://seoji.nl.go.kr)와
국가자료공동목록시스템(http://www.nl.go.kr/kolisnet)에서 이용하실 수 있습니다.(CIP제어번호: CIP2015027923)

책값은 뒤표지에 있습니다.